رياض الصالحين

Il giardino dei virtuosi

Riyāḍ aṣ-Ṣāliḥīn di al-Nawawi (Vol. II)

دار المدينة

Dar al-Medina

Collezione: La Sunnah in italiano

Il giardino dei virtuosi
Riyāḍ aṣ-Ṣāliḥīn di al-Nawawi (Vol. II)
Dar al-Medina

Copyright © 2023.   Dar al-Medina
Tutti i diritti riservati.
ISBN: 9798373634557

daralmedina.com
twitter.com/daralmedina
facebook.com/daralmedina
instagram.com/daralmedina

Nel nome di Allah,
il Compassionevole, il Misericordiosissimo

Introduzione

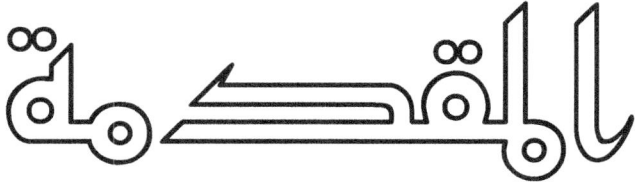

Lode ad Allah. Lo lodiamo e gli chiediamo aiuto, perdono e protezione dal male della nostra anima e dalle nostre azioni malvagie. Colui che Allah guida non può smarrirsi, e colui che Egli lascia smarrire non può essere guidato. Attesto che non c'è altro dio degno di essere adorato all'infuori di Allah, unico e senza partner, e attesto che Muhammad ﷺ è il Suo servo e messaggero.

Questo libro fondamentale della Sunnah contiene, in due volumi, una raccolta di quasi 9.000 detti del Profeta Muhammad, suddivisi per libro (kitāb) e capitolo (bāb), secondo temi, regole, galatei, obblighi, virtù, divieti, invocazioni, preghiere, atti di culto a Dio e conoscenza islamica.

Questo testo di riferimento islamico dovrebbe essere presente in ogni biblioteca o moschea, perciò presentiamo un'edizione di base accessibile con i testi del Corano (in grassetto) e della Sunnah (numerati da 1 a 1896) senza commenti o lunghe note, da leggere in famiglia o durante gli incontri di conoscenza islamica.

Si tratta di una traduzione moderna utile per chi desidera conoscere le credenze, le pratiche e l'etica islamica dal Messaggero di Dio, inviato a tutta l'umanità.

LIBRO: I SALUTI

131. Il merito di salutare gli altri

Allah, l'Altissimo, dice:

Che cosa ne pensate? Fate attenzione a entrare in case che non sono vostre, prima di aver chiesto il permesso e aver salutato gli occupanti (24:27).

Quando entrate in una casa, salutate in modo benedetto e gentile come Allah vi ha insegnato (24:61).

Quando si viene salutati, ricambiare un saluto più caloroso o semplicemente ricambiare il saluto. (4:86)

Avete sentito la storia degli ospiti d'onore di Abramo? Quando lo raggiunsero, lo salutarono: "La pace sia con te! Egli rispose: "La pace sia con te" (51,24-25).

845. Secondo 'Abdullah ibn 'Amr ibn Al-'As, un uomo chiese al Messaggero di Allah ﷺ: "Quali sono le azioni più meritorie nell'Islam?" Egli rispose: *"Dare da mangiare ai bisognosi e salutare chiunque incontri, che lo conosca o meno"*. [Al-Bukhārī e Muslim].

846. Secondo Abū Hurairah, il Profeta ﷺ disse: *"Quando Allah creò Adamo, gli disse:* "Vai e saluta questi - un gruppo di angeli che erano seduti - e ascolta il modo in cui ti rispondono, questo sarà il tuo modo di salutare e quello della tua posterità". *Adamo disse agli angeli*: "La pace sia su di voi (assalāmū 'alaykūm)". *Dissero*: "La pace sia su di te e la misericordia di Allah (assalāmu 'alayka wa rahmatūllāh)". *Poi gli angeli aggiunsero*: 'E la misericordia di Allah'". [Al-Bukhārī e Muslim].

847. Secondo Abū 'Umrah al-Barā' ibn 'Āzib il Messaggero di Allah ﷺ comandò ai musulmani di fare sette cose: andare al capezzale del

malato, accompagnare il corpo al cimitero, dire "Che Allah abbia misericordia di te" a chi starnutisce, difendere i deboli, assistere gli oppressi, salutare gli altri e sciogliere i loro giuramenti. [Al-Bukhārī, di cui questa è una delle versioni, e Muslim].

848. Secondo Abū Hurairah, il Messaggero di Allah ﷺ disse: "*Non entrerete in Paradiso finché non avrete fede e non avrete veramente fede finché non vi amerete gli uni gli altri". Vuoi che ti dica una cosa che farà nascere l'amore tra voi? Salutatevi a vicenda.* [Muslim]

849. Abū Yusuf 'Abdullah ibn Salam ha riferito di aver sentito il Messaggero di Allah ﷺ dire: "*Compagni miei! Salutatevi l'un l'altro, date da mangiare ai bisognosi, mantenete i legami di parentela e pregate quando la gente dorme, entrerete sicuramente in Paradiso*". [At-Tirmidhī: "*hadith hasan sahīh*"].

850. At-Tufayl ibn Ubayy ibn Ka'b racconta che era solito accompagnare 'Abdullah Ibn 'Umar al mercato al mattino. Quest'ultimo non incontrava nessuno, sia esso un raccoglitore di stracci, un mercante o un bisognoso, senza salutarlo. Un giorno At-Tufayl visitò 'Abdullah Ibn 'Umar e gli chiese di accompagnarlo al mercato. Gli disse: "Perché vuoi andare al mercato se non hai nulla da comprare o da vendere, non chiedi nemmeno informazioni sulla merce o sul suo prezzo e non ti siedi mai con la gente? Invece, sediamoci qui e parliamo.

Rispose: "Abū Batn[1] -At-Tūfayl aveva la pancia grossa- sa che andiamo al mercato solo per salutare le persone che incontriamo". [Mālik nella *Muwatta' attraverso* una catena di trasmissione autentica].

---

[1] In arabo significa: grembo materno.

132. Come salutare le persone

Si raccomanda di salutare i musulmani dicendo: "La pace sia su di voi e la misericordia e le benedizioni di Allah" (*as-salamu 'alaykum wa rahmatullahi wa barakātūh*), l'espressione rimane al plurale anche se si saluta una sola persona. Quest'ultimo risponde: "E la pace sia su di te e la misericordia e le benedizioni di Allah" (*wa 'alaykumu as-salam wa rahmatullahi wa barakātūh*), aggiungendo così la congiunzione "e".

851. Secondo 'Imrān ibn Al-Husayn, un giorno un uomo venne dal Profeta ﷺ e gli disse: "La pace sia su di te (as-salāmū 'alaykūm)". Il Messaggero di Allah ﷺ ricambiò il saluto e l'uomo si sedette. Poi il Profeta ﷺ aggiunse: "*Dieci*[1] ". Un altro uomo arrivò e disse: "La pace sia su di te e la misericordia di Allah (as-salamu 'alaykum wa rahmatullah)".

Il Messaggero di Allah ﷺ rispose al saluto e, dopo che l'uomo si fu seduto, aggiunse: "*Venti*". Arrivò un terzo uomo e disse: "La pace sia su di te e la misericordia e le benedizioni di Allah (as-salāmū 'alaykūm wa rahmatūllāhi wa barakātūh)". Il Messaggero di Allah ﷺ gli rispose e poi, quando l'uomo si sedette, aggiunse: "*Trenta*". [Abū Dawūd e At-Tirmidhī: "*hadith hasan*"].

852. Secondo 'Āishah, il Messaggero di Allah ﷺ le disse: "*Questo è Gabriele che ti saluta*". Lei rispose: "La pace sia su di lui e la misericordia e le benedizioni di Allah (*wa 'alayhi as-salāmū wa rahmatūllāhi wa barakātūh*)". [Al-Bukhārī e Muslim].

La formula si trova integralmente in alcune versioni di al-Bukhārī e Muslim, come sopra. In altri, appare senza l'aggiunta di "e le sue

---

[1] In altre parole: ha ottenuto dieci buone azioni.

benedizioni", tenendo presente che l'aggiunta da parte di narratori affidabili è accettata dagli studiosi di hadith.

853. Secondo Anas, il Profeta ﷺ era solito ripetere le sue parole tre volte per farsi capire. Allo stesso modo, quando si presentava a un gruppo di uomini, li salutava tre volte. [Al-Bukhārī]

Probabilmente era il suo modo di gestire un gruppo numeroso.

854. Al-Miqdād, in una lunga narrazione, riporta quanto segue: "Eravamo soliti riservare la sua razione di latte al Messaggero di Allah ﷺ, che veniva di notte e ci salutava in modo tale che chi era sveglio lo sentisse, ma senza svegliare chi dormiva. Una sera è venuto a salutarci come al solito". [Muslim]

855. Secondo Asmā' bint Yazīd, che Allah si compiaccia di lei, il Messaggero di Allah ﷺ passò una volta davanti alla moschea in cui era seduto un gruppo di donne. Li ha salutati con un gesto della mano. [At-Tirmidhī: "*hadith hasan*"].

Il Profeta ﷺ probabilmente salutò sia oralmente che con la mano, come indica la versione di Abū Dawūd dove si dice: "e li salutò".

856. Abū Jaurayy Al-Hujaymi narra che una volta si avvicinò al Messaggero di Allah ﷺ e lo salutò così: "La pace sia su di te, Messaggero di Allah. Rispose: '*Non dire: "Pace a te", perché questo è il saluto dei morti*'". [Abū Dawūd e At-Tirmidhī: "*hadith hasan sahīh*"].

133. Regole di correttezza nei saluti

857. Secondo Abū Hurairah, il Messaggero di Allah ﷺ disse: "Chi si trova su una montagna dovrebbe salutare per primo chi è a piedi, quest'ultimo dovrebbe salutare chi è seduto e il piccolo gruppo dovrebbe salutare per primo il grande gruppo". [Al-Bukhārī e Muslim].

Secondo un'altra versione di Al-Bukhārī, si aggiunge: "...e i più giovani dovrebbero salutare per primi i più anziani".

858. Secondo Abū Ummah Sudayy ibn 'Ajlān Al-Bāhili, il Messaggero di Allah ﷺ disse: "L'uomo più vicino ad Allah è il primo a salutare gli altri". [Abū Dawūd, attraverso una catena di trasmissione autentica (jayyid)].

Secondo la versione di At-Tirmidhī, anche secondo Abū Umayyamah, al Messaggero di Allah ﷺ fu chiesto: "Messaggero di Allah, quando due uomini si incontrano, chi saluta per primo l'altro? Rispose: "Colui che è più vicino ad Allah l'Altissimo". [At-Tirmidhī: "hadith hasan"].

134. Dove si raccomanda di tornare a salutare la persona da cui si è stati separati per un breve periodo, anche se solo per un albero.

859. Abū Hurairah ha raccontato nel famoso hadith dell'uomo che non eseguiva bene la preghiera che entrò nella moschea e pregò e poi andò dal Profeta ﷺ che salutò. Il Messaggero di Allah ﷺ lo salutò e gli disse: "*Vai a pregare di nuovo, perché non hai pregato.* Quindi tornò a pregare e poi tornò dal Profeta ﷺ e lo salutò di nuovo. Lo ha fatto per tre volte. [Al-Bukhārī e Muslim].

860. Secondo Abū Hurairah, il Messaggero di Allah ﷺ disse: "*Chiunque tra voi incontri un fratello musulmano, lo saluti. E se un albero, un muro o una roccia li separa per poco tempo, che lo saluti di nuovo*". [Abū Dawūd]

135. Dove è consigliabile salutare la famiglia al rientro a casa

Allah, l'Altissimo, dice:

E quando entrate in una casa, date il saluto benedetto e gentile che Allah vi ha insegnato (24:61).

861. Secondo Anas, il Messaggero di Allah ﷺ gli disse: "*Figlio mio, quando torni a casa, saluta la tua famiglia, perché è una benedizione per te e per la tua famiglia*". [At-Tirmidhī: "*hadith hasan sahīh*"].

136. Salutare i bambini

862. Si narra che una volta Anas passò accanto a un gruppo di bambini e li salutò prima di aggiungere: "Il Messaggero di Allah ﷺ si comportava così". [Al-Bukhārī e Muslim].

137. L'uomo deve salutare la propria moglie, le donne che gli sono proibite e qualsiasi donna che gli è estranea, se non teme la tentazione, e le donne possono salutare gli uomini a questa condizione

863. Sahl ibn Sa'd racconta: "C'era una donna tra noi - una donna anziana, secondo un'altra versione - che era solita mescolare per noi in una pentola delle radici di bietola con dei chicchi d'orzo schiacciati. Quando tornavamo dalla preghiera del venerdì, la salutavamo e lei ce lo offriva da mangiare". [Al-Bukhārī]

864. Umm Hāni Fākhitah bint Abū Tālib racconta quanto segue: "Il giorno della conquista di Makkah, visitai il Profeta ﷺ e lo trovai che si stava lavando, con sua figlia Fatima che lo nascondeva dietro un panno. L'ho salutato. Poi ha continuato la sua narrazione. [Muslim].

865. Secondo Asmā' bint Yazīd, che Allah si compiaccia di lei, il Profeta **passò accanto a** ﷺ un gruppo di donne di cui faceva parte e le salutò. [Abū Dawūd]

Nella versione di At-Tirmidhī, il Messaggero di Allah **una volta** ﷺ passò davanti alla moschea dove erano sedute un gruppo di donne e le salutò con un gesto della mano. [At-Tirmidhī che specifica: "*hadith hasan*"].

138. Il divieto di salutare per primi gli infedeli e come ricambiare il saluto e la raccomandazione di salutare un gruppo in cui sono presenti sia musulmani che infedeli.

866. Secondo Abū Hurairah, il Messaggero di Allah ﷺ disse: "*Non salutate per primi gli ebrei e i cristiani e, quando incontrate uno di loro su una strada stretta, costringetelo a passare di lato*". [Muslim]

867. Secondo Anas, il Messaggero di Allah ﷺ disse: "*Quando la gente del Libro[1] vi saluta, rispondete loro: 'E su di voi (wa 'alaykum)'* ". [Al-Bukhārī e Muslim].

868. Secondo Usamah, una volta il Profeta passò accanto a ﷺ un gruppo di uomini tra cui c'erano musulmani, idolatri ed ebrei e li salutò. [Al-Bukhārī e Muslim].

139. Dove si raccomanda di salutare il gruppo o la persona che sta per uscire

869. Secondo Abū Hurairah, il Messaggero di Allah ﷺ disse: "*Quando uno di voi si unisce a un gruppo di uomini, li saluta e fa lo stesso quando vuole lasciarli. Infatti, il primo non saluta più del secondo*". [Abū Dawūd e At-Tirmidhī: "*hadith hasan*"].

---

[1] Ebrei e cristiani.

140. Come chiedere il permesso di entrare

Allah, l'Altissimo, dice:

Che cosa ne pensate? Fate attenzione a entrare in case che non sono vostre, prima di aver chiesto il permesso e aver salutato gli occupanti (24:27).

Quando i loro figli raggiungono la pubertà, devono chiedere, come i loro anziani, il permesso di entrare (24:59).

870. Secondo Abū Musa al-Ashari, il Messaggero di Allah ﷺ disse: "*Chiedi il permesso di entrare tre volte. Se viene concesso, entrate, altrimenti uscite*". [Al-Bukhārī e Muslim].

871. Secondo Sahl ibn Sa'd, il Messaggero di Allah ﷺ disse: "*Non è prescritto chiedere il permesso di entrare nelle case delle persone se non per preservare la loro privacy*". [Al-Bukhārī e Muslim].

872. Secondo Rib'ī ibn Hirāch, un uomo dei Bani 'Āmir raccontò di aver chiesto al Profeta ﷺ il permesso di entrare dicendo: "Posso entrare?" Il Messaggero di Allah ﷺ disse al suo servo: "*Esci e insegnagli la strada per chiedere il permesso di entrare*". *Che dica: "Pace a voi, posso entrare?"*. "L'uomo lo udì e disse: "Pace a te, posso entrare?" Il Profeta gli permise di entrare. [Abū Dawūd, attraverso una catena di trasmissione autentica].

873. Kildah ibn Al-Hanbal raccontò che un giorno tornò dal Profeta ﷺ senza salutarlo. Il Profeta ﷺ "*Esci e di': 'La pace sia su di voi, posso entrare?*'" [Abū Dawūd e At-Tirmidhī: "*hadīth hasan*"].

141. È tradizione che una persona che chiede il permesso di entrare si presenti con un nome o un soprannome, mentre è antipatico dire, ad esempio, "sono io".

874. Anas, nella sua famosa narrazione del Viaggio notturno, racconta che il Messaggero di Allah ﷺ disse: "*Poi l'angelo Gabriele mi portò nel cielo più vicino e chiese che gli venisse aperta la porta. Chi è? Gli è stato chiesto.* Gabriel", *rispose. Gli fu chiesto:* "Chi è con lui? 'Maometto', ha *detto*". Poi lo portò al secondo, terzo, quarto, fino al settimo cielo. Alla porta di ogni paradiso, gli chiesero: "Chi è costui?". E lui rispondeva: "Gabriele". [Al-Bukhārī e Muslim].

875. Abū Dharr racconta quanto segue: Una sera ero fuori casa quando all'improvviso vidi il Messaggero di Allah che camminava da solo. Cominciai a camminare dietro di lui al chiaro di luna. Girò la testa, mi vide e disse: "*Chi va là?*" "Abū Dharr", risposi [Al-Bukhārī e Muslim].

876. Umm Hani ha riferito quanto segue: Visitai il Profeta ﷺ e lo trovai che si stava lavando, con sua figlia Fatima che lo nascondeva alla vista. "Chi è?", chiese. "Umm Hani", risposi" [Al-Bukhārī e Muslim].

877. Jābir racconta: "Un giorno bussai alla porta del Profeta ﷺ che mi chiese: "*Chi è?*" "Sono io", risposi. Ho detto: "*Io! Io*". Ripeté, visibilmente infastidito dalla mia risposta. [Al-Bukhārī e Muslim].

142. Dove si raccomanda di dire: "Che Allah sia misericordioso con te" a chi dice: "Allah sia lodato" dopo aver starnutito, e di detestare chi non lo dice, e alcune regole riguardanti gli starnuti e gli sbadigli.

878. Secondo Abū Hurairah, il Messaggero di Allah ﷺ disse: "*Allah ama gli starnuti e odia gli sbadigli. Perciò, quando uno di voi starnutisce e poi dice: 'Allah sia lodato', spetta a ogni musulmano che lo sente rispondere: 'Che Allah abbia misericordia di te (yarhamuqallah)'". Quanto allo sbadiglio, viene da Satana. Quindi, se qualcuno di voi ha voglia di sbadigliare, si trattenga il più possibile, perché quando qualcuno di voi sbadiglia, Satana ride di lui*". [Al-Bukhārī]

879. Secondo Abū Hurairah, il Profeta ﷺ disse: "*Quando uno di voi starnutisce, che dica: "Allah sia lodato" e che il suo compagno risponda: "Che Allah abbia misericordia di te". In questo caso, che dica: "Che Allah ti guidi e ti renda virtuoso (yahdīkumūllāh wa yūslihū bālakūm)*". [Al-Bukhārī]

880. Abū Musa raccontò di aver sentito il Messaggero di Allah ﷺ dire: "*Quando uno di voi starnutisce e dice: "Allah sia lodato", rispondetegli: "Che Allah sia misericordioso con te". Se non loda Allah, non rispondetegli*". [Muslim]

881. Secondo Anas, due uomini starnutirono in presenza del Profeta ﷺ, che disse: "*Che Allah abbia misericordia di te*" a uno di loro, ma nulla all'altro. Quest'ultimo glielo fece notare e disse: "Hai chiesto la misericordia di Allah per tizio e caio quando ha starnutito, ma non l'hai fatto per me". Il Messaggero di Allah ﷺ rispose: "*Lui ha lodato Allah, mentre voi non lo avete fatto*". [Al-Bukhārī e Muslim].

882. Secondo Abū Hurairah, quando starnutiva, il Messaggero di Allah ﷺ era solito mettere la mano o parte dei vestiti sulla bocca per ridurre il suono. [Abū Dawūd e At-Tirmidhī: "*hadīth hasan sahīh*"].

883. Secondo Abū Musa, gli ebrei si costringevano a starnutire[1] in presenza del Messaggero di Allah ﷺ, nella speranza che dicesse loro: "Che Allah abbia pietà di voi", ma egli diceva loro solo: "*Che Allah vi guidi e vi renda giusti*". [Abū Dawūd e At-Tirmidhī specificano: "*hadīth hasan sahīh*"].

884. Secondo Abū Sa'īd Al-Khudri, il Messaggero di Allah ﷺ disse: "*Quando uno di voi inizia a sbadigliare, si trattenga mettendo la mano sulla bocca, altrimenti Satana potrebbe entrarvi*". [Muslim]

---

[1] Oppure: ha fatto finta di starnutire.

143. Dove si raccomanda di stringere la mano e sorridere a chi si incontra, di baciare la mano del giusto credente, di abbracciare i propri figli, di abbracciare chi è tornato da un viaggio, ma è detestabile inchinarsi agli altri.

885. Abū Al-Khattab Qatādah riferì di aver chiesto ad Anas: "I compagni del Messaggero di Allah si sono stretti la mano?" "Sì", rispose. [Al-Bukhārī]

886. Secondo Anas, quando gli yemeniti arrivarono a Medina, il Messaggero di Allah ﷺ disse: "*È arrivato il popolo dello Yemen. Sappiate che la pratica di stringere la mano per salutare deriva da loro*". [Abū Dawūd, attraverso una catena di trasmissione autentica].

887. Secondo Al-Barā', il Messaggero di Allah ﷺ disse: "*Non ci sono due musulmani che si incontrano e si stringono la mano senza che i loro peccati siano perdonati anche prima di separarsi*". [Abū Dawūd]

888. Secondo Anas, un uomo chiese al Profeta ﷺ:

- Messaggero di Allah, quando un uomo incontra un fratello o un amico, deve inchinarsi a lui?

- *No*", ha risposto.

- Dovrebbe abbracciarla e baciarla? chiese l'uomo.

- *No*", ha risposto.

- Gli stringa la mano, allora? continuò l'uomo.

- *Sì*, ha risposto. [At-Tirmidhī che specifica: "*hadith hasan*"].

889. Secondo Safwan ibn 'Asyl, un ebreo disse al suo compagno: "Andiamo a vedere questo profeta". Una volta in sua presenza, gli chiesero nove segni evidenti. Safwan continuò la sua narrazione fino

a dire: "Baciarono la mano e il piede del Messaggero di Allah ﷺ e dissero: 'Portiamo testimonianza che sei un profeta'". [Riportato in particolare da At-Tirmidhī attraverso catene di trasmissione autentiche].

890. Ibn 'Umar riporta in una delle sue narrazioni: "Ci avvicinammo al Profeta ﷺ e gli baciammo la mano". [Abū Dawūd]

891. Secondo 'Āishah Zayd ibn Harithah giunse a Madinah mentre il Messaggero di Allah ﷺ era nella sua casa. Zayd bussò alla porta e il Profeta (pbuh) si alzò per riceverlo, lasciando i suoi vestiti. Poi lo prese in braccio e lo abbracciò [At-Tirmidhī: "*hadith hasan*"]. [1]

892. Abū Dharr raccontò che il Messaggero di Allah ﷺ gli disse: "*Non disprezzare nessuna buona azione, nemmeno salutare tuo fratello con un volto sorridente*". [Muslim]

893. Secondo Abū Hurairah, il Profeta ﷺ baciò suo nipote Al-Hasan, figlio di 'Ali, che Allah si compiaccia di loro, alla presenza di Al-Aqra' ibn Hābis, che si stupì: "Ho dieci figli e non ne ho mai baciato uno". Il Messaggero di Allah ﷺ gli disse allora: "Chi *non è misericordioso con se stesso sarà privato della misericordia di Allah*". [Al-Bukhārī e Muslim].

---

[1] Secondo alcuni studiosi islamici, questo hadith non è vero.

LIBRO: VISITA AI MALATI E FUNERALI

144. Vai all'intestazione

894. Secondo Al-Barā' ibn 'Āzib il Messaggero di Allah ﷺ comandò ai musulmani di recarsi al capezzale dei malati, di accompagnare la salma al cimitero, di dire "Che Allah abbia pietà di te" a chi starnutisce, di sciogliere gli altri dai loro giuramenti, di difendere gli oppressi, di accettare l'invito e di salutare gli altri. [Al-Bukhārī e Muslim].

895. Secondo Abū Hurairah, il Messaggero di Allah ﷺ disse: "*I diritti di un musulmano sugli altri musulmani sono cinque: rispondere al suo saluto, andare al suo capezzale, accompagnare il suo corpo, accettare il suo invito e dirgli: 'Che Allah abbia pietà di te' quando starnutisce*". [Al-Bukhārī e Muslim].

896. Secondo Abū Hurairah, il Messaggero di Allah ﷺ disse: "*Allah Onnipotente dirà nel Giorno della Resurrezione:* "O figlio di Adamo! Mi sono ammalato, ma non mi avete visitato. L'*uomo si stupirà:* "Come, Signore, hai potuto ammalarti quando sei il Signore dell'universo?". *Allah risponderà:* "Non sapevi che così e così, il Mio servo, si era ammalato? Eppure non sei andato al suo capezzale; non sai che se lo avessi fatto, mi avresti incontrato con lui? Figlio di Adamo! Ti ho chiesto del cibo, ma mi hai rifiutato.

L'*uomo chiederà:* "Come, o Signore, avrei potuto nutrirti se tu sei il Signore dell'universo? *Allah risponderà:* "Non sapevi che quel tale, il mio servo, ti ha chiesto del cibo, ma tu non l'hai sfamato? Non sai che se l'avessi sfamato, avresti trovato la tua ricompensa presso di Me? Figlio di Adamo! Ti ho chiesto da bere, ma mi hai rifiutato".

L'uomo si stupirà: "Come, Signore, avrei potuto darti da bere quando sei il Signore dell'universo? *Allah risponderà: "Non sai che se gli avessi dato dell'acqua avresti trovato la tua ricompensa presso di Me?"* [Muslim].

897. Secondo Abū Musa, il Messaggero di Allah ﷺ disse: "*Vai al capezzale del malato, dai da mangiare all'affamato e paga il riscatto del prigioniero*". [Al-Bukhārī]

898. Secondo Thawban, il Profeta ﷺ disse: "*Ogni musulmano che si reca al capezzale del suo fratello musulmano non cessa di raccogliere i frutti del Paradiso finché non lo lascia*". [Muslim]

899. 'Ali raccontò di aver sentito il Messaggero di Allah ﷺ dire: "*Nessun musulmano va al capezzale di un altro musulmano al mattino senza che settantamila angeli preghino su di lui fino alla sera, e se va di notte, settantamila angeli pregano su di lui fino al mattino*". Inoltre, otterrà dei frutti in Paradiso". [At-Tirmidhī che specifica: "*hadith hasan*"].

900. Secondo Anas, un giovane ebreo al servizio del Profeta ﷺ si ammalò. Il Messaggero di Allah ﷺ andò al suo capezzale, si sedette accanto alla sua testa e disse: "*Abbraccia l'Islam*". Il ragazzo guardò verso il padre, che era presente. Suo padre disse: "Obbedisci ad Abū al-Qasim. Il ragazzo ha quindi abbracciato l'Islam. Il Profeta uscì ﷺ e disse: '*Lode ad Allah che lo ha salvato dall'Inferno*'". [Al-Bukhārī]

145. Invocazioni a favore dei malati

901. Secondo 'Āishah, quando una persona soffriva di qualsiasi tipo di disturbo, piaga o ferita, il Profeta ﷺ bagnava il suo dito indice, lo metteva a terra e poi lo applicava sulla zona dolorante - Sufyan ibn 'Uyaynah, il narratore dell'hadith, ha riprodotto il gesto - dicendo: *"Nel nome di Allah". La terra del nostro suolo, mescolata alla saliva di alcuni di noi, guarisce i nostri malati con il permesso del nostro Signore (bismillāh, tūrbatū ardinā, birīqati ba'dinā, yūchfā bihi saqīmūnā, bi idhni rabbinā)"*. [Al-Bukhārī e Muslim].

902. Secondo 'Āishah, quando il Profeta ﷺ si recava al capezzale di un parente, passava la mano destra su di lui dicendo: "O *Allah, Signore degli uomini! Togli la malattia e porta la guarigione, Tu solo sei in grado di guarire, non c'è guarigione se non per tua volontà, una guarigione completa (allāhumma rabba an-nās, adh'hibilbas, wachfi anta ach-chāfi, lā chifā' illā chifāūka, chifā'an lā yūghādirū saqamā)"*. [Al-Bukhārī e Muslim].

903. Anas racconta che propose a Tabit, che Allah abbia misericordia di lui: "Vuoi che reciti su di te l'invocazione che il Messaggero di Allah era solito recitare per la guarigione dei malati?" "Sì", rispose. Anas disse: "O *Allah, Signore degli uomini! Togli la malattia e porta la guarigione, Tu solo sei in grado di guarire, non c'è guarigione se non per tua volontà, una guarigione completa"*. [Al-Bukhārī]

904. Sa'd ibn Abi Waqqās racconta: "Il Messaggero di Allah ﷺ venne al mio capezzale e disse tre volte: 'O *Allah, guarisci Sa'd!* " [Muslim]

905. Abū 'Abdillah 'Uthmān ibn Abi Al-'As raccontò che una volta si lamentò con il Messaggero di Allah ﷺ di un dolore al corpo. Il Profeta ﷺ gli consigliò: *"Metti la mano sul punto in cui senti il dolore, poi di': 'In nome di Allah' per tre volte, e ripeti sette volte: 'Che Allah, per la Sua onnipotenza e onniscienza, mi preservi dal male che sto soffrendo e temendo*

(a'udhu bi'izzatillāh wa qudratihi min charri mā ajidū wa ūhādhir)'". [Muslim]

906. Secondo Ibn 'Abbās, il Profeta ﷺ disse: "*Nessuno va al capezzale di un malato il cui termine non è arrivato e dice sette volte in sua presenza: 'Imploro Allah il Glorioso, Padrone del Trono Glorioso, di guarirti (as'alulaylāh al-'adhīm, rabba al-'archi al-'adhīm, ayyachfiyak)'", senza che Allah lo guarisca da questa malattia*" [Abū Dawūd, At-Tirmidhī che specifica: "hadith hasan", e Al-Hākim che afferma che l'hadith è autentico secondo i criteri di Al-Bujān. [Abū Dawūd, At-Tirmidhī che specifica: "*hadith hasan*", e Al-Hākim che afferma che l'hadith è autentico secondo il criterio di Al-Bujārī].

907. Secondo Ibn 'Abbās, il Profeta ﷺ visitò una volta un beduino. Ora, ogni volta che visitava un malato, gli diceva: "*Non c'è nulla di male, sarà una purificazione per te dai tuoi peccati, se Allah vuole (lā ba's, tahoûrūn in chāa Allah)*". [Al-Bukhārī]

908. Secondo Abū Sa'īd Al-Khudri, l'angelo Gabriele venne dal Messaggero di Allah ﷺ e gli disse: "Maometto, sei malato?" "*Sì*", rispose. Gabriele disse: "Nel nome di Allah, faccio una Ruqyah per te[1] contro tutto ciò che ti danneggia, contro il male di ogni essere vivente e il malocchio degli invidiosi. Che Allah ti guarisca. Nel nome di Allah, faccio una Ruqyah per te (bismillāhi arqīq, min kūlli chayin yū'dhīk, min charri kūlli nafsin aw 'ayni hāsid, allāhū yachfīka, bismillāhi arqīq)". [Muslim]

909. Abū Sa'īd Al-Judri e Abū Hurairah, che Allah sia soddisfatto di loro, testimoniano che il Messaggero di Allah ﷺ disse: "*Chiunque dica: "Non c'è altro dio all'infuori di Allah e Allah è più grande di tutti", le sue parole saranno confermate dal suo Signore che dirà: "Non c'è altro dio all'infuori di Me e Io sono più grande di tutti". Se dice: "Non c'è altro dio da*

---

[1] Recitazione del Corano e invocazioni per la guarigione dei malati.

adorare che Allah, unico e senza partner". Allah risponderà: "In verità non c'è altra divinità da adorare all'infuori di Me, unico e senza partner". Se dice: "Non c'è altro dio da adorare all'infuori di Allah, Egli è il Padrone assoluto della creazione e merita ogni lode". Allah risponderà: "In verità, non c'è altra divinità da adorare all'infuori di Me, Io sono il Padrone assoluto della Creazione e merito di tutte le lodi". Se dice: "Non c'è altra divinità da adorare all'infuori di Allah e non c'è potere e cambiamento se non attraverso Lui". Allah risponderà: "In verità, non c'è divinità che possa essere adorata all'infuori di Me e non c'è potere e cambiamento se non per mezzo di Me". Il Messaggero di Allah ﷺ aggiunse: *"Chi pronuncia queste parole durante una malattia e poi ne muore, non sarà toccato dal Fuoco".* [At-Tirmidhī: "*hadith hasan*"].

146. Quando si raccomanda di chiedere ai familiari del paziente informazioni sulla sua salute

910. Secondo Ibn Abbas, 'Ali ibn Abi Tālib lasciò la casa del Messaggero di Allah durante la sua ultima malattia. I musulmani chiesero ad 'Ali: "Abū Al-Hasan, come sta il Messaggero di Allah ﷺ questa mattina?" "Per grazia di Allah, si è ripreso", rispose. [Al-Bukhārī]

147. L'invocazione del malato che ha perso ogni speranza di rimanere in vita

911. 'Āishah raccontò di aver sentito il Profeta ﷺ dire, mentre si appoggiava a lei durante la sua ultima malattia: "O *Allah, che tu mi conceda il perdono e la misericordia e mi faccia entrare nella suprema compagnia*[1] ". [Al-Bukhārī e Muslim].

912. 'Āishah raccontò di aver visto il Messaggero di Allah ﷺ, mentre stava morendo, intingere la mano in una tazza d'acqua e poi passarsela sul viso dicendo: "O *Allah, aiutami a sopportare i dolori della morte*". [At-Tirmidhī]

---

[1] Cioè, secondo la maggior parte dei commentatori, i profeti e i credenti giusti.

148. Dove è consigliabile raccomandare alla famiglia e a tutte le persone al servizio del paziente di essere gentili e pazienti con lui, come con coloro che devono essere presto giustiziati in applicazione della legge del taglione.

913.   Secondo 'Imran ibn Al-Husayn, una donna della tribù di Jhaynah venne dal Messaggero di Allah ﷺ quando rimase incinta a causa di un adulterio. Gli disse: "Messaggero di Allah, ho trasgredito, dammi il castigo legittimo". Il Profeta ﷺ mandò a chiamare il suo tutore e disse: "*Trattatela bene e tornate da lei dopo il parto*". Quando tornarono, il Profeta ﷺ ordinò di legare strettamente i suoi vestiti e di lapidarla. Ha poi guidato la preghiera funebre per lei. [Muslim]

149. Permettere di esprimere il proprio dolore dicendo, ad esempio, "Io soffro! o "oh, la mia testa!", parole che non sono condannabili se non esprimono rabbia o fastidio.

Ibn Mas'ud racconta: Una volta andai a trovare il Profeta ﷺ che soffriva di febbre alta. Dopo averlo toccato, gli ho detto: "Stai soffrendo molto. Rispose: "*Sì, sto soffrendo il doppio di un uomo comune*". [Al-Bukhārī e Muslim].

Sa'd ibn Abi Waqqās racconta: Il Messaggero di Allah ﷺ mi visitò un giorno in cui ero molto malato. Gli dissi: "Come può vedere, sono gravemente malato. Tuttavia, ho una ricchezza e una sola figlia che la ereditarà. Poi ha citato il resto dell'hadith. [Al-Bukhārī e Muslim].

916. Secondo al-Qasim ibn Muhammad, 'Āishah una volta esclamò: "O *mia testa!* " in presenza del Profeta ﷺ, il quale rispose: "*Mi tocca piuttosto dire: 'O mia testa!* "Poi ha parlato del resto della storia. [Al-Bukhārī]

150. far ripetere la shahadah al moribondo

917. Secondo Mu'ādh, il Messaggero di Allah ﷺ disse: "Colui *le cui ultime parole sono: "Non c'è altra divinità da adorare all'infuori di Allah", entrerà in Paradiso*". [Abū Dawūd, e Al-Hakim che afferma che la sua catena di trasmissione è autentica].

918. Secondo Abū Sa'īd Al-Khudri, il Messaggero di Allah ﷺ disse: "*Fai ripetere ai tuoi moribondi queste parole: "Non c'è divinità che abbia diritto a essere adorata se non Allah*"" [Muslim].

151. Le parole da pronunciare dopo aver chiuso gli occhi dei morti

919. Umm Salamah raccontò: Il Messaggero di Allah ﷺ entrò nella casa di Abū Salamah e lo trovò con gli occhi spalancati e fissi. Chiuse gli occhi e disse: "*Quando qualcuno muore, lo segue con gli occhi*. Poi si sono levate voci tra i membri della sua famiglia. Il Profeta ﷺ disse loro: "*Invocate solo il bene, perché ad ogni vostra invocazione gli angeli dicono: "Così sia*"". Poi aggiunse: "O *Allah, perdona Abū Salamah, innalza il suo rango tra coloro che hai guidato e sostituiscilo con i suoi discendenti. Che tu possa perdonare lui e noi, o Signore dell'universo, e che tu possa allargare la sua tomba e riempirla di luce*". [Muslim]

152. Parole da pronunciare in presenza dei defunti e per coloro che hanno perso una persona cara

920. Umm Salamah racconta quanto segue: Il Messaggero di Allah ﷺ disse: *"Quando siete in presenza di un malato (o di un morto), dite solo cose buone, perché gli angeli dicono: 'Così sia' in ogni vostra preghiera"*. Quando Abū Salamah morì, andai dal Profeta ﷺ e gli dissi: "Messaggero di Allah, Abū Salamah è morta. Poi mi consigliò di dire queste parole: "O Allah, ti prego di perdonare lui e me e di compensare la sua perdita con una benedizione". Ho detto queste parole e Allah lo ha sostituito con una persona migliore di lui, nella persona di Muhammad. [Muslim].

921. Umm Salamah ha raccontato di aver sentito il Messaggero di Allah ﷺ dire: *"Chiunque sia afflitto da una disgrazia e dica: "Siamo di Allah e a Lui ritorneremo", o Allah! Ti prego di ricompensarmi nella mia disgrazia e di compensare la mia perdita con un beneficio migliore (innā lillāhi wa innā ilayhi rāji'ūn, allāhumma ū'jurnī fī mūsībatī, wakhlūf lī khayran minhā)", sarà ricompensato da Allah Altissimo nella sua disgrazia e vedrà la sua perdita compensata con un beneficio migliore "*. Umm Salamah aggiunse: "Quando Abū Salamah morì, ripetei le parole che il Messaggero di Allah mi aveva raccomandato e Allah lo sostituì con uno migliore di lui nella persona del Messaggero di Allah". [Muslim]

922. Secondo Abū Musa, il Messaggero di Allah ﷺ disse: *"Quando qualcuno perde un figlio, Allah, l'Altissimo, dice ai Suoi angeli:*

- Avete recuperato l'anima del figlio del mio servo?

- Sì, gli *angeli rispondono.*

- Avete recuperato il frutto del suo grembo?

- Sì, così *dicono.*

- Che cosa ha detto il mio servo? *Chiedi ad Allah.*

- Vi lodò e disse: "Siamo di Allah e a Lui ritorneremo".

- Costruisci per il Mio servo una dimora in Paradiso che chiamerai 'Dimora della Lode', *dice Allah Altissimo*". [At-Tirmidhī: "*hadith hasan*"].

923. Secondo Abū Hurairah, il Messaggero di Allah ﷺ disse: "*Allah, l'Altissimo, dice: 'Non ho altra ricompensa che il Paradiso per il mio servo credente che, quando raccoglie l'anima della sua amata, mostra pazienza nella speranza di essere ricompensato'*". [Al-Bukhārī]

924. Secondo Usama ibn Zayd, una delle figlie del Profeta ﷺ chiese la sua presenza, informandolo che suo figlio stava morendo. Il Profeta ﷺ disse al messaggero di sua figlia: "*Torna da lei e dille che ad Allah, l'Altissimo, appartiene tutto ciò che prende e tutto ciò che dà, e che ogni cosa con Lui ha un tempo prestabilito. Quindi consigliatele di essere paziente e di aspettare la ricompensa*". Poi ha citato il resto dell'hadith. [Al-Bukhārī e Muslim].

153. Permesso di piangere i morti ma senza rimpianti

Le lamentazioni sono proibite. Se Allah, l'Altissimo, lo vorrà, vi dedicheremo un capitolo nella sezione dei divieti. Per quanto riguarda il pianto, gli hadith che lo vietano, e secondo i quali il defunto è tormentato dal pianto dei suoi parenti, si riferiscono solo ai pianti raccomandati dal defunto stesso prima della sua morte e a quelli accompagnati da lamenti, come dimostrano numerose tradizioni come la seguente:

925. Secondo Ibn 'Umar, il Messaggero di Allah ﷺ, accompagnato da 'Abd Ar-Rahman ibn 'Awf, Sa'd ibn Abi Waqqās e 'Abdullah ibn Mas'ud, si recò al capezzale di Sa'd ibn 'Ubādah, che Allah sia soddisfatto di loro. Il Messaggero di Allah ﷺ iniziò a piangere, facendo piangere i presenti. Disse loro: "*Ascoltate bene! Allah non punisce con le lacrime degli occhi né con il dolore del cuore, ma può punire o mostrare misericordia con le parole che escono da qui* (indicando la sua bocca)". [Al-Bukhārī e Muslim].

926. Secondo Usama ibn Zayd, il Profeta ﷺ ricevette il figlio di sua figlia morente e i suoi occhi traboccarono di lacrime. Disse: "Messaggero di Allah, cosa vedo qui?" chiese Sa'd. "*Queste lacrime mostrano la misericordia che Allah, l'Altissimo, ha messo nel cuore dei Suoi servi. Allah è misericordioso solo con i suoi servi che sono misericordiosi con se stessi*", rispose. [Al-Bukhārī e Muslim].

927. Anas ha riferito quanto segue: Il Messaggero di Allah ﷺ andò a trovare suo figlio Ibrahim che stava morendo. Notando che gli occhi del Messaggero di Allah erano pieni di lacrime, 'Abd Ar-Rahman ibn 'Awf gli disse: "Anche tu, Messaggero di Allah?" Egli rispose: "*Ibn 'Awf! Queste lacrime sono semplicemente un segno di compassione*" e ha aggiunto: "*L'occhio è pieno di lacrime e il cuore è pieno di*

dolore, ma noi diciamo solo ciò che piace a nostro Signore. Siamo profondamente addolorati per la sua scomparsa, Ibrāhīm". [Al-Bukhārī, e Muslim in parte].

Gli hadith autentici su questo argomento sono numerosi e ben noti. Ma Allah sa di più.

154. Il divieto di rivelare i difetti fisici dei morti

928. Secondo Abū Rāfi' Aslam, lo schiavo liberato del Profeta ﷺ, il Messaggero di Allah ﷺ disse: "*Chi tace sui difetti fisici di un morto di cui ha lavato il corpo sarà perdonato quaranta volte da Allah*". [Al-Hākim per il quale l'hadith è autentico secondo il criterio di Muslim].

155. Pregare sui morti, accompagnare le loro salme e seppellirle, ad eccezione delle donne che non devono seguire la processione.

929. Secondo Abū Hurairah, il Messaggero di Allah ﷺ disse: *"Chi accompagna un morto alla preghiera funebre riceve una Qirat come ricompensa. Chi lo accompagnerà alla sepoltura riceverà due Qirat."* "Cosa rappresentano questi due Qirat? Fu chiesto al Profeta ﷺ e lui rispose: '*L'equivalente di due enormi montagne*'". [Al-Bukhārī e Muslim].

930. Secondo Abū Hurairah, il Messaggero di Allah ﷺ disse: *"Chi segue il corteo di un musulmano e assiste alla preghiera funebre e poi alla sepoltura, per fede e speranza di ricompensa, tornerà con una ricompensa di due Qirat, ogni Qirat equivale al Monte Ummud. Chi partecipa alla preghiera funebre, ma se ne va prima della sepoltura, riceverà solo una Qīrāt"*. [Al-Bukhārī]

931. Umm 'Atiyyah ha detto: "Alle donne era vietato seguire il corteo funebre, ma questa proibizione non era formale". [Al-Bukhārī e Muslim].

156. Dove si raccomanda di moltiplicare il numero di persone che partecipano all'orazione funebre e di formare almeno tre file.

932. Secondo 'Āishah, che Allah sia soddisfatto di lei, il Messaggero di Allah ﷺ disse: "*Non c'è persona morta per la quale almeno cento musulmani intercedano nella sua preghiera funebre senza che la sua intercessione venga accettata*". [Muslim]

933. Ibn 'Abbās raccontò di aver sentito il Messaggero di Allah ﷺ dire: "*Non c'è musulmano su cui almeno quaranta persone che non associano nulla ad Allah compiano la preghiera funebre senza che Allah accetti la loro intercessione in suo favore*". [Muslim]

934. Secondo Marthad ibn 'Abdillah Al-Jazani, quando Mālik ibn Hūbayrah si accingeva a guidare la preghiera per un defunto, ma vide che i fedeli erano pochi, li divise in tre file, prima di riferire queste parole del Messaggero: "*L'ingresso al Paradiso è acquisito da colui sul quale tre file di fedeli eseguono la preghiera funebre*". [Abū Dawūd e At-Tirmidhī: "*hadith hasan*"].

157. Cosa si recita durante l'orazione funebre

Il Takbir viene recitato quattro volte durante la preghiera funebre. Dopo il primo Takbīr, si dice: "Imploro la protezione di Allah contro Satana il maledetto", poi si recita la prima sura del Corano (Al-Fātihah).

Dopo il secondo Takbīr, si recita la preghiera sul Profeta ﷺ: "O Allah, possa Tu lodare Muhammad e la famiglia di Muhammad (allāhūmma salli 'alā Muhammad wa 'alā āli Muhammad). È meglio continuare dicendo: "... come hai lodato Abramo e la famiglia di Abramo. Sei degno di essere lodato e glorificato (kamā sallayta 'alā ibrāhīma wa 'alā āli ibrāhīma, innaka hamīdūn majīd)". Non ci si deve accontentare, come fanno molti, di recitare questo versetto: "Allah e i Suoi angeli lodano il Profeta". Che cosa credi! Lodatelo e salutatelo anche voi" (33:56), perché in questo caso la preghiera non è valida.

Dopo il terzo Takbīr, si prega per i morti e per i musulmani con le formule che menzioneremo, se Allah vuole.

Dopo il quarto Takbir, Allah viene invocato di nuovo; una delle migliori preghiere è la seguente: "O Allah, non privarci della sua ricompensa, non metterci alla prova dopo di lui e perdona lui e noi". È meglio usare invocazioni lunghe dopo il quarto Takbīr - contrariamente a quanto fa la maggior parte della gente - come dimostra l'hadith narrato da Ibn Abi Awfā che citeremo se Allah vuole.

Queste sono alcune delle invocazioni tradizionalmente recitate dopo il terzo Takbir:

935. Abū 'Abd Ar-Rahman 'Awf ibn Mālik racconta quanto segue: Una volta il Messaggero di Allah ﷺ guidò una preghiera funebre, di cui ricordò una delle seguenti invocazioni: "O *Allah, che tu lo assolva*

dai suoi peccati, che tu gli mostri misericordia, che tu lo tenga lontano da ogni male, che tu gli conceda il tuo perdono, che tu lo accolga generosamente, che tu allarghi la sua tomba, che tu lo lavi con l'acqua, con la neve e con la grandine, e che tu lo purifichi dai suoi peccati come purifichi l'abito bianco dalle macchie". Che Tu possa sostituire la sua casa con una casa migliore della sua, la sua famiglia con una famiglia migliore della sua, la sua moglie con una moglie migliore della sua, e che Tu possa ammetterlo in Paradiso e proteggerlo dal castigo della tomba e dal castigo dell'Inferno (allāhūmma ighfir lahū warhamhū, wa āfihi wa'fū 'anhū, wa akrim nūzūlahū wa wassi' mūdkhalahū, waghsilhū bi al-māi wa ath-thalji wa al-barad, wa naqqihihi min al-khatāyā kamā naqqayta ath-thawb al-abyada min ad-danas, wa abdilhū dāran khayran min dārihi, wa ahlan khayran min ahlihi, wa zawjan khayran min zawjihi, wa adkhilhū al-janna, wa a'idhū min 'adhābi al-qabri wa min 'adhābi an-nār) "Abū 'Abd Ar-Rahmān 'Awf ibn Mālik ha aggiunto: "Parole così forti che vorrei essere al posto di quel morto." [Muslim]

936. Secondo Abū Hurairah, Abū Qatādah e Abū Ibrahim al-Ashhali, che lo ricevette da suo padre, uno dei compagni del Messaggero di Allah, il Profeta ﷺ eseguì una preghiera funebre in cui disse: "O *Allah, che tu possa perdonare i nostri vivi e i nostri morti, i nostri giovani e i nostri vecchi, i nostri uomini e le nostre donne, quelli di noi che sono presenti e quelli che sono assenti*". O *Allah, chi lasci in vita, viva da musulmano e chi fai morire, muoia da credente. O Allah, non privarci della sua ricompensa[1] e non metterci alla prova dopo la sua morte (allāhūmma ghfir lihayyininā wa mayyitinā, wa saghīrinā wa kabīrinā, wa dhakarinā wa ūnthānā, wa chhidinā wa ghibāinā. Allāhūmma man ahyaytahū minnā, faahyihihi 'ala al-islām, wa man tawaffaytahū minnā, fatawaffahū 'ala al-īmān. Allāhūmma lā tahrimnā ajrahū, wa lā taftinā ba'dū)*". [At-Tirmidhī, secondo Abū Hurairah, e Al-Ashhali e Abū Dawūd, secondo Abū

---

[1] Ricompensa per aver sopportato pazientemente la sua morte e per aver pregato sui suoi resti.

Hurairah e Abū Qatādah. Secondo Al-Hakim, il hadith riferito da Abū Huraīrah è autentico secondo i criteri di Al-Bukhārī e Muslim. Secondo Al-Bukhārī, citato da At-Tirmidhī, la versione più autentica è quella riportata da Al-Ashhali. Tuttavia, secondo lui, l'hadith più autentico di questo capitolo è quello precedente riferito da Abū 'Abd Ar-Rahmān 'Awf ibn Mālik].

937. Abū Huraīrah raccontò di aver sentito il Messaggero di Allah ﷺ dire: "*Quando pregate per un morto, siate sinceri nelle vostre invocazioni*". [Abū Dawūd]

938. Secondo Abū Huraīrah, il Profeta ﷺ pronunciò questa invocazione durante una preghiera funebre: "O *Allah, Tu sei il suo Signore e Creatore, lo hai guidato all'Islam e poi gli hai tolto l'anima. Sapete meglio di chiunque altro cosa ha tenuto segreto e cosa ha lasciato trapelare. Siamo venuti a intercedere per lui, che Tu gli conceda il Tuo perdono (allāhūmma anta anta rabbūhā, wa anta khalaqtahā, wa anta hadaytahā li al-islām, wa anta qabadta rūhahā, wa anta a'lamū bisirrihā wa 'alāniyatihā, ji'nāka chūfa'ā lahū, faghfir lah)*". [Abū Dawūd]

939. Wāthilah ibn Al-Asqa' racconta quanto segue: Il Messaggero di Allah ﷺ guidò la preghiera funebre di un musulmano, durante la quale lo sentii dire: "O *Allah, il tale è sotto la Tua protezione". Che Tu lo preservi dalle prove della tomba e dalla punizione dell'inferno. Tu mantieni sempre le tue promesse e meriti ogni lode, o Allah! Possa Tu concedergli il Tuo perdono e la Tua misericordia, Tu sei il Graziosissimo, il Misericordioso (allāhūmma inna fūlān ibn fūlān fī dhimmatika wa habli jiwārik, faqihi fitna al-qabri wa 'adhāb an-nār, wa anta ahl al-wafā wa al-hamd, allāhūmma faghfir lahū warhamhū innaka anta al-ghafūr ar-rahīm)*." [Abū Dawūd]

940. È stato riportato che 'Abdullah ibn Abi Awfā disse quattro Takbīr durante la preghiera funebre di una delle sue figlie. Chiese perdono ad Allah e pregò per lei dopo il quarto Takbīr come dopo il terzo. Poi disse: "Ecco come si comportava il Messaggero di Allah.

Secondo un'altra versione, dopo il quarto Takbir rimase in piedi così a lungo che pensai che ne avrebbe pronunciato un quinto. Poi ha fatto gli ultimi saluti alla sua destra e alla sua sinistra. Quando ha terminato la preghiera, gli abbiamo chiesto spiegazioni sul suo comportamento. Rispose: "Non ho aggiunto nulla a ciò che ho visto al Messaggero di Allah (oppure: così ha agito il Messaggero di Allah)". [Riportato da Al-Hākim, secondo cui l'hadith è autentico].

158. Correre a seppellire i morti

941.   Secondo Abū Hurairah, il Profeta ﷺ disse: "*Affrettatevi a seppellire il morto, perché se era giusto, lo state portando a un grande bene[1] , e se non lo era, vi state alleggerendo di un peso malvagio*". [Al-Bukhārī e Muslim].

942.   Secondo Abū Sa'īd Al-Khudri, il Messaggero di Allah ﷺ era solito dire: "*Quando il defunto viene trasportato a spalla dagli uomini per essere portato al cimitero, esclama, se era giusto, 'Affrettatevi', e se non lo era, 'Guai a me, dove mi portate?' Tutte le creature sentono la sua voce, tranne gli esseri umani che, se la sentissero, sarebbero colpiti da un fulmine*". [Al-Bukhārī]

159. Affrettarsi a pagare i debiti del defunto e a preparare la sua sepoltura, a meno che la morte non sia improvvisa, nel qual caso non dovrebbe seppellirlo finché non è sicuro della sua morte.

943.   Secondo Abū Hurairah, il Profeta ﷺ disse: "*L'anima del credente defunto viene appesa[2] finché non vengono pagati i suoi debiti*". [At-Tirmidhī: "*hadith hasan*"].

944.   Secondo Husayn ibn Wahwah, quando Talhah ibn Al-Barā' si ammalò, il Profeta ﷺ si recò al suo capezzale e annunciò: "*Sono convinto che Talhah morirà presto*". Fatemi sapere quando lo fa e affrettatevi a

---

[1] Le delizie che lo attendono nella tomba.

[2] In altre parole, secondo alcuni commentatori, è privato delle delizie della tomba.

seppellirlo. Perché non è opportuno che il cadavere di un musulmano sia tenuto tra i suoi". [Abū Dawūd]

160. Pronunciare un sermone sulla tomba

945. 'Ali racconta quanto segue: Stavamo partecipando a un funerale nel cimitero di Baqi' Al-Gharqad quando arrivò il Messaggero di Allah. Si sedette e noi ci sedemmo intorno a lui. Portava in mano un bastone con la testa ricurva e cominciò a raschiare la terra con esso, chinando il capo. Poi disse: "*Il posto di ciascuno di voi è già scritto, sia all'inferno che in paradiso.* I compagni dissero: "Messaggero di Allah, non dovremmo allora lasciarlo al nostro destino?" Egli rispose: "*Al contrario, lavorate! Perché a ciascuno sarà dato ciò per cui è stato creato*[1] ". Poi ha citato il resto dell'hadith. [Al-Bukhārī e Muslim].

---

[1] I beati saranno facilitati nelle buone azioni che li porteranno nel Paradiso a cui sono predestinati, mentre i dannati saranno facilitati nelle cattive azioni che li porteranno nell'Inferno a cui sono condannati.

161. pregare per il morto dopo la sua sepoltura, stare per qualche tempo accanto alla sua tomba per chiedere il perdono di Allah e leggere il Corano.

946. Secondo 'Uthmān ibn 'Affān, il Messaggero di Allah ﷺ, dopo aver seppellito un morto, si metteva davanti alla sua tomba e diceva: *"Prega Allah di perdonare tuo fratello e chiedi ad Allah di rafforzarlo nelle sue risposte, perché ora viene interrogato"*. [Abū Dawūd]

947. 'Amr ibn Al-'As disse in un lungo hadith già citato: "Quando mi seppellirete, restate intorno alla mia tomba il tempo necessario a uno di voi per macellare un cammello e dividerne la carne, in modo che io possa godere della vostra compagnia e meditare sulle risposte che darò agli angeli inviati dal mio Signore". [Muslim]

L'Imām Shāfi'i, che Allah abbia misericordia di lui, ha detto: "Si raccomanda di leggere il Corano - se possibile nella sua interezza - sulla tomba".[1]

---

[1] Molti studiosi considerano indesiderabile leggere il Corano vicino alle tombe. Alcuni sostengono che questa non sia la vera opinione dell'Imam Shafi'i, ma quella dei seguaci della sua scuola di giurisprudenza.

162. Fare l'elemosina per i defunti e pregare per le loro anime.

Allah, l'Altissimo, dice:

Per quanto riguarda i credenti che sono venuti dopo di loro, essi implorano: "Possa tu, o Signore, perdonare noi e i nostri fratelli che ci hanno preceduto nella fede" (59:10).

948. Secondo 'Āishah, che Allah sia soddisfatto di lei, un uomo disse al Profeta ﷺ: "Mia madre è morta improvvisamente. Sono sicuro che se avesse avuto il tempo di parlare, avrebbe fatto la carità. Sarà ricompensata se farò l'elemosina a suo nome?" "*Sì*", rispose. [Al-Bukhārī e Muslim].

949. Secondo Abū Hurairah, il Messaggero di Allah ﷺ disse: "*Quando un uomo muore, le sue buone azioni cessano, tranne tre: la continuazione dell'elemosina, la conoscenza che giova alla gente o un figlio giusto che prega per la sua salvezza*". [Muslim]

163. Parlare bene o male dei morti

950. Secondo Anas, alcuni compagni passarono davanti a un corteo funebre e fecero l'elogio del defunto. Il Profeta ﷺ disse allora: "*È destinato a entrarvi*". Passò un'altra processione e questa volta parlarono male del defunto. Il Profeta ﷺ ripeté: "È destinato *a entrarvi*". 'Umar ibn Al-Khattab chiese: "Dove sono destinati a entrare?" Il Profeta ﷺ rispose: "*Avete parlato bene di questo, che è quindi destinato al Paradiso, e male di quello, che è quindi destinato all'Inferno". In verità, voi siete i testimoni di Allah sulla terra*". [Al-Bukhārī e Muslim].

951. Abū Al-Aswad ha narrato quanto segue: Quando arrivai a Madinah, mi sedetti accanto a 'Umar ibn Al-Khattab. Passò una processione e gli uomini presenti lodarono il defunto. 'Umar disse: "*È destinato a entrarvi*". Un'altra processione è passata e anche il defunto è stato lodato. 'Umar ripeté: "È destinato *a entrarvi*". Passò un terzo corteo funebre, ma questa volta gli uomini parlarono male del defunto. 'Umar ripeté :"È destinato *a entrarvi.*

Chiesi: "Emiro dei credenti, dove sono destinati a entrare?" Mi rispose: "Ho solo ripetuto ciò che il Messaggero ha detto: '*Ogni musulmano che è lodato da quattro persone entrerà in Paradiso per grazia di Allah*'. Abbiamo chiesto: "E se sono solo tre?" "*Anche se sono solo tre*", *ha* risposto. E noi abbiamo aggiunto: "E se ce ne sono solo due?" "*Anche se ce ne sono solo due*", ha detto. Ma non gli abbiamo chiesto di elogiare una persona. [Al-Bukhārī]

164. Il merito di colui che perde i figli

952. Secondo Anas, il Messaggero di Allah ﷺ disse: "*Non c'è musulmano che perda tre figli che non hanno raggiunto la pubertà senza che Allah lo porti in Paradiso per misericordia verso di loro*". [Al-Bukhārī e Muslim].

953. Secondo Abū Hurairah, il Messaggero di Allah ﷺ disse: "*Il musulmano che perde tre figli sarà preservato dal Fuoco Infernale se non in adempimento del giuramento*". [Al-Bukhārī e Muslim].

Il "giuramento" si riferisce alle parole di Allah Altissimo: **"Non c'è uno solo di voi che non affronterà l'inferno"**. (19:71) "Affrontare l'inferno" significa: passare sul ponte che attraversa l'inferno, che Allah ci preservi da esso!

954. Secondo Abū Sa'īd Al-Khudri, una donna venne dal Profeta ﷺ e disse: "Messaggero di Allah, solo gli uomini beneficiano dei tuoi insegnamenti. Dateci un giorno in cui ci insegnerete ciò che Allah ha insegnato a voi. Disse loro: "*Radunatevi in un giorno simile*", ed essi lo fecero. Poi insegnò loro alcune delle conoscenze che Allah gli aveva rivelato e aggiunse: "*Nessuna donna perde tre dei suoi figli, a meno che non siano per lei uno scudo contro il Fuoco. Una donna ha chiesto: "E se ne perde solo due? Il Messaggero di Allah ﷺ rispose: '*Anche se ne perde solo due*'". [Al-Bukhārī e Muslim].

165. Piangendo umilmente mentre passavano davanti ai luoghi in cui i malvagi erano stati sepolti e decimati, temendo la loro sorte e guardandosi da qualsiasi disattenzione

955. Secondo Ibn 'Umar, il Messaggero di Allah ﷺ, giunto ad Al-Hijr, la terra del popolo di Thamud, disse ai suoi compagni: "*Non passate davanti ai resti di coloro che hanno subito l'ira divina senza piangere. Se non piangete, allontanatevi, perché potreste subire la loro stessa sorte*". [Al-Bukhārī e Muslim].

Un'altra versione di questa storia è la seguente: Quando il Messaggero di Allah ﷺ passò per Al-Hijr, disse ai suoi compagni: "*Non passate davanti ai resti di coloro che sono stati ingiusti con se stessi se non piangendo, perché potreste subire la stessa sorte*". Allora il Messaggero di Allah si ﷺ coprì il volto e accelerò il passo finché non ebbe superato la valle.

LIBRO: LE REGOLE DI COMPORTAMENTO IN VIAGGIO

166. Dove è consigliabile partire il giovedì e la mattina presto.

956. Ka'b ibn Mālik riferì che il Profeta ﷺ pa (ﷺ)tiò per la spedizione di Tabuk un giovedì e che gli piaceva viaggiare di giovedì. [Al-Bukhārī e Muslim].

In un'altra versione di Al-Bukhārī e Muslim, egli si recava raramente fuori dal giovedì.

957. Secondo Sakhr ibn Wadā'ah Al-Ghāmidi, uno dei compagni, il Messaggero di Allah ﷺ disse: "O *Allah, benedici le opere compiute dalla mia nazione all'alba*. Era solito inviare le truppe d'élite e gli eserciti all'inizio della giornata. Da parte sua, Sakhr era un mercante che spediva le sue merci la mattina presto. La sua attività prosperò e guadagnò una fortuna. [Abū Dawūd e At-Tirmidhī: "*hadith hasan*"].

167. Dove è consigliabile viaggiare in gruppo e designare un capogruppo

958. Secondo Ibn 'Umar, il Messaggero di Allah ﷺ disse: "*Se la gente conoscesse i rischi del viaggiare da soli, nessun cavaliere viaggerebbe da solo di notte*". [Al-Bukhārī]

959. Secondo 'Amr ibn Shu'ayb, secondo suo padre, che a sua volta lo ricevette da suo nonno, il Messaggero di Allah ﷺ disse: "*Il viaggiatore solitario è un diavolo[1] e due persone che viaggiano insieme sono due diavoli, ma tre o più persone formano un vero gruppo di viaggiatori*". [Abū Dawūd e An-Nasā'ī, attraverso catene di trasmissione autentiche, e At-Tirmidhī: "*hadith hasan*"].

960. Secondo Abū Sa'īd Al-Khudri e Abū Hurairah, che Allah abbia misericordia di loro, il Messaggero di Allah ﷺ disse: "*Quando tre uomini partono per un viaggio, nominino uno di loro come capo*". [Abū Dawūd, attraverso una catena di trasmissione autentica (*hasan*)].

961. Secondo Ibn 'Abbās, il Profeta ﷺ disse: "*Il numero ideale di compagni di viaggio è quattro, il numero ideale di combattenti per una truppa d'élite è quattrocento e il numero ideale per un esercito è quattromila. E sappiate che se dodicimila uomini vengono sconfitti, non può essere a causa del loro numero*". [Abū Dawūd e At-Tirmidhī: "*hadith hasan*"].

---

[1] Cioè, secondo alcuni commentatori, si comporta come un demone o, secondo altri, è accompagnato da un demone. Altri spiegano queste parole come segue: il viaggiatore isolato obbedisce al demone.

168. Le regole da osservare durante il viaggio, nell'accampamento e nel modo di dormire, la raccomandazione di avanzare di notte e di trattare bene le cavalcature e il permesso di montarle in coppia se lo sopportano.

962. Secondo Abū Hurairah, il Messaggero di Allah ﷺ disse: "Quando *durante i vostri viaggi* passate *per una terra ricca di pascoli, lasciate che i vostri cammelli si godano l'erba, e quando passate per una terra secca, affrettatevi prima che si esauriscano. Quando vi accampate di notte, tenetevi lontani dalle strade, perché anche le bestie le usano e gli animali velenosi vi si rifugiano di notte*". [Muslim]

963. Secondo Abū Qatādah, quando il Messaggero di Allah ﷺ si fermava di notte durante i suoi viaggi, si sdraiava sul fianco destro. Ma se si fermava poco prima dell'alba, si riposava a terra con la testa appoggiata sul palmo della mano. [Muslim]

Gli studiosi dell'Islam spiegano che era solito inchinarsi in questo modo, invece di sdraiarsi, per evitare di cadere in un sonno profondo e di eseguire la preghiera dell'alba in ritardo o addirittura dopo l'ora prescritta per farlo.

964. Secondo Anas, il Messaggero di Allah ﷺ disse: "*Viaggiate di notte, perché la notte accorcia le distanze*". [Abū Dawūd, attraverso una catena di trasmissione autentica (*hasan*)].

965. Secondo Abū Tha'labah Al-Kushani, quando erano in campeggio, i compagni si disperdevano sulle strade e nelle valli. Il Messaggero di Allah ﷺ una volta disse loro: "*Questo modo di disperdervi in queste strade e valli è stato ispirato solo da Satana!*" Da quel giorno i compagni non si accamparono mai senza raggrupparsi. [Abū Dawūd, attraverso una catena di trasmissione autentica (*hasan*)].

966. Secondo Sahl ibn Al-Handhaliyyah, uno dei compagni che parteciparono all'alleanza di Ridwān, il Messaggero di Allah ﷺ passò accanto a un cammello emaciato e gli disse: "*Temi Allah nei tuoi rapporti con queste bestie che non possono parlare e lamentarsi. Prendete come cavalcatura coloro che sono in grado di farlo e mangiate la carne di coloro che sono in grado di farlo*". [Abū Dawūd tramite catena di trasmissione autentica].

967. Abū Ja'far 'Abdullah ibn Ja'far disse: "Il Messaggero di Allah ﷺ una volta mi prese sulla sua groppa e mi confidò alcune cose che non rivelerò a nessuno. "E aggiunge: "Quando andava a fare i bisogni, gli piaceva nascondersi dietro un rialzo del terreno o dietro il muro di un palmeto". [Muslim]

Al-Barqāni aggiunge a questa narrazione: Una volta entrò in un palmeto di un Ansar dove trovò un cammello. Quando il cammello vide il Messaggero di Allah ﷺ, iniziò a piangere e i suoi occhi traboccarono di lacrime. Il Profeta ﷺ si avvicinò a lui e lo accarezzò sulla gobba e dietro l'orecchio, tranquillizzando l'animale. Poi chiese: "*Chi è il proprietario di questo cammello, di chi è questo cammello?* "Un giovane Ansar si fece avanti e rispose: "È mio, o Messaggero di Allah! Disse: "*Non temete Allah nel modo in cui trattate questa bestia che Egli vi ha concesso? Questo cammello si lamenta che lo state facendo morire di fame e lo state sfinendo*". [Abū Dawūd]

968. Anas racconta: "Quando mettevamo piede a terra per accamparci, non eseguivamo alcuna preghiera finché non slegavamo i nostri cammelli". [Abū Dawūd, attraverso una catena di trasmissione conforme ai criteri di Muslim].

169. Aiuto per il compagno di viaggio

Molte tradizioni, già citate, sono incluse in questo capitolo, come l'hadith: "*Allah sostiene il Suo servo finché sostiene il fratello musulmano*" [n°245] o questo: "*Ogni buona azione è un'elemosina*" [n°134].

969. Abū Sa'īd Al-Khudri racconta quanto segue: Mentre viaggiavamo con il Profeta ﷺ, un uomo salì sulla sua cavalcatura e cominciò a distogliere lo sguardo a destra e a sinistra. Il Messaggero di Allah ﷺ disse: "Chiunque *abbia una cavalcatura in più la metta a disposizione di chi non ne ha, e chi ha del cibo in più lo dia a chi non ne ha.*" E ha citato altri tipi di beni, lasciandoci credere che nessuno di noi avesse diritto a un surplus. [Muslim]

970. Secondo Jabir, il Messaggero di Allah ﷺ disse un giorno, prima di partire per la spedizione: "*Migranti e Ansar! Alcuni dei vostri fratelli* non hanno né *proprietà né famiglia. Ognuno di voi, quindi, porta con sé due o tre uomini.* E Jābir aggiunse: "Così ognuno di noi si alternò a cavalcare il suo cammello con altri, cosa che io stesso feci con due o tre uomini". [Abū Dawūd]

971. Secondo Jabir, il Messaggero di Allah ﷺ era solito rimanere dietro i musulmani, aiutando il debole ad avanzare, portandolo con sé sulla sua cavalcatura e pregando per lui. (Abū Dawūd, tramite catena di trasmissione autentica (*hasan*))

170. Formula da pronunciare quando si monta a cavallo per un viaggio

Allah, l'Altissimo, dice:

È Lui che ha creato per voi navi e bestiame per viaggiare, affinché, quando vi sedete, ricordiate i favori del vostro Signore e diciate: "Gloria a Colui che ci ha fatto fare questo, che noi stessi non potevamo fare". Al nostro Signore ritorneremo tutti (43:12-14).

972. Secondo Ibn 'Umar, quando il Messaggero di Allah ﷺ si sedeva sul suo cammello prima di partire per un viaggio, diceva per tre volte: "*Allah è più grande di tutte le cose*", e poi aggiungeva: "*Gloria a Colui che ci ha sottoposto a questo, di cui noi stessi eravamo incapaci*". *in verità, tutti ritorneremo al nostro Signore. In verità, tutti noi torneremo al nostro Signore. O Allah, concedici la virtù e la pietà in questo viaggio e di compiere le azioni che Tu approvi. O Allah, fa' che questo viaggio sia facile per noi e che le distanze siano ridotte. O Allah, Tu sei il compagno di viaggio e Colui che ci sostituisce nelle nostre famiglie. O Allah, fa' che tu mi preservi dalle difficoltà del viaggio, da ogni visione angosciante e che non trovi, al mio ritorno, la desolazione nei miei beni, nella mia famiglia e nei miei figli.*

(sūbhāna al-ladhī sakh-khara lanā hādhā, wa mā kūnnā lahoû mūqrinīn, wa innā ilā rabbinā lamūnqalibūn. Allāhūmma innā nas'alūka fī safarinā hādha al-birra wa at-taqwā, wa mina al-'amali mā tardā. Allāhūmma hawwin 'alaynā safaranā hādhā, watwi 'annā bū'dah. Allāhūmma anta as-sāhibū fīs-safar, wal-khalīfatū fīl-ahl, allāhūmma innī a'ūdhū bika min wa'thāi as-safar, wa kaābati al-mandhar, wa sū'i al-mūnqalabi fī al-māli wa al-ahli wa al-walad)". Al suo ritorno, avrebbe pronunciato le stesse parole, aggiungendo: "*Eccoci di ritorno, pieni di pentimento, adorando e lodando il nostro Signore*". [Muslim]

973. Secondo 'Abdullah ibn Sarjis, quando il Messaggero di Allah ﷺ partiva per un viaggio, era solito implorare Allah di preservarlo dalle difficoltà del viaggio, dall'invocazione degli oppressi, dall'incontrare disgrazie al ritorno e dall'essere afflitto dalla vista della sua famiglia e dei suoi beni. [Muslim, At-Tirmidhī e An-Nasā'ī].

974. 'Ali ibn Rabī'ah racconta quanto segue: Ero presente quando fu presentata una sella ad 'Ali ibn Abi Tālib. Mentre metteva il piede sulla sella, disse: "In nome di Allah". Una volta in posizione supina, disse: "Lode ad Allah", e poi disse: "Gloria a Colui che ci ha sottoposto a questo, di cui noi stessi eravamo incapaci". In verità, tutti ritorneremo al nostro Signore.

Poi disse tre volte: "Lode ad Allah" e tre volte: "Allah è più grande di tutti", prima di concludere dicendo: "Gloria a Te! Sono stato ingiusto con me stesso. Possa Tu concedermi il Tuo perdono, poiché Tu solo sei in grado di perdonare i peccati (sūbhānaka innī dhalamtū nafsī faghfir li, innahū lā yaghfirū adh-dhūnūba illā anta)". Poi 'Ali cominciò a sorridere. Quando gli fu chiesto perché stesse sorridendo, rispose: "Ho visto il Profeta fare questo e poi sorridere".

Gli chiesi allora il motivo del suo sorriso ed egli rispose: "*È gradito al tuo Signore sentire il Suo servo che Gli dice: 'Perdona i miei peccati', essendo certo che solo Allah può perdonare i peccati*". [Abū Dawūd, la cui versione è questa, e At-Tirmidhī, secondo cui l'hadith è "*hasan*" o, secondo altri manoscritti, "*hasan sahīh*"].

171. Dire: "Allah è più grande" quando si sale e "Gloria ad Allah" quando si scende, ma senza alzare la voce.

975. Jābir disse: "Nelle salite dicevamo: "Allah è più grande di tutte le cose" e nelle discese: "Gloria ad Allah"" [Al-Bukhārī].

976. Secondo Ibn 'Umar, durante le ascese il Profeta ﷺ e i suoi eserciti erano soliti dire: "Allah è più grande di tutte le cose", e durante le discese: "Gloria ad Allah". [Abū Dawūd, attraverso una catena di trasmissione autentica].

977. Secondo Ibn 'Umar, quando il Messaggero di Allah ﷺ tornava da un pellegrinaggio grande o piccolo, ripeteva tre volte: "*Allah è più grande di tutto*" ogni volta che raggiungeva la cima di una collina, e poi aggiungeva: "*Non c'è dio che abbia il diritto di essere adorato se non Allah, unico e senza partner, Egli regna come padrone assoluto sulla creazione, merita tutte le lodi e ha potere su tutto*". *Eccoci di nuovo qui, pieni di pentimento, ad adorare e lodare il nostro Signore e a prostrarci davanti a Lui. Allah ha mantenuto la Sua promessa, ha fatto trionfare il Suo servo e ha sconfitto da solo i coalizzati (lā ilāha illallāh waḥdahū lā charika lah, lahū al-mūlkū wa lahū al-ḥamdū, wa hūwa 'alā kūlli chay'in qadīr, āibūna, tāibūna, 'ābidūna, sājidūn li rabbinā hāmidūn, ṣadaqa al-lāhū wa'dah, wa naṣara 'abdah, wa hazama al-aḥzāba waḥdah)*" [Al-Bukhārī e Muslim].

Secondo un'altra versione di Muslim: "Quando il Messaggero di Allah ﷺ tornava da una spedizione o da un pellegrinaggio grande o piccolo...".

978. Secondo Abū Hurairah, un uomo disse: "Messaggero di Allah, ho intenzione di intraprendere un viaggio, cosa mi consigli?". Rispose: "*Assicurati di temere Allah e di dire: 'Allah è più grande di tutto' sulla cima di ogni collina*". Quando l'uomo partì, il Profeta ﷺ aggiunse:

"O *Allah, abbrevia la sua distanza e rendi il suo viaggio facile*". [At-Tirmidhī: "*hadith hasan*"].

979. Abū Musa al-Ashari ha riferito quanto segue: Eravamo in viaggio con il Profeta ﷺ. Quando abbiamo raggiunto la cima di una valle, abbiamo esclamato ad alta voce: "Non c'è altro dio all'infuori di Allah" e "Allah è più grande di tutti". Il Profeta ﷺ ci disse allora: "*Musulmani! Siate gentili, perché Colui che invocate non è né sordo né assente. Al contrario, Egli è con voi, vicino a voi, e vi ascolta perfettamente*". [Al-Bukhārī e Muslim].

172. Dove si raccomanda di invocare Allah durante il viaggio

980. Secondo Abū Hurairah, il Messaggero di Allah ﷺ disse: "*Tre invocazioni vengono sempre esaudite, senza alcun dubbio: l'invocazione dell'oppresso, l'invocazione del viaggiatore e l'invocazione del padre contro il figlio.*" [Abū Dawūd che non cita la fine dell'hadith: "*contro suo figlio*" E At-Tirmidhī che specifica: "*hadith hasan*"].

173. L'invocazione che deve essere pronunciata da chi teme le persone o il pericolo

981. Secondo Abū Musa al-Ashari, quando il Messaggero di Allah ﷺ aveva paura di certe persone, era solito dire: "O *Allah, Ti mettiamo tra noi e loro e imploriamo la Tua protezione contro le loro malefatte (allāhumma innā naj'alūka fī nūhūrihim, wa na'ūdhū bika min chūrihim)*". [Abū Dawūd e An-Nasā'ī, attraverso una catena di trasmissione autentica].

174. L'invocazione che deve essere pronunciata da colui che si ferma

982. Khawlah bint Hakīm, che Allah si compiaccia di lei, racconta di aver sentito il Messaggero di Allah ﷺ dire: "*Qualsiasi viaggiatore che si fermi in un luogo e pronunci le seguenti parole: 'Mi metto sotto la protezione delle parole perfette di Allah contro il male delle Sue creature (a'ūdhū bi kalimātillāhi at-tāmmāti min charri mā khalaq)', sarà protetto da ogni male finché non lascerà il luogo*". [Muslim]

983. Secondo Ibn 'Umar, quando il Messaggero di Allah ﷺ era in viaggio, era solito pronunciare queste parole al calar della sera: "*O terra! Il mio e vostro Signore è Allah. Imploro la protezione di Allah contro il suo male, il male che contiene, il male delle creature che vivono e di quelle che si muovono sulla sua superficie. Imploro la protezione di Allah contro gli uomini, contro i leoni, i serpenti e gli scorpioni, contro gli abitanti di questa terra e contro tutti i servi e la loro discendenza*". [Abū Dawūd]

175. raccomandare al viaggiatore di tornare a casa appena arrivato a destinazione .

984. Secondo Abū Hurairah, il Messaggero di Allah ﷺ disse: " *Il viaggio non è altro che una sofferenza, poiché priva il viaggiatore di cibo, bevande e sonno. Perciò, quando uno di voi avrà raggiunto la meta del suo viaggio, si affretti a tornare al proprio* ". [Al-Bukhārī e Muslim].

176. Se è consigliabile che il viaggiatore torni a casa di giorno, farlo di notte senza necessità è detestabile.

985. Secondo Jabir, il Profeta ﷺ disse: "Chi è *stato via per molto tempo non dovrebbe tornare a casa di notte*".

Secondo un'altra versione, il Messaggero di Allah ﷺ vietò al viaggiatore di tornare a casa di notte. [Al-Bukhārī e Muslim].

986. Secondo Anas, il Messaggero di Allah ﷺ non tornava mai a casa di notte, ma all'inizio o alla fine della giornata. [Al-Bukhārī e Muslim].

177. L'invocazione che il viaggiatore deve pronunciare al suo ritorno e in vista della sua città

987. Anas ﷺ racconta: "Quando tornavamo dal viaggio con il Messaggero di Allah ﷺ, lo sentimmo dire, quando arrivammo in vista di Madinah: "*Eccoci qui, pieni di pentimento, ad adorare e lodare il nostro Signore*". Ripeté queste parole finché non entrammo a Madinah. [Muslim]

178. Quando si raccomanda a una persona che è tornata da un viaggio di eseguire una preghiera di due unità nella moschea del quartiere.

988. Secondo Ka'b ibn Mālik, quando tornava da un viaggio, il Messaggero di Allah ﷺ eseguiva prima una preghiera di due unità nella moschea. [Al-Bukhārī e Muslim].

179. Il divieto per le donne di viaggiare da sole

989. Secondo Abū Hurairah, il Messaggero di Allah ﷺ disse: "*Non è permesso a una donna che crede in Allah e nell'Ultimo Giorno viaggiare per un giorno e una notte senza essere accompagnata da suo marito o da un uomo che le è proibito sposare (mahram)*[1] ". [Al-Bukhārī e Muslim].

990. Secondo Ibn 'Abbās, il Messaggero di Allah ﷺ disse: "*Nessuna donna resti sola con un uomo senza la presenza di un mahram o viaggi senza essere accompagnata da un mahram*". Un uomo disse: "Messaggero di Allah, sono stato arruolato in una tale spedizione e mia moglie è andata in pellegrinaggio". Il Messaggero di Allah ﷺ gli ordinò: "*Vai a compiere il Hajj con tua moglie*". [Al-Bukhārī e Muslim].

---

[1] Come figlio, padre, fratello, zio o nipote.

LIBRO: OPERE MERITORIE

180. Il merito della recitazione del Corano

991. Abū Ummah ha raccontato di aver sentito il Messaggero di Allah ﷺ dire: "*Recitate il Corano, perché il Giorno della Resurrezione verrà a intercedere per coloro che lo recitano diligentemente e ne applicano gli insegnamenti*". [Muslim]

992. An-Nawwās ibn Sam'ān ha raccontato di aver sentito il Messaggero di Allah ﷺ dire: "Nel *Giorno della Resurrezione, il Corano sarà portato e così sarà colui che lo reciterà diligentemente e applicherà i suoi insegnamenti*". *Egli[1] sarà preceduto dai suras Al-Baqarah e Al 'Imrān che peroreranno la causa di coloro che li reciteranno e li metteranno in pratica*". [Muslim]

993. Secondo 'Uthmān ibn 'Affān, il Messaggero di Allah ﷺ disse: "*Il migliore di voi è colui che ha imparato il Corano prima di insegnarlo agli altri*". [Al-Bukhārī]

994. Secondo 'Āishah il Messaggero di Allah ﷺ disse: "*Chi recita il Corano con maestria sarà in compagnia dei nobili ambasciatori che sono gli angeli obbedienti, mentre chi lo recita con esitazione e difficoltà otterrà una doppia ricompensa*". [Al-Bukhārī e Muslim].

995. Secondo Abū Musa al-Ashari, il Messaggero di Allah ﷺ disse: "*Il credente che recita il Corano è come il cedro[2] che unisce un buon odore a un gusto piacevole. Il credente che non recita il Corano è come il dattero che non ha un buon odore, ma ha un buon sapore. L'ipocrita che recita il Corano è come una pianta aromatica che ha un buon profumo ma un cattivo sapore. Quanto

---

[1] Il Corano o chi lo recita e lo mette in pratica.

[2] Frutto con buccia gialla molto spessa, più grande di un limone.

all'ipocrita che non recita il Corano, è come il colloquio¹ che non ha un buon odore e ha un sapore amaro ". [Al-Bukhārī e Muslim].

996. Secondo 'Umar ibn Al-Khattab, il Profeta ﷺ disse: "*Con questo Libro, Allah innalzerà il rango di alcuni e abbasserà quello di altri²* ". [Muslim]

997. Secondo Ibn 'Umar, il Profeta ﷺ disse: "*Non è lecito invidiare nessuno, tranne due tipi di persone: colui al quale Allah ha concesso il dono della conoscenza del Corano, i cui insegnamenti applica notte e giorno, e colui al quale Allah ha concesso la ricchezza, che spende notte e giorno in buone azioni*". [Al-Bukhārī e Muslim].

998. Al-Barā' ibn 'Āzib racconta: Un uomo stava recitando la Surah Al-Kahf (La Caverna) vicino a un cavallo che era sostenuto da due lombi, quando improvvisamente fu coperto da una nuvola che iniziò a muoversi verso di lui. Il cavallo si spaventò e cominciò a tirare le corde. Il mattino seguente, l'uomo andò a informare il Profeta, che spiegò: "*Questa è la serenità (Sakīnah), scesa dalla recitazione del Corano*". [Al-Bukhārī e Muslim].

999. Secondo Ibn Mas'ud, il Messaggero di Allah disse: "*Chiunque legga una sola lettera del Libro di Allah compie una buona azione. Ora ogni buona azione è ricompensata dieci volte tanto. Non dico che Alif-lām-mīm sia una lettera, ma Alif è una lettera, Lām è un'altra lettera e Mīm è un'altra ancora*". [At-Tirmidhī: "*hadith hasan sahīh*"].

---

¹ Secondo Grand Robert, i colloquintes sono "quasi rotondi, delle dimensioni di un'arancia, di vari colori, con un odore sgradevole e un sapore molto amaro".

² Egli eleverà, qui sulla terra e nell'Aldilà, gli uomini e le donne che credono nell'autenticità del Corano e ne applicano le leggi, e degraderà coloro che dubitano della sua origine divina e rifiutano di osservare i suoi precetti.

1000. Secondo Ibn 'Abbās, il Messaggero di Allah ﷺ disse: "*Chi non ha imparato nulla dal Corano è come una casa in rovina*". [At-Tirmidhī: "*hadith hasan sahīh*"].

1001. Secondo 'Abdullah ibn 'Amr ibn Al-'As, il Profeta ﷺ disse: "*Nel Giorno della Resurrezione, a chiunque reciti diligentemente il Corano e applichi i suoi insegnamenti verrà detto: "Leggi e sali le scale del Paradiso". Recitate in silenzio come avete fatto sulla terra. Raggiungerai la tua dimora all'ultimo versetto che reciterai*". [Abū Dawūd e At-Tirmidhī specificano: "*hasan sahīh*"].

181. L'ordine di leggere regolarmente il Corano e l'avvertimento di non dimenticarlo.

1002. Secondo Abū Musa Al-Ash'ari, il Profeta ﷺ disse: "*Leggete regolarmente il Corano, perché per Colui che tiene l'anima di Muhammad nella Sua mano, essa vi sfugge più facilmente del cammello che ha rotto i suoi legami*". [Al-Bukhārī e Muslim].

1003. Secondo Ibn 'Umar, il Messaggero di Allah ﷺ disse: "*Chi ha imparato il Corano è come chi possiede un cammello in catene. Se lo tiene incatenato e controlla i suoi legami, lo conserverà, ma se lo toglie o dimentica di controllarlo, finirà per sfuggirgli*". [Al-Bukhārī e Muslim].

182. Dove si raccomanda di recitare il Corano con la voce migliore e di chiedere a chi ha una buona voce di recitarlo.

1004. Abū Hurairah ha riferito di aver sentito il Messaggero di Allah ﷺ dire: "*Allah non ha mai sentito nulla di simile all'ascolto di un profeta con una bella voce, che canta il Corano ad alta voce*". [Al-Bukhārī e Muslim].

1005. Abū Musa raccontò che il Messaggero di Allah ﷺ gli disse: "*Sei stato dotato di una voce bella come quella del Profeta Davide*". [Al-Bukhārī e Muslim].

Secondo un'altra versione di Muslim, il Messaggero di Allah ﷺ gli disse: "*Se solo mi avessi visto ieri sera mentre ti ascoltavo recitare il Corano*".

1006. Al-Barā' ibn 'Āzib raccontò di aver sentito il Profeta ﷺ recitare la Surah At-Tin (Il fico) durante la preghiera notturna. "Non ho mai sentito una voce bella come la sua", ha detto. [Al-Bukhārī e Muslim].

1007. Secondo Abū Lūbābah Bashīr ibn 'Abd Al-Mūndhir, il Profeta ﷺ disse: "*Chi non recita il Corano con una bella voce non è dei nostri*". [Abū Dawūd, attraverso una catena di trasmissione autentica (*Khajjid*)].

1008. Ibn Mas'ud racconta quanto segue: Una volta il Profeta ﷺ mi chiese di recitargli il Corano. Dissi: "O Messaggero di Allah, vuoi davvero che te lo reciti quando ti è stato rivelato?" Rispose: "*Sì, perché mi piace sentirlo dalla bocca di un altro*. Cominciai quindi a recitargli la Surah delle *Donne*, ma fui subito interrotto dal Profeta ﷺ su questo versetto: "Che ne sarà degli uomini quando, nel Giorno della Resurrezione, porteremo a testimoniare il profeta di ogni nazione e porteremo voi a testimoniare contro di loro?" (4:41)

Mi voltai allora verso il Profeta, i cui occhi erano pieni di lacrime. [Al-Bukhārī e Muslim].

183. L'incentivo a recitare certe sure e aleyas

1009. Abū Sa'īd Rāfi' ibn Al-Mu'alla riferisce quanto segue: Una volta il Messaggero di Allah ﷺ mi disse: "*Vuoi che ti indichi la sura più sublime del Corano prima di lasciare la moschea?*" Poi mi prese per mano e, mentre stavamo per andarcene, gli ricordai: "Messaggero di Allah, mi avevi promesso di dirmi la sura più sublime del Corano. Disse: "*La sura che inizia con le parole 'Lode ad Allah, Signore della creazione*[1]'*. Contiene i sette versetti ripetuti più volte e l'essenza del sublime Corano che mi è stato dato*". [Al-Bukhārī]

1010. Secondo Abū Sa'īd Al-Khudri, il Messaggero di Allah ﷺ disse della surah che inizia con le parole: "**Di': 'Allah è l'unico Dio...'**". *Per Colui che tiene la mia anima nella Sua mano, essa equivale a un terzo del Corano*". [2]

Secondo un'altra versione, il Profeta ﷺ chiese ai suoi compagni: "Qualcuno di voi è in grado di recitare un terzo del Corano in una notte?". Consapevoli della difficoltà del compito, risposero: "Chi di noi è in grado di farlo, Messaggero di Allah?". Disse: "*La sura che inizia con: 'Di': Allah è l'unico Dio'. Allah è il Maestro di cui nessuno può fare a meno', equivale a un terzo del Corano*". [Al-Bukhārī]

1011. Secondo Abū Sa'īd Al-Khudri, un uomo udì un altro uomo ripetere più volte la surah iniziando con le parole: "**Di': "Allah è l'unico Dio..."**". Il mattino seguente, l'uomo, che sembrava non conoscere il merito di questa surah, andò a informare il Messaggero

---

[1] È la prima sura del Corano e per questo è chiamata L'apertura (Al-Fātihah).

[2] La sura Al-Ikhlās (Fede pura) equivale a un terzo del Corano perché, secondo alcuni commentatori, il Corano è diviso in tre temi principali: l'unicità di Allah, le leggi e le storie dei profeti. La sura Al-Ikhlās è interamente dedicata all'unicità di Allah.

di Allah ﷺ che rispose: "*Per Colui che tiene la mia anima nella Sua mano! È pari a un terzo del Corano*". [Al-Bukhārī]

1012. Secondo Abū Hurairah, il Messaggero di Allah ﷺ disse della sura che inizia con le parole: "Di': Allah è l'unico Dio...". "*Equivale a un terzo del Corano*". [Muslim]

1013. Secondo Anas, un uomo confidò al Profeta ﷺ: "Messaggero di Allah, mi piace questa sura: 'Di': Allah è l'unico Dio...'". Egli rispose: "*Il tuo amore per lei ti porterà in Paradiso*". [At-Tirmidhī: "*hadith hasan*", e Al-Bukhārī, attraverso una catena di trasmissione troncata alla base].

1014. Secondo 'Uqbah ibn 'Āmir, il Messaggero di Allah ﷺ disse: "*Non sapete che questa notte sono stati rivelati versetti ineguagliabili? Dite: "Imploro la protezione del Signore dell'Alba*" e "*Dite: "Imploro la protezione del Signore degli uomini*"".[1] [Muslim]

1015. Secondo Abū Sa'īd Al-Khudri, il Messaggero di Allah ﷺ era solito implorare la protezione di Allah contro i jinn e il malocchio con diverse formule. Ma non appena furono rivelate le surah di protezione, egli utilizzò solo queste due surah, escludendo tutte le altre formule, per proteggersi. [At-Tirmidhī che specifica: "*hadith hasan*"].

1016. Secondo Abū Hurairah, il Messaggero di Allah ﷺ disse: "*C'è una sura di trenta aayah nel Corano che intercede per un uomo al punto che tutti i suoi peccati saranno perdonati. Questa sura inizia con le parole: 'Benedetto è Colui che governa in modo assoluto sulla creazione'*".[2] [Abū Dawūd e At-Tirmidhī: "*hadith hasan*"].

---

[1] Le ultime due surah del Corano, chiamate "surah protettrici", sono utilizzate soprattutto per proteggere da ogni tipo di male.

[2] Questa è la Sura Al-Mulk (Il Regno).

1017. Secondo Abū Mas'ud Al-Badri, il Profeta ﷺ disse: "*Le ultime due aayah della Surah La Mucca sono più che sufficienti per chi le recita di notte*". [Al-Bukhārī e Muslim].

Per alcuni, ciò significa che queste due aayah saranno sufficienti a proteggervi da qualsiasi male che possa colpirvi quella notte, e per altri, che la lettura di queste due aayah sarà sufficiente per pregare quella notte.

1018. Secondo Abū Hurairah, il Messaggero di Allah ﷺ disse: "*Non trasformate le vostre case in cimiteri. Satana fugge dalle case in cui si recita la Surah della Mucca*". [Muslim]

1019. Ubayy ibn Ka'b racconta: "Una volta il Messaggero di Allah ﷺ mi chiese: "*Abū Al-Mūndhir, conosci la più grande aayah del Libro di Allah?*" Io risposi: "**Allah, non c'è altro dio degno di essere adorato che Lui, il Dio vivente ed eterno...**"[1] . Poi mi diede una pacca sul petto e disse: "*Congratulazioni, Abū Al-Mūndhir, per la tua conoscenza!* ". [Muslim]

1020. Abū Hurairah riferì quanto segue: Il Messaggero di Allah ﷺ mi incaricò di custodire le elemosine del mese di Ramadan. Poi arrivò un uomo e iniziò a prendere il cibo da essa. Lo afferrai e gli dissi: "Ti porterò dal Messaggero di Allah". Ma si è lamentato: "Sono bisognoso e ho una famiglia da mantenere. Così ho deciso di rilasciarlo.

Il mattino seguente, il Messaggero di Allah ﷺ mi disse: "*Abū Hurairah, che cosa ha fatto il tuo prigioniero ieri sera?* Dissi: "O Messaggero di Allah, si è lamentato di essere nel bisogno e di avere una famiglia da mantenere". Così ho avuto pietà di lui e l'ho lasciato andare. Mi disse: "*Ti ha mentito e tornerà*". Sapevo dalle parole del Messaggero di

---

[1] Versetto 255 della Sura della Vacca, noto come "versetto Kursi".

Allah che sarebbe tornato. Così ho aspettato che arrivasse. È tornato e ha ricominciato a prendere il cibo. Lo afferrai e gli dissi: "Ti porterò dal Messaggero di Allah" e lui disse: "Lasciami". Rispose di nuovo: "Lasciami. Sono bisognoso e ho una famiglia da mantenere. Non lo farò più.

Ho avuto di nuovo pietà di lui e l'ho lasciato andare. Il mattino seguente, il Messaggero di Allah mi chiese: "*Abū Hurairah, che cosa ha fatto il tuo prigioniero ieri sera?* Risposi: "O Messaggero di Allah!" Risposi: "O Messaggero di Allah, si lamentava di essere nel bisogno e di avere una famiglia da mantenere. Così ho avuto pietà di lui e l'ho lasciato andare. Ha ripetuto: "*Ti ha mentito e tornerà*. Sono tornato a cercarlo. Tornò per la terza volta e ricominciò a prendere il cibo. Lo afferrai e gli dissi: "Ora ti porterò dal Messaggero di Allah ﷺ.

Questa è l'ultima volta che ti lascio andare, ogni volta che fai finta di non tornare. Disse: "Liberami e ti insegnerò alcune parole che, per grazia di Allah, ti saranno utili". "Quali sono?", chiesi, e lui rispose: "Quando vai a letto, recita il versetto completo del *Kursi* che non lascerai la protezione di Allah, in modo che nessun demonio possa avvicinarsi a te fino al mattino". Così l'ho lasciato andare.

La mattina dopo, il Messaggero di Allah mi chiese di nuovo: "*Che cosa ha fatto il tuo prigioniero ieri sera?* Risposi: "Messaggero di Allah, intendeva insegnarmi alcune parole che, per grazia di Allah, mi saranno utili". Così l'ho lasciato andare. Mi chiese: "Cosa sono queste parole?". Risposi: "Mi disse di recitare fino alla fine l'ayah del Kursi quando andavo a letto: 'Allah, non c'è dio degno di essere adorato se non Lui, il Dio vivente ed eterno...' assicurandomi che non avrei cessato di essere sotto la protezione di Allah, in modo che nessun demonio potesse avvicinarmi fino al mattino". Il Profeta ﷺ disse allora: "*Ti ha detto la verità, anche se è un grande bugiardo. Sai, Abū Hurairah, con chi hai parlato per tre giorni?* "No", risposi, "*era un diavolo*", disse. [Al-Bukhārī]

1021. Secondo Abū Ad-Dardā', il Messaggero di Allah ﷺ disse: *"Chiunque memorizzi i primi dieci versetti della Surah Al-Kahf (La Caverna) sarà protetto dal falso Messia (Ad-Dajjāl)"*.

Secondo un'altra versione: *"Chiunque memorizzi gli ultimi dieci versetti..." [Muslim]*. [Muslim]

1022. Ibn 'Abbās racconta quanto segue: Mentre l'angelo Gabriele era seduto accanto al Profeta ﷺ, quest'ultimo sentì come uno scricchiolio di una porta e alzò la testa. Disse: "Questa è una porta del cielo che si è aperta per la prima volta oggi ed ecco un angelo che è sceso da essa per la prima volta". L'angelo li salutò e poi disse al Profeta: "Rallegrati per le due luci che ti sono state concesse e che nessun profeta ha ricevuto prima di te". Surah Al-Fatihah e gli ultimi versetti di Surah Al-Baqarah. Non reciterete una sola delle preghiere contenute in questi versetti senza una risposta". [Muslim]

184. Dove è consigliabile incontrarsi per recitare o studiare il Corano

1023. Secondo Abū Hurairah, il Messaggero di Allah ﷺ disse: "*Non c'è nessuno che si riunisca in una delle case di Allah per recitare e studiare insieme il Libro di Allah senza che la serenità scenda su di loro, la misericordia li copra, gli angeli li circondino e Allah li menzioni agli angeli che sono con Lui*". [Muslim]

185. Il merito dell'abluzione

Allah, l'Altissimo, dice:

Voi che credete! Quando vi alzate per pregare, lavatevi il viso e le mani fino ai gomiti, passate le mani bagnate sulla testa e lavate i piedi fino alle caviglie. Se siete in uno stato di grande impurità, fate un bagno rituale. Se si è soddisfatto un bisogno naturale o si è toccata una donna, ma non ci si può purificare con l'acqua a causa di una malattia o non ci si può purificare con l'acqua durante un viaggio, si può usare della terra pura e strofinarla sul viso e sulle mani. Allah non vuole imporvi alcun ostacolo, ma solo purificarvi e ricoprirvi di benedizioni. Forse sapete come essergli grati (5:6).

1024. Abū Hurairah ha raccontato di aver sentito il Messaggero di Allah ﷺ dire: "*I membri della mia nazione saranno chiamati nel Giorno della Resurrezione con il segno bianco e brillante dell'abluzione sul viso e all'estremità degli arti*". Abū Hurairah aggiunse: "Allora chi è in grado di spalmare il segno della sua abluzione sul viso, lo faccia". [Al-Bukhārī e Muslim].

1025. Abū Hurairah disse: "Ho sentito il mio amato dire: '*L'ornamento del credente coprirà per lui, in Paradiso, le parti del corpo colpite dall'acqua dell'abluzione*'". [Muslim]

1026. Secondo 'Uthmān ibn 'Affān, il Messaggero di Allah ﷺ disse: "*Chi compie l'abluzione con cura avrà il corpo purificato da tutti i suoi peccati, anche quelli sotto le unghie*". [Muslim]

1027. 'Uthmān ibn 'Affān disse: "Ho visto il Messaggero di Allah ﷺ fare le sue *abluzioni* come ho appena fatto io, e poi dire: "*Chiunque faccia le sue abluzioni in questo modo, i suoi peccati precedenti saranno cancellati, per non parlare dei suoi passi verso la moschea e dell'esecuzione della preghiera che gli daranno un'ulteriore ricompensa*". " [Muslim]

1028. Secondo Abū Hurairah, il Messaggero di Allah ﷺ disse: *"Quando il musulmano (o il credente) compie l'abluzione e si lava il viso, tutti i peccati commessi con gli occhi spariscono con l'acqua o con l'ultima goccia d'acqua. Quando si lava le mani, tutti i peccati commessi con le mani vengono lavati con l'acqua o con l'ultima goccia d'acqua. Quando si lava i piedi, tutti i peccati commessi con i suoi piedi vengono lavati con l'acqua o con l'ultima goccia d'acqua, finché non esce pulito da ogni peccato"*. [Muslim]

1029. Secondo Abū Hurairah, il Messaggero di Allah ﷺ si recò un giorno al cimitero e disse: *"Pace a voi, o credenti che occupate queste case. Ci uniremo sicuramente a voi per volontà di Allah. Avrei voluto vedere i miei fratelli.*

- O Messaggero di Allah, non siamo forse tuoi fratelli? dissero i suoi compagni.

- *Voi siete i miei compagni, i miei fratelli sono quelli che verranno dopo di me"*, ha risposto.

- O Messaggero di Allah, come riconoscerai i membri della tua nazione che non sono ancora venuti?

- *Immaginate un uomo con cavalli con segni bianchi sulla fronte e sulle zampe, in mezzo ad altri cavalli completamente neri: non sarebbe in grado di riconoscere i suoi cavalli?* Ha detto.

- Certo, o Messaggero di Allah, dicono.

- *I miei fratelli verranno nel Giorno della Resurrezione con il segno bianco e luminoso dell'abluzione sul viso e sulle membra e io li precederò alla Piscina[1] "*. [Muslim]

---

[1] Una vasca (*Hawd*) da cui berranno i credenti della nazione del Profeta ﷺ, che si trova nel luogo dell'Adunanza. Chiunque beva dalla sua acqua non avrà mai più sete. Ci vorrebbe un mese per attraversarlo in lunghezza e un mese in

1030. Secondo Abū Hurairah, il Messaggero di Allah ﷺ disse: "*Volete che vi indichi alcune azioni con le quali Allah cancellerà i vostri peccati e vi innalzerà di grado?* "Sì, Messaggero di Allah", risposero i compagni. Disse: "*Fare le abluzioni con cura nonostante il disagio, moltiplicare i passi verso la moschea e aspettare lì la prossima preghiera: questo è il modo migliore per combattere per la causa di Allah*". [Muslim]

1031. Secondo Abū Mālik Al-Ach'ari, il Messaggero di Allah ﷺ disse: "La *purificazione è metà della fede*". [Muslim]

1032. Secondo 'Umar ibn Al-Khattab, il Profeta ﷺ disse: "*Nessuno di voi compie le sue abluzioni con la massima cura e poi dice: "Attesto che non c'è divinità degna di essere adorata se non Allah, unico e senza partner, e attesto che Muhammad è il Suo servo e Messaggero (ach-hadū an lā ilāha illallāhū waḥdahū lā charīka lah, wa ach-hadū anna muhammadan 'abdūhū wa rasūlūh)", senza che le otto porte del Paradiso si aprano davanti a lui, facendolo entrare da quella di sua scelta.* "[Muslim]

Nella versione riportata da At-Tirmidhī c'è questa aggiunta dopo la professione di fede: "*Possa Tu, o Allah, mettermi tra coloro che non cessano mai di pentirsi e si preoccupano di purificarsi (allāhūmma ij'alnī min at-tawwābīna, waj'alnī min al-mūtatahhirīn)*".

---

larghezza. Le sue navi sono numerose come le stelle del cielo. La sua acqua è più bianca del latte e più dolce del miele, e il suo odore più gradevole del muschio.

186. Il merito della chiamata alla preghiera

1033. Secondo Abū Hurairah, il Messaggero di Allah ﷺ disse: "*Se la gente conoscesse il merito di fare l'appello alla preghiera e di stare in prima fila e se non trovasse altro modo per farlo che tirare a sorte, lo farebbe di sicuro. E se conoscessero il merito di andare presto alla moschea, correrebbero per arrivare per primi. Inoltre, se conoscessero i meriti della preghiera notturna e di quella all'alba, vi arriverebbero anche a quattro zampe*". [Al-Bukhārī e Muslim].

1034. Mu'āwiyah ha riferito di aver sentito il Messaggero di Allah ﷺ dire: "*I muezzin avranno il collo più lungo nel Giorno della Resurrezione*". [Muslim]

1035. Secondo 'Abdullah ibn 'Abd Ar-Rahman ibn Abi Sa'ah, Abū Sa'īd Al-Judri gli disse: "Vedo che ti piace vivere tra le tue pecore nel deserto. Quando siete tra le vostre pecore (o nel deserto) e dovete chiamare alla preghiera, alzate la voce, perché non c'è jinn, essere umano o creatura che ascolti il muezzin, per quanto lontano possa arrivare la sua voce, senza che essa testimoni in suo favore nel Giorno della Resurrezione". Abū Sa'īd aggiunse: "Ho sentito queste parole dalla bocca del Messaggero di Allah". [Al-Bukhārī]

1036. Secondo Abū Hurairah, il Messaggero di Allah ﷺ disse: "*Al primo richiamo alla preghiera (Adhan), Satana si affretta a voltargli le spalle[1] per non sentirlo. Non appena il richiamo termina, ritorna fino a quando non viene dato il secondo richiamo alla preghiera (Iqāmah), poi scappa di nuovo. Al termine di questa seconda chiamata, distrae nuovamente l'adoratore in preghiera al quale suggerisce: 'Pensa a questo, pensa a quello', al punto che quest'ultimo non sa dove si trova nella sua preghiera*". [Al-Bukhārī e Muslim].

---

[1] Oppure: scoreggiare.

1037.   'Abdullah ibn 'Amr ibn Al-'As raccontò di aver sentito il Messaggero di Allah ﷺ dire: "*Quando sentite la chiamata alla preghiera, ripetete ciò che dice il muezzin. Allora prega per me, perché chi prega per me una volta può essere certo che Allah pregherà per lui dieci volte. Allora implora Allah di concedermi Al-Wasīlah, che è un grado del Paradiso riservato ai servi di Allah. E io ho la speranza di essere quello. Quindi, chiunque implori Allah di concedermi questo grado, beneficerà della mia intercessione*". [Muslim]

1038.   Secondo Abū Sa'īd Al-Khudri, il Messaggero di Allah ﷺ disse: "*Quando sentite la chiamata alla preghiera, ripetete ciò che dice il muezzin*". [Al-Bukhārī e Muslim].

1039.   Secondo Jabir, il Messaggero di Allah ﷺ disse: "*Chiunque, dopo aver ascoltato la chiamata alla preghiera, pronunci le parole: 'O Allah! Signore di questa perfetta chiamata e preghiera da eseguire, concedi a Muhammad Al-Wasīlah, elevalo a un rango privilegiato e restituiscigli il posto d'onore che gli hai promesso (allāhumma rabba hādhi ad-da'wati a-tāmmati, was-salāti al-qāimati, āti Muhammadan al-wasīlatah wal-fadīlatah, wab'athū maqāman mahmūdani allathī wa'adtah)*", *essi beneficeranno della mia intercessione nel Giorno della Resurrezione.* "[Al-Bukhārī]

1040.   Secondo Sa'd ibn Abi Waqqās, il Profeta ﷺ disse: "*Chiunque, dopo aver ascoltato la chiamata alla preghiera, pronunci queste parole: "Rendo testimonianza che non c'è altra divinità che Allah, unica e sola, e che Muhammad è il Suo servo e Messaggero, accetto Allah come mio Signore, Muhammad come mio Messaggero e l'Islam come mia religione (radītū billāhi rabban, wa bi Muhammadin rasoūlan, wa bi al-islāmi dīnan)", avrà i suoi peccati cancellati.* "[Muslim]

1041.   Secondo Anas, il Messaggero di Allah ﷺ disse: "*Le invocazioni pronunciate tra il primo e il secondo richiamo alla preghiera non vengono mai respinte*". [Abū Dawūd e At-Tirmidhī: "*hadith hasan*"].

187. Il merito della preghiera

Allah, l'Altissimo, dice:

La preghiera allontana gli atti abominevoli e riprovevoli (29:45).

1042. Abū Hurairah raccontò di aver sentito il Messaggero di Allah ﷺ dire ai suoi compagni: "*Immaginate che davanti alla porta di uno di voi scorra un fiume in cui si lava cinque volte al giorno, pensate che il suo corpo possa rimanere impuro?*" Essi risposero: "No, non può rimanere impuro". Disse: "*Queste sono le cinque preghiere quotidiane con cui Allah vi purifica dai vostri peccati*". [Al-Bukhārī e Muslim].

1043. Secondo Jabir, il Messaggero di Allah ﷺ disse: "*Le cinque preghiere quotidiane sono come un fiume che scorre in abbondanza davanti alla porta di uno di voi e nel quale si lava cinque volte al giorno*". [Muslim]

1044. Secondo Ibn Mas'ud, un uomo venne a informare il Profeta ﷺ di aver baciato una donna. Allah l'Eccelso ha rivelato questo versetto: "Esegui la preghiera alle due estremità del giorno e in certi momenti della notte. Le buone azioni cancellano le cattive" (11:114) L'uomo chiese: "Queste parole valgono solo per me, Messaggero di Allah?" "*No*, valgono *per tutta la mia nazione*", rispose. [Al-Bukhārī e Muslim].

1045. Secondo Abū Hurairah, il Messaggero di Allah ﷺ disse: "*Le cinque preghiere quotidiane e la preghiera del venerdì successivo cancellano i peccati commessi tra di esse, ad eccezione dei peccati gravi*". [Muslim]

1046. 'Uthman ibn 'Affan raccontò di aver sentito il Messaggero di Allah ﷺ dire: "*Nessun musulmano compie le sue abluzioni al momento della preghiera con la massima cura e poi esegue la preghiera con riverenza, avendo cura di inchinarsi correttamente, senza che questa preghiera lo liberi dai peccati commessi prima di essa, ad eccezione dei grandi peccati". E questo vale per tutte le preghiere*". [Muslim]

188. Il merito delle preghiere dell'alba e della sera

1047. Secondo Abū Musa, il Messaggero di Allah ﷺ disse: "*Chiunque esegua la preghiera dell'alba (Subh) e della sera ('Asr) entrerà in Paradiso*". [Al-Bukhārī e Muslim].

1048. Abū Zuhayr 'Umrah ibn Ruaybah ha riferito di aver sentito il Messaggero di Allah ﷺ dire: "*Chiunque esegua la preghiera prima dell'alba e prima del tramonto non entrerà nell'Inferno[1] .*" [Muslim]

1049. Secondo Jundub ibn Sufyan, il Messaggero di Allah ﷺ disse: "*Chiunque compia la preghiera dell'alba è sotto la protezione di Allah. Che Allah non vi chiami a rispondere di aver fatto del male a chi è sotto la Sua protezione*". [Muslim]

1050. Secondo Abū Hurairah, il Messaggero di Allah ﷺ disse: "*Gli angeli si alternano con voi. Alcuni scendono di giorno, altri di notte. Si riuniscono durante le preghiere dell'alba e della sera. Quando gli angeli che hanno trascorso la notte con voi salgono in cielo, Allah - che conosce meglio di tutti - chiede loro: "Come avete lasciato i Miei adoratori?" "Li abbiamo lasciati a pregare e così li abbiamo trovati", rispondono*". [Al-Bukhārī e Muslim].

1051. Jarīr ibn 'Abdillah Al-Bajali racconta: Una volta eravamo in compagnia del Profeta ﷺ che, guardando la luna nel suo massimo splendore, disse: "*Nel Giorno della Resurrezione vedrai il tuo Signore con la stessa sicurezza e facilità con cui vedi questa luna , senza che nessuno possa fermarti. Pertanto, se è possibile non perdere la preghiera prima dell'alba e quella che precede il tramonto, fatelo* . [Al-Bukhārī e Muslim].

Secondo un'altra versione: "... che guardò la luna nella quattordicesima notte del mese lunare...".

---

[1] Ovvero le preghiere dell'alba e della sera.

1052. Secondo Buraydah, il Messaggero di Allah ﷺ disse: "*Chi trascura la preghiera della sera ha perso il beneficio delle sue azioni*". [Al-Bukhārī]

189. I vantaggi di andare in moschea

1053. Secondo Abū Hurairah, il Profeta ﷺ disse: "*Chi si reca in moschea al mattino o alla sera, Allah gli riserva una generosa accoglienza in Paradiso per ogni suo viaggio in moschea*". [Al-Bukhārī e Muslim].

1054. Secondo Abū Hurairah, il Profeta ﷺ disse: "*Chi si purifica in casa sua e poi si reca in una delle case di Allah per compiere una delle preghiere obbligatorie, uno dei suoi passi gli toglierà un peccato e l'altro lo innalzerà di un grado*". [Muslim]

1055. Ubayy ibn Ka'b racconta che un uomo la cui casa era, a sua conoscenza, la più lontana dalla moschea, tuttavia non perse nessuna delle preghiere comuni. Gli fu detto: "Potresti comprare un asino e cavalcarlo nel buio della notte o nei giorni caldi". Rispose: "Non vorrei vivere vicino alla moschea, voglio essere ricompensato per tutti i passi che mi portano alla moschea e per tutti i passi che mi riportano a casa". Il Messaggero di Allah ﷺ gli disse allora: "*Allah ha raccolto per te la ricompensa di tutti questi passi*". [Muslim]

1056. Jābir riferisce che si è reso disponibile un terreno vicino alla moschea. La tribù di Bani Salimah decise di acquistarla per essere più vicina alla moschea, cosa che giunse alle orecchie del Messaggero di Allah ﷺ. Disse loro:

- *Ho sentito che volevi andare alla moschea*.

- In effetti, Messaggero di Allah, ci stiamo pensando", dissero.

- *Bani Salimah, rimanete dove vivete, perché ogni passo verso la moschea è contato contro di voi*", ha ripetuto due volte.

- Se ci fossimo stabiliti vicino alla moschea, oggi ci saremmo pentiti", hanno detto. [Muslim e Al-Bukhārī che riporta un identico hadith secondo Anas].

1057. Secondo Abū Musa, il Messaggero di Allah ﷺ disse: "*L'uomo che è meglio ricompensato per la sua preghiera è quello che cammina più a lungo fino alla moschea e poi ognuno secondo la distanza che si trova*". Inoltre, chi aspetta l'ora della preghiera notturna per eseguirla con l'Imam è meglio ricompensato di chi prega da solo e poi va a dormire". [Al-Bukhārī e Muslim].

1058. Secondo Buraydah, il Profeta ﷺ disse: "*Annunciate a coloro che si recano alle moschee nell'oscurità della notte che saranno illuminati nel Giorno della Resurrezione*". [Abū Dawūd e At-Tirmidhī]

1059. Secondo Abū Hurairah, il Messaggero di Allah ﷺ disse: "*Volete che vi indichi alcune azioni con le quali Allah cancella i vostri peccati e vi innalza di grado?* "Sì, Messaggero di Allah", risposero i compagni. Disse: "*Eseguire con cura le abluzioni nonostante il disagio, moltiplicare i passi verso la moschea e attendere lì la prossima preghiera: questo è il modo migliore per combattere per la causa di Allah*". [Muslim]

1060. Secondo Abū Sa'īd Al-Khudri, il Profeta ﷺ disse: "*Quando vedi un uomo che frequenta la moschea, puoi testimoniare che è un credente. In effetti, Allah Onnipotente dice: 'Solo coloro che credono in Allah e nell'Ultimo Giorno frequentano le moschee'* (9:18)". [At-Tirmidhī: "*hadith hasan*"].

190. Il merito di aspettare la prossima preghiera in moschea

1061. Secondo Abū Hurairah, il Messaggero di Allah ﷺ disse: "*Uno di voi è in preghiera finché è la preghiera a trattenerlo e solo quella gli impedisce di andare alla sua preghiera*". [Al-Bukhārī e Muslim].

1062. Secondo Abū Hurairah, il Messaggero di Allah ﷺ disse: "*Gli angeli pregano per uno di voi finché rimane seduto nel luogo in cui ha fatto la preghiera e non ha saltato le abluzioni. Dicono: 'O Allah, concedigli il Tuo perdono, o Allah, abbi pietà di lui'*". [Al-Bukhārī]

1063. Anas racconta quanto segue: Il Messaggero di Allah ﷺ ritardò un giorno la preghiera notturna e non la condusse fino a notte fonda. Poi si rivolse a noi e disse: "*La gente ha pregato e si è addormentata, mentre voi non avete smesso di pregare mentre lo aspettavate*". [Al-Bukhārī]

191. Il merito della preghiera comune

1064. Secondo Ibn 'Umar, il Messaggero di Allah ﷺ disse: "*La preghiera in comune è ventisette volte superiore a quella che fate individualmente*". [Al-Bukhārī e Muslim].

1065. Secondo Abū Hurairah, il Messaggero di Allah ﷺ disse: "*La preghiera comunitaria è venticinque volte superiore alla preghiera fatta in casa o al mercato. In effetti, quando uno di voi compie con cura le sue abluzioni e poi si reca in moschea con la sola intenzione di compiere la preghiera, non fa un solo passo senza che Allah lo elevi a quel livello e gli tolga un peccato. Quando termina la preghiera, gli angeli non smettono di pregare per lui finché rimane al suo posto e non ha saltato l'abluzione, dicendo*: "O Allah, concedigli il tuo perdono, o Allah, abbi pietà di lui". E *non cessa di essere in preghiera finché lo attende*". [Al-Bukhārī, la cui versione è questa, e Muslim].

1066. Secondo Abū Hurairah, un cieco venne dal Profeta ﷺ e disse: "Messaggero di Allah, non ho nessuno che mi porti alla moschea", e poi chiese il permesso di pregare nella sua casa. Il Profeta ﷺ acconsentì alla richiesta, ma quando l'uomo si allontanò, lo richiamò e gli chiese: "Senti la *chiamata alla preghiera?* "L'uomo rispose affermativamente. L'uomo rispose affermativamente: "*Allora rispondi*", gli ordinò. [Muslim]

1067. 'Abdullah ibn Umm Maktoum, il muezzin, riferì di aver detto al Profeta ﷺ: "Messaggero di Allah, Medina è infestata da animali velenosi e bestie feroci".[1] Il Messaggero di Allah ﷺ gli disse: "*Senti il muezzin dire: 'Vieni alla preghiera, vieni al successo', quindi vieni alla preghiera*". [Abū Dawūd, attraverso una catena di trasmissione autentica (*hasan*)].

---

[1] Ibn Umm Maktoum, che era cieco, chiese al Profeta ﷺ una dispensa per pregare in casa sua.

1068. Secondo Abū Hurairah, il Messaggero di Allah ﷺ disse: "*Per Colui che tiene la mia anima nella Sua mano! Ho pensato di ordinare che mi venisse portata della legna da ardere, dopo l'appello alla preghiera, e di nominare un uomo che guidasse la preghiera al mio posto, in modo che andasse a bruciare con i suoi occupanti le case di coloro che non partecipavano alla preghiera in comune*". [Al-Bukhārī e Muslim].

1069. Ibn Mas'ood disse: "Chi aspira a incontrare Allah, l'Altissimo, nell'Ultimo Giorno come musulmano, si assicuri di pregare dove viene dato l'invito alla preghiera. In effetti, Allah ha mostrato al vostro Profeta le vie di salvezza e la preghiera nella moschea è certamente una di queste. E se iniziaste a pregare a casa, come fanno alcuni, abbandonereste la tradizione del vostro Profeta e quindi vi perdereste qualcosa.

Ai nostri giorni, solo un ipocrita la cui ipocrisia è di dominio pubblico abbandonerebbe la preghiera in moschea. A volte abbiamo persino visto un uomo indebolito dalla malattia essere trascinato, tenuto da due uomini, alla moschea per metterlo in riga". [Muslim]

Secondo un'altra versione di Muslim, si dice: "Il Profeta ci ha indicato le vie di salvezza, tra cui l'esecuzione della preghiera nelle moschee in cui si fa l'appello".

Abū Ad-Dardā' raccontò di aver sentito il Messaggero di Allah ﷺ dire: "*Non ci sono tre uomini in un villaggio o nel deserto che non eseguano la preghiera in comune senza che Satana li porti sotto il suo dominio. Per questo motivo, siate certi di riunirvi in preghiera, perché solo la pecora che si è allontanata dal gregge cade preda dei lupi .*" [Abū Dawūd, attraverso una catena di trasmissione autentica (*hasan*)].

192. L'incentivo a partecipare alle preghiere dell'alba e della sera alla moschea

1071. 'Uthman ibn 'Affan raccontò di aver sentito il Messaggero di Allah ﷺ dire: "*Chi partecipa alla preghiera comunitaria notturna è come uno che ha passato metà della notte in preghiera. E chi partecipa alla preghiera comunitaria dell'alba è come uno che ha passato tutta la notte in preghiera*". [Muslim]

Nella versione di At-Tirmidhī, riportata anche da 'Uthman ibn 'Affan, il Messaggero di Allah ﷺ disse: "*Chi partecipa alla preghiera comunitaria notturna è ricompensato come chi ha trascorso metà della notte in preghiera. E colui che partecipa alle preghiere comuni della sera e dell'alba è ricompensato come colui che ha trascorso l'intera notte in preghiera*". [At-Tirmidhī: "*hadith hasan sahīh*"].

1072. Secondo Abū Hurairah, il Messaggero di Allah ﷺ disse: "*Se conoscessero i meriti della preghiera notturna e della preghiera dell'alba, verrebbero ad essa anche a quattro zampe*". [Al-Bukhārī e Muslim].

1073. Secondo Abū Hurairah, il Messaggero di Allah ﷺ disse: "*Nessuna preghiera pesa di più sugli ipocriti delle preghiere della notte e dell'alba. Ma se conoscessero il merito di queste preghiere, verrebbero da loro anche a quattro zampe*". [Al-Bukhārī e Muslim].

193. L'ordine di eseguire assiduamente le preghiere obbligatorie e il divieto formale di trascurarle a rischio della peggiore delle punizioni.

Allah, l'Altissimo, dice:

Eseguite con diligenza le vostre preghiere, specialmente quelle più meritorie (2:238).

Ma se si pentono, pregano e fanno l'elemosina, lasciali in pace (9,5).

1074. Ibn Mas'ūd raccontò di aver chiesto al Profeta ﷺ: "Qual è l'azione più meritoria? "*La preghiera eseguita all'ora prescritta*", rispose. "E allora?", continuò Ibn Mas'ūd. "*Pietà filiale*", rispose il Profeta. "E poi?", chiese. "*Per combattere per la causa di Allah*", ha detto. [Al-Bukhārī e Muslim].

1075. Secondo Ibn 'Umar, il Messaggero di Allah ﷺ disse: "*L'Islam si basa su cinque pilastri: la testimonianza che non c'è altra divinità che Allah e che Muhammad è il Messaggero di Allah, l'esecuzione della preghiera, il pagamento delle elemosine legali, il pellegrinaggio a Makkah e il digiuno del mese di Ramadan*". [Al-Bukhārī e Muslim].

1076. Secondo Ibn 'Umar, il Messaggero di Allah ﷺ disse: "*Mi è stato ordinato di combattere il popolo finché non testimonieranno che non c'è altra divinità da adorare all'infuori di Allah e che Muhammad è il Messaggero di Allah, e di eseguire la preghiera e pagare le elemosine lecite*". *Se lo faranno, preserveranno la loro persona e i loro beni, tranne che per ciò che richiede l'Islam, ed è ad Allah che dovranno rendere conto*". [Al-Bukhārī e Muslim].

1077. Mu'ādh raccontò quanto segue: Il Messaggero di Allah ﷺ mi inviò nello Yemen con queste istruzioni: "*Andrai da un popolo che crede nelle scritture rivelate prima del Corano. Invitateli quindi a testimoniare che solo*

Allah ha il diritto di essere adorato e che io sono il Messaggero di Allah. Se sono d'accordo, informali che Allah ha imposto loro cinque preghiere quotidiane. Se sono d'accordo, informali che Allah ha imposto loro un'elemosina di ricchezza di coloro che tra loro sono benestanti e ridistribuisce a coloro che sono poveri. Se acconsentono, si guardano bene dal prendere i loro beni più preziosi. E guardatevi dall'invocazione degli oppressi, perché nulla può impedirle di raggiungere Allah*". [Al-Bukhārī e Muslim].

1078. Jābir racconta di aver sentito il Messaggero di Allah dire: "*Ciò che fa cadere l'uomo nel paganesimo e nell'empietà è la negligenza della preghiera*". [Muslim]

1079. Secondo Buraydah, il Profeta disse: "*Ciò che ci distingue da loro è la preghiera. Chi lo trascura è un malvagio*".[1] [At-Tirmidhī: "*hadith hasan sahih*"].

1080. Shaqīq ibn 'Abdillah, un musulmano della seconda generazione le cui virtù sono unanimemente riconosciute, ha detto: "L'unica violazione degli obblighi della religione che i compagni di Maometto consideravano una forma di empietà era la negligenza della preghiera". [At-Tirmidhī, nel capitolo del suo *Jāmi'* sulla fede, attraverso una catena di trasmissione autentica].

1081. Secondo Abū Hurairah, il Messaggero di Allah disse: "*La preghiera è la prima delle azioni di cui il servo di Allah dovrà rendere conto nel Giorno della Resurrezione. Se è stato eseguito correttamente, troverà beatitudine e salvezza. In caso contrario, troverà solo delusione e disgrazia. Se ha fallito nelle preghiere obbligatorie, il Signore Onnipotente dirà: "Vedi se il Mio servo ha preghiere volontarie per compensare le sue mancanze". Poi sarà fatto lo stesso con il resto delle sue azioni*". [At-Tirmidhī che specifica: "*hadith hasan*"].

---

[1] Un altro significato è che l'unica cosa che rende gli ipocriti al sicuro dalle nostre armi è la preghiera. Chiunque tra loro lo trascuri è caduto apertamente nell'empietà.

194. Il merito del primo grado, l'ordine di completamento, il rafforzamento e l'allineamento dei gradi.

1082. Jābir ibn Samurah racconta: "Il Messaggero di Allah venne da noi e disse: *"Perché non vi allineate come gli angeli al loro Signore?* Chiedemmo: "O Messaggero di Allah, come fanno gli angeli ad allinearsi con il loro Signore? Rispose: *"Non iniziano un nuovo filare se il precedente non è completo, e sono sempre attenti a tenere i filari uniti"*. [Muslim]

1083. Secondo Abū Hurairah, il Messaggero di Allah ﷺ disse: "*Se la gente conoscesse il merito di fare l'appello alla preghiera e di stare in prima fila e se non trovasse altro modo per ottenerlo che andare al sorteggio, allora lo farebbe certamente"*. [Al-Bukhārī e Muslim].

1084. Secondo Abū Hurairah, il Messaggero di Allah ﷺ disse: *"Il miglior rango per gli uomini è il primo e il peggiore è l'ultimo, e il miglior rango per le donne è l'ultimo e il peggiore è il primo"*. [Muslim]

1085. Abū Sa'īd al-Khudri racconta quanto segue: Notando che alcuni dei suoi compagni si stavano allontanando dalla prima fila, il Messaggero di Allah disse loro: "*Avvicinatevi a me per seguire i miei movimenti"*. *Allora chi prega dietro di voi segua i vostri movimenti. Ci sono uomini che non smetteranno di allontanarsi dalla prima fila finché Allah non li allontanerà dalla Sua misericordia"*. [Muslim]

1086. Secondo Abū Mas'ud, il Messaggero di Allah era ﷺ solito passare la mano sulle spalle dei suoi compagni prima della preghiera dicendo: "Mettetevi *in fila e non lasciate che le vostre file si disuniscano, perché anche i vostri cuori si disunirebbero"*. *E che gli adulti tra voi e gli uomini più saggi siano i più vicini a me, poi i meno saggi e così via"*. [Muslim]

1087. Secondo Anas, il Messaggero di Allah ﷺ disse: "*Mettetevi in fila, perché la preghiera non può essere perfetta se le file non sono allineate correttamente*". [Al-Bukhārī e Muslim].

1088. Secondo Anas, fu annunciato l'inizio della preghiera e il Profeta ﷺ si rivolse ai fedeli dicendo: "*Mettetevi in fila, perché vi vedo alle mie spalle*". [Al-Bukhārī, con queste parole, e Muslim, con parole simili].

Secondo un'altra versione di Al-Bukhārī: "Ognuno di noi poi attaccò la sua spalla e il suo piede a quelli del suo vicino".

1089. An-Nu'mān ibn Bashir racconta di aver sentito il Messaggero di Allah ﷺ dire: "*Che i vostri ranghi siano allineati, altrimenti Allah fomenterà la discordia tra di voi*". [Al-Bukhārī e Muslim].

In un'altra versione di Muslim, si racconta che il Messaggero di Allah ﷺ aggiustò le file, rendendole diritte come l'asta di una freccia. Questo fino a quando non vide che avevamo capito cosa voleva da noi. Un giorno entrò nella moschea e, mentre stava per iniziare la preghiera proclamando la grandezza di Allah, vide un uomo il cui petto sporgeva dalla fila. Disse: "*Servi di Allah, fate in modo che i vostri ranghi siano allineati, altrimenti Allah susciterà dissensi tra di voi*".

Al-Barā' ibn 'Āzib racconta che il Messaggero di Allah ﷺ era solito passare tra i ranghi, passando la mano sui nostri petti e sulle nostre spalle dicendo: "*Che i vostri ranghi non siano disuniti, perché i vostri cuori sarebbero disuniti*". Era anche solito dire: "*Allah e i suoi angeli pregano per coloro che occupano le prime file*". [Abū Dawūd, attraverso una catena di trasmissione autentica (*ḥasan*)].

1091. Secondo Ibn 'Umar, il Messaggero di Allah ﷺ disse una volta ai suoi compagni: "*Formate i ranghi allineando le spalle e non lasciando spazi vuoti tra di voi. Siate indulgenti con i vostri fratelli, non date a Satana la possibilità di dividervi. Chi si sforza di riempire un vuoto nei ranghi sappia che*

Allah manterrà i legami con lui. Quanto a chi crea una frattura nei ranghi, sappiate che Allah troncherà ogni legame con lui". [Abū Dawūd, tramite catena di trasmissione autentica].

1092. Secondo Anas, il Messaggero di Allah ﷺ disse: "*Chiudete e riunite i vostri ranghi e fate in modo che i vostri colli siano sulla stessa linea. Perché, per Colui che tiene la mia anima nella Sua mano, vedo Satana entrare nelle vostre file come la pecora nera dello Yemen*". [Hadith autentico riportato da Abū Dawūd attraverso una catena di trasmissione che soddisfa i criteri musulmani].

1093. Secondo Anas, il Messaggero di Allah ﷺ disse: "*Completa la prima fila, poi la successiva". Se ci deve essere una fila incompleta, che sia l'ultima*". [Abū Dawūd, attraverso una catena di trasmissione autentica (*hasan*)].

1094. Secondo 'Āishah, che Allah si compiaccia di lei, il Messaggero di Allah ﷺ disse: "*Allah e i Suoi angeli pregano per coloro che si trovano a destra dei ranghi*". [Abū Dawūd, attraverso una catena di trasmissione che soddisfa i criteri musulmani, sebbene includa un narratore la cui affidabilità non è unanime].

1095. Al-Barā' disse: "Quando eseguivamo la preghiera dietro il Messaggero di Allah ﷺ, sceglievamo il lato destro in modo da essere i primi a vedere il suo volto quando si girava. Una volta l'ho sentito dire: "*Ti prego, o Signore, preservami dal Tuo castigo nel Giorno in cui farai risorgere (o: radunerai) i Tuoi servi*". [Muslim]

1096. Abū Hurairah racconta che il Messaggero di Allah ﷺ disse: "*Mettetevi ai lati dell'Imam in modo che sia sempre al centro e chiudete le file in modo che non ci sia spazio tra di voi*". [Abū Dawūd]

195. Merito e numero di sentenze associate a pene obbligatorie

1097. Umm Habibah, madre dei credenti e figlia di Abū Sufyan, ha raccontato di aver sentito il Messaggero di Allah ﷺ dire: "*Nessun musulmano compie ogni giorno dodici unità di preghiera per Allah, oltre alle preghiere obbligatorie, senza che Allah gli costruisca una dimora in Paradiso (oppure: senza che gli venga costruita una dimora in Paradiso)*". [Muslim]

1098. Ibn 'Umar dice: "Ho eseguito, come il Messaggero di Allah ﷺ, due unità prima della preghiera di mezzogiorno (Dhuhr) e due dopo, due unità dopo la preghiera del venerdì, due dopo la preghiera del crepuscolo (Maghrib) e infine due dopo la preghiera della notte ('Ishā')" [Al-Bukhārī e Muslim].

1099. Secondo 'Abdullah ibn Mughaffal, il Messaggero di Allah ﷺ disse: "*Tra il primo richiamo alla preghiera e il secondo richiamo alla preghiera, c'è una preghiera*", ripetendolo tre volte, prima di aggiungere: "*Per chiunque voglia eseguirla*". [Al-Bukhārī e Muslim].

196. Il merito speciale delle due unità che precedono la preghiera dell'alba

1100. Secondo 'Āishah, che Allah sia soddisfatto di lei, il Profeta ﷺ eseguiva sempre quattro unità prima della preghiera di mezzogiorno e due prima della preghiera dell'alba. [Al-Bukhārī]

1101. Secondo 'Āishah il Profeta ﷺ non eseguiva nessuna preghiera supplementare con la stessa diligenza delle due unità prima della preghiera obbligatoria dell'alba. [Al-Bukhārī e Muslim].

1102. Secondo 'Āishah, che Allah sia soddisfatto di lei, il Profeta ﷺ disse: "*Le due unità che precedono la preghiera obbligatoria dell'alba sono più preziose di questo mondo e di tutto ciò che contiene*". [Muslim]

Un'altra versione dice: "*Le due unità che precedono la preghiera obbligatoria dell'alba mi sono più care di questo mondo.*

1103. Abū 'Abdullah Bilal ibn Rabah, il muezzin del Profeta ﷺ, raccontò di essere andato a trovare il Messaggero di Allah ﷺ per informarlo dell'imminenza della preghiera dell'alba. Ma 'Āishah lo tenne occupato con alcune domande, così era già arrivato il momento della preghiera quando andò a informare il Messaggero di Allah ﷺ. Lo chiamò più volte prima che il Profeta ﷺ uscisse finalmente per guidare la preghiera. Dopo la preghiera, Bilāl gli spiegò che 'Āishah lo aveva trattenuto con alcune domande e che lui stesso aveva tardato a uscire.

Il Profeta ﷺ disse: "*Stavo eseguendo le due unità prima della preghiera dell'alba*. Bilāl disse: "O Messaggero di Allah, hai guidato la preghiera molto dopo l'apparizione dell'alba. Rispose: "Anche se avessi *ritardato ancora di più, avrei eseguito queste due unità di preghiera con la stessa diligenza*". [Abū Dawūd, attraverso una catena di trasmissione autentica (*ḥasan*)].

197. Abbreviazione delle due unità che precedono la preghiera dell'alba, cosa si recita e quando

1104. Secondo 'Āishah, che Allah sia soddisfatto di lei, il Messaggero di Allah ﷺ eseguiva due brevi unità tra il primo e il secondo richiamo alla preghiera dell'alba. [Al-Bukhārī e Muslim].

Secondo un'altra versione di Al-Bukhārī e Muslim, 'Āishah disse: "Ero solito eseguire, prima della preghiera obbligatoria dell'alba, due unità così brevi che mi chiedevo se avessi recitato bene la Fatihah".

Secondo un'altra versione di Muslim, 'Āishah disse: "Egli eseguiva, dopo aver sentito la chiamata alla preghiera dell'alba, due brevi unità".

In un'altra versione: "All'alba eseguì due brevi unità di preghiera.

1105. Secondo 'Hafsah, quando il muezzin chiamava per la preghiera dell'alba, il Messaggero di Allah ﷺ eseguiva due brevi unità di preghiera all'apparire dell'alba. [Al-Bukhārī e Muslim].

Secondo un'altra versione di Muslim, "Quando spuntò l'alba, il Messaggero di Allah eseguì solo due brevi unità di preghiera prima della preghiera obbligatoria".

1106. Secondo Ibn 'Umar, il Messaggero di Allah ﷺ era solito pregare di notte in coppie di due unità che concludeva alla fine della notte con un'unità (*Witr*). Poi eseguirà due unità prima della preghiera dell'alba, con la stessa rapidità di chi sente il muezzin annunciare l'inizio della preghiera obbligatoria. [Al-Bukhārī e Muslim].

1107. Ibn 'Abbās afferma che nella prima unità della preghiera supererogatoria prima della preghiera dell'alba, il Messaggero di Allah ﷺ recitò il versetto della Surah Al-Baqarah che inizia: **"Di'**:

"Crediamo in Allah, in ciò che ci è stato rivelato..."" (2:136) e, nella seconda unità, le parole: "Crediamo in Allah e testimoniamo che siamo in piena sottomissione a Lui..." (3:52).

Secondo un'altra versione, nella seconda unità ha recitato questo versetto della Sura Al 'Imran: "Professiamo tutti insieme questa vera fede..." (3:64). [Muslim]

1108. Secondo Abū Hurairah, il Messaggero di Allah ﷺ recitava, nelle due unità prima della preghiera dell'alba, la sura che inizia con le parole: "Di': "I miscredenti che hanno rifiutato la fede...", e poi la sura che inizia con: "Di': "Allah è l'unico Dio"". [Muslim]

1109. Ibn 'Umar disse: "Ho osservato il Profeta per un mese intero. Recitava, durante le due unità prima della preghiera dell'alba, la Sura Al-Kafirun: "Di': "I miscredenti che hanno rifiutato la fede...", e poi la Sura Al-Ikhlās: "Di': "Allah è l'unico Dio"". [At-Tirmidhī che specifica: "*hadith hasan*"].

198. Si raccomanda di sdraiarsi sul lato destro dopo la preghiera supererogatoria dell'alba, indipendentemente dal fatto che si sia trascorsa parte della notte in preghiera o meno.

1110. Secondo 'Āishah, il Profeta ﷺ era solito sdraiarsi sul fianco destro dopo aver eseguito le due unità prima della preghiera dell'alba. [Al-Bukhārī]

1111. 'Āishah, che Allah sia soddisfatto di lei, racconta: "Il Profeta era solito compiere undici unità tra la preghiera della notte e quella dell'alba, pronunciando le salutazioni ogni due unità e concludendo poi con un'unità (*Witr*). Quando il muezzin, dopo aver chiamato per la preghiera dell'alba, veniva ad informarlo, si alzava e compiva due brevi unità dopo aver controllato il sorgere dell'alba. Poi si sdraiava sul fianco destro finché il muezzin non veniva ad annunciare l'inizio della preghiera". [Muslim]

1112. Secondo Abū Hurairah, il Messaggero di Allah ﷺ disse: "*Chi tra voi ha eseguito le due unità prima della preghiera dell'alba, si sdrai sul fianco destro*". [Abū Dawūd e At-Tirmidhī, attraverso catene di trasmissione autentiche].

199. Preghiere supererogatorie associate alla preghiera del mezzogiorno

1113. Ibn 'Umar dice: "Ho eseguito, come il Messaggero di Allah ﷺ, due unità prima della preghiera di mezzogiorno e due unità dopo". [Al-Bukhārī e Muslim].

1114. Secondo 'Āishah, il Profeta ﷺ eseguiva sempre quattro unità prima della preghiera di mezzogiorno. [Al-Bukhārī].

1115. 'Āishah ha raccontato che il Profeta ﷺ era solito pregare in casa sua quattro volte prima di andare a guidare la preghiera comune di mezzogiorno. Una volta tornato a casa, ne avrebbe eseguiti altri due. Inoltre, dopo aver guidato la preghiera del crepuscolo in moschea, eseguiva due unità nella sua casa e altre due dopo la preghiera della sera. [Muslim]

1116. Umm Habibah ha raccontato che il Messaggero di Allah ﷺ disse: "*Allah ha proibito l'Inferno a colui che si assicura di eseguire quattro unità prima della preghiera di mezzogiorno e quattro unità dopo di essa*". [Abū Dawūd e At-Tirmidhī: "*hadith hasan sahīh*"].

1117. 'Abdullah ibn As-Sa'ib ha raccontato che il Messaggero di Allah ﷺ era solito pregare quattro unità non appena il sole, allo zenit, iniziava a calare, cioè poco prima della preghiera obbligatoria di mezzogiorno. Diceva: "*In quel momento si aprono le porte del cielo. Quindi voglio che una delle mie azioni salga in cielo in quel momento*". [At-Tirmidhī: "*hadith hasan*"].

1118. Secondo 'Āishah, che Allah sia soddisfatto di lei, quando il Messaggero di Allah ﷺ non eseguiva le quattro unità prima della preghiera di mezzogiorno, le eseguiva dopo. [At-Tirmidhī: "*hadith hasan*"].

200. Preghiere supererogatorie associate alla preghiera della sera

1119. Secondo 'Ali ibn Abi Tālib, il Profeta ﷺ era solito eseguire quattro unità prima della preghiera pomeridiana, separate da saluti agli angeli vicini e a coloro tra i musulmani e i credenti che, come loro, sono sottomessi al loro Signore. [At-Tirmidhī che specifica: "*hadith hasan*"].

1120. Secondo Ibn 'Umar, il Profeta ﷺ disse: "*Che Allah abbia misericordia di colui che compie quattro unità prima della preghiera del pomeriggio*". [Abū Dawūd e At-Tirmidhī: "*hadith hasan*"].

1121. 'Ali ibn Abi Tālib ha riferito che il Profeta ﷺ eseguiva due unità prima della preghiera pomeridiana. [Abū Dawūd, attraverso una catena di trasmissione autentica].

201. Preghiere supererogatorie da eseguire prima e dopo la Preghiera del Tramonto

Nei capitoli precedenti sono stati citati due hadith autentici riferiti da Ibn 'Umar e 'Āishah, che ci dicono che il Messaggero di Allah ﷺ era solito eseguire due unità dopo la preghiera del tramonto.

1122. Secondo 'Abdullah ibn Mughaffal, il Profeta ﷺ disse: "*Eseguite due unità prima della preghiera del crepuscolo*". Ripeté queste parole tre volte e poi aggiunse: "*Se lo desideri*". [Al-Bukhārī]

1123. Anas disse: "Ho visto i più illustri compagni del Messaggero di Allah affrettarsi verso i pilastri della moschea per eseguire le due unità prima della preghiera del crepuscolo". [Al-Bukhārī]

1124. Anas disse: "Durante la vita del Messaggero di Allah ﷺ, eravamo soliti eseguire due unità dopo il tramonto, appena prima della preghiera del crepuscolo". Gli chiesero: "Anche il Messaggero di Allah ﷺ li ha eseguiti?". Rispose: "Ci vedrebbe fare, ma non ci comanderebbe né ci vieterebbe". [Muslim]

1125. Anas racconta quanto segue: "A Madinah, dopo l'appello alla preghiera del crepuscolo, i fedeli correvano verso i pilastri della moschea per eseguire due unità di preghiera. Erano così numerosi che lo straniero che entrava nella moschea pensava che la preghiera crepuscolare obbligatoria fosse già stata eseguita". [Muslim]

202. Preghiere supererogatorie da eseguire prima e dopo la preghiera notturna

Vale la pena di citare l'hadith [n. 1098] di Ibn 'Umar che ha riferito che anche lui, come il Messaggero di Allah ﷺ, eseguiva due unità dopo la preghiera notturna, e l'hadith [n. 1099] di 'Abdullah ibn Mughaffal secondo il quale il Messaggero di Allah ha ﷺ affermato: *"Tra il primo richiamo alla preghiera e il secondo richiamo alla preghiera, c'è una preghiera.* [Al-Bukhārī e Muslim].

203. Preghiere supererogatorie associate alla preghiera del venerdì

L'hadith [n. 1098] di Ibn 'Umar, che riferisce di aver eseguito, come il Messaggero di Allah ﷺ, due unità dopo la preghiera del venerdì, può essere incluso in questo capitolo. [Al-Bukhārī e Muslim].

1126. Secondo Abū Hurairah, il Messaggero di Allah ﷺ disse: *"Quando uno di voi ha eseguito la preghiera del venerdì, la faccia seguire da quattro unità"*. [Muslim]

1127. Secondo Ibn 'Umar, il Profeta ﷺ non eseguiva la preghiera supererogatoria nella moschea dopo la preghiera del venerdì, ma due volte a casa. [Muslim]

204. Dove si raccomanda di eseguire le preghiere supererogatorie a casa, indipendentemente dal fatto che siano o meno collegate alle preghiere obbligatorie, e l'ordine che chi le esegue in moschea lo faccia dopo aver cambiato posto o parlato

1128. Secondo Zayd ibn Thābit, il Profeta ﷺ disse: "*Pregate nelle vostre case perché, ad eccezione delle preghiere obbligatorie, è più meritorio pregare in casa*". [Al-Bukhārī e Muslim].

1129. Secondo Ibn 'Umar, il Profeta ﷺ disse: "*Mettete da parte una parte delle vostre preghiere per le vostre case, affinché non diventino tombe*". [Al-Bukhārī e Muslim].

1130. Secondo Jabir, il Messaggero di Allah ﷺ disse: "*Quando avete finito di pregare in moschea, eseguite alcune preghiere a casa: Allah benedirà le vostre case*". [Muslim]

1131. 'Umar ibn 'Atā' raccontò che Nāfi' ibn Jubayr lo mandò da As-Sā'ib, nipote di Namir, per chiedergli informazioni su una cosa che Mu'āwiyah gli aveva visto fare durante la preghiera. Disse: "In effetti, ho recitato con lui la preghiera del venerdì nell'area riservata della moschea. Quando l'imam ha pronunciato il saluto finale, mi sono alzato e ho eseguito una preghiera complementare rimanendo al mio posto. Quando tornai a casa, Mu'āwiyah mi mandò a chiamare e mi disse: "Non farlo più! Non si deve pregare dopo la preghiera del venerdì senza aver prima parlato con qualcuno o senza aver lasciato la moschea. Infatti, il Messaggero di Allah ci ha ordinato di non far seguire a una preghiera obbligatoria una preghiera facoltativa finché non abbiamo parlato o lasciato la moschea". [Muslim]

205. L'incentivo a eseguire il witr, che è altamente raccomandato, e l'indicazione del suo orario

1132. 'Ali disse: "Il *Witr* non è imperativo come la preghiera obbligatoria, ma fa parte della tradizione del Messaggero di Allah ﷺ che disse: *"Allah è Uno e ama il numero dispari". Perciò, voi che seguite il Corano, fate in modo che le vostre preghiere notturne includano un numero dispari di unità"*. [Abū Dawūd e At-Tirmidhī: *"hadith hasan"*].

1133. Secondo 'Āishah, il Messaggero di Allah ﷺ era solito eseguire il *Witr* all'inizio, a metà o alla fine della notte. Poi, alla fine della sua vita, lo avrebbe eseguito poco prima dell'alba. [Al-Bukhārī e Muslim].

1134. Secondo Ibn 'Umar, il Profeta ﷺ disse: *"Concludete le vostre preghiere notturne con un numero dispari di unità (Witr)"*. [Al-Bukhārī e Muslim].

1135. Abū Sa'īd Al-Judri raccontò che il Profeta ﷺ disse: *"Esegui il Witr prima dell'alba"*. [Muslim]

1136. 'Āishah raccontò che il Profeta ﷺ era solito pregare di notte mentre lei dormiva, sdraiata davanti a lui. Quando le rimaneva solo il *Witr*, lui la svegliava per eseguire anche quello. [Muslim]

Secondo un'altra versione di Muslim: "Quando non gli rimaneva altro che il *Witr*, gli diceva: *'Āishah! Alzati e fai il Witr.*

1137. Ibn 'Umar ha riferito che il Profeta ﷺ disse: *"Affrettatevi a eseguire il Witr prima che l'alba vi colga"*. [Abū Dawūd e At-Tirmidhī: *"hadith hasan sahīh"*].

1138. Secondo Jabir, il Messaggero di Allah ﷺ disse: *"Chi teme di non riuscire ad alzarsi alla fine della notte, esegua il Witr all'inizio della notte. Ma* *chi spera di alzarsi alla fine della notte, sappia che è meglio eseguirla in quel momento, perché la preghiera alla fine della notte ha dei testimoni[1]* ". [Muslim]

---

[1] Angeli.

206. Il merito della preghiera mattutina, il numero delle sue unità e l'incentivo a compierla assiduamente

1139. Abū Hurairah disse: "Il mio amato mi ha raccomandato tre cose: di digiunare tre giorni in un mese, di eseguire due unità al mattino (*Ḍuḥā*) e di eseguire il *Witr* prima di andare a dormire". [Al-Bukhārī e Muslim].

L'esecuzione del *Witr* prima di andare a dormire è consigliata solo a coloro che non sono in grado di svegliarsi prima dell'alba. Per coloro che sperano di svegliarsi, è meglio eseguirla alla fine della notte.

1140. Secondo Abū Dharr, il Messaggero di Allah ﷺ disse: "*Ogni giuntura del vostro corpo dovrebbe ricevere l'elemosina ogni mattina. Dire "Gloria ad Allah" è elemosina, dire "Lode ad Allah" è elemosina, dire "Non c'è divinità degna di essere adorata se non Allah" è elemosina, dire "Allah è più grande di tutti" è elemosina, incitare gli altri alla virtù è elemosina e condannare il vizio è elemosina. E ti basta, invece di tutto questo, eseguire due unità di preghiera al mattino*". [Muslim]

1141. Secondo 'Āishah, che Allah sia soddisfatto di lei, il Messaggero di Allah ﷺ era solito eseguire quattro unità al mattino, ma poteva aggiungerne altre secondo la volontà di Allah. [Muslim]

1142. Umm Hāni Fākhitah, figlia di Abū Ṭālib, racconta: "Il giorno della conquista di Makkah, visitai il Profeta ﷺ e lo trovai che si stava lavando. Quando ha finito, ha eseguito otto unità. Questo è avvenuto al mattino". [Al-Bukhārī e Muslim].

207. Il permesso di eseguire la preghiera mattutina dall'alba fino a quando il sole inizia a declinare allo zenit, e la raccomandazione di eseguirla nel momento più caldo, quando il sole è alto.

1143. Si narra che Zayd ibn Arqam una volta vide alcuni uomini che pregavano al mattino e disse: "Non sanno che è più meritorio pregare in un altro momento del mattino? In effetti, il Messaggero di Allah ﷺ disse: "*La preghiera di coloro che ritornano costantemente ad Allah viene eseguita quando i giovani cammelli sentono maggiormente il calore del sole*". [Muslim]

208. L'invito a eseguire una preghiera di due unità all'ingresso in moschea in qualsiasi momento della giornata, e la riprovazione a sedersi prima di tale preghiera, è una forma di preghiera che non deve essere eseguita in qualsiasi momento della giornata.

1144. Secondo Abū Qatādah, il Messaggero di Allah ﷺ disse: "*Quando uno di voi entra nella moschea, che non si sieda prima di aver eseguito due unità*". [Al-Bukhārī e Muslim].

1145. Jābir disse: "Un giorno andai dal Profeta ﷺ ed egli era nella moschea. Mi ha detto: '*Esegui due unità*'". [Al-Bukhārī e Muslim].

209. Il merito di eseguire due unità dopo l'abluzione

1146. Secondo Abū Hurairah, il Messaggero di Allah ﷺ chiese un giorno a Bilāl: "*Bilāl, qual è l'opera che hai fatto da quando sei diventato musulmano e per la quale ti aspetti la massima ricompensa? In verità, ho sentito il suono dei tuoi sandali davanti a me in Paradiso.* Bilāl rispose: "Questa è l'opera per la quale mi aspetto la più grande ricompensa: non compio abluzioni, né di giorno né di notte, senza farle seguire da ciò che mi viene dato come preghiera". [Al-Bukhārī, la cui versione è questa, e Muslim].

210. Il merito del venerdì e l'obbligo di partecipare alla preghiera del venerdì dopo essersi lavati e profumati, il merito di andare presto, invocare Allah, pregare per il Profeta e invocare a lungo il nome di Allah dopo la preghiera.

Allah, l'Altissimo, dice:

Al termine della preghiera, potete tornare alle vostre occupazioni in cerca del favore di Allah. Invocate spesso il nome di Allah nella speranza della vostra felicità e della vostra salvezza (62:10).

1147. Secondo Abū Hurairah, il Messaggero di Allah ﷺ disse: "*Il giorno migliore della settimana è il venerdì. È in questo giorno che Adamo fu creato, fu portato in Paradiso e poi ne fu espulso*". [Muslim]

1148. Secondo Abū Hurairah, il Messaggero di Allah ﷺ disse: "*Chi compie le sue abluzioni con la massima cura e poi si reca a partecipare alla preghiera del venerdì e ascolta il sermone con attenzione e in silenzio, gli saranno perdonati i peccati commessi da un venerdì all'altro, a cui si aggiungono tre giorni*". Quanto a colui che è stato distratto dalla ghiaia, è come se avesse passato il tempo a parlare". [Muslim]

1149. Secondo Abū Hurairah, il Messaggero di Allah ﷺ disse: "*Le cinque preghiere quotidiane, quella del venerdì e quella successiva, il digiuno del mese di Ramadan e quello successivo, cancellano i peccati commessi tra di loro, tranne i grandi peccati*". [Muslim]

1150. Abū Hurairah e Ibn 'Umar, che Allah sia soddisfatto di loro, riferiscono di aver sentito il Messaggero di Allah ﷺ dire dal minbar: "*Alcuni dovrebbero smettere di mancare alla preghiera del venerdì, altrimenti*

Allah metterà un secchio nei loro cuori, facendoli vivere nell'imprudenza". [Muslim]

1151. Secondo Ibn 'Umar, il Messaggero di Allah ﷺ ordinò: "*Fate la grande abluzione prima di recarvi alla preghiera del venerdì*". [Al-Bukhārī e Muslim].

1152. Secondo Abū Sa'īd Al-Khudri, il Messaggero di Allah ﷺ disse: "*Eseguire la grande abluzione per la preghiera del venerdì è un dovere per ogni ragazzo pubescente*". [Al-Bukhārī e Muslim].

L'obbligo non è rigido. È come se qualcuno dicesse: "Sono obbligato a restituirti ciò che è tuo di diritto". Ma Allah lo sa bene.

1153. Secondo Samurah, il Messaggero di Allah ﷺ disse: "*Fare piccole abluzioni per la preghiera del venerdì è già una buona cosa, ma le grandi abluzioni sono preferibili*". [Abū Dawūd e At-Tirmidhī: "*hadith hasan*"].

1154. Secondo Salman Al-Farisi, il Messaggero di Allah ﷺ disse: "*Chiunque compia la grande abluzione del venerdì pulendosi al meglio, si applichi dell'olio sui capelli o del profumo che trova in casa, poi si rechi in moschea, dove evita di separarsi dai fedeli, e compia ciò che è stato scritto per lui come preghiere, e infine ascolti tranquillamente il sermone, può essere certo che i suoi peccati commessi dal venerdì precedente saranno perdonati*". [Al-Bukhārī]

1155. Secondo Abū Hurairah, il Messaggero di Allah ﷺ disse: "*Chi compie la grande abluzione il venerdì, come farebbe chi è in uno stato di grande impurità, e poi si reca alla moschea alla prima ora, è come chi fa l'elemosina da un cammello. Chi va alla seconda ora è come chi fa l'elemosina da una mucca, chi va alla terza ora è come chi fa l'elemosina da un ariete con le corna, chi va alla quarta ora è come chi fa l'elemosina da una gallina e chi va alla quinta ora* è come chi fa l'elemosina da un uovo. Poi, quando arriva l'Imam, gli angeli[1] vengono ad ascoltare il sermone". [Al-Bukhārī e Muslim].

1156. Secondo Abū Hurairah, il Messaggero di Allah ﷺ disse a proposito del venerdì: "*C'è un momento in questo giorno in cui ogni musulmano che implora Allah in piedi in preghiera viene esaudito*. Poi ha indicato con la mano la brevità di questo momento. [Al-Bukhārī e Muslim].

1157. Abū Burdah, figlio di Abū Musa al-Ash'ari, raccontò che 'Abdullah Ibn 'Umar gli chiese: "Hai sentito tuo padre menzionare qualche parola del Messaggero di Allah riguardo a un'ora particolare del venerdì[2] ?" "Sì", rispose Abū Burdah, "disse di aver sentito il Messaggero di Allah dire: *'Questa ora inizia nel momento in cui l'imam si siede sul minbar e termina con la fine della preghiera'*". [Muslim]

1158. Secondo Aws ibn Aws, il Messaggero di Allah ﷺ disse: "*Il venerdì è il giorno migliore della settimana. Perciò fate in modo di benedirmi spesso in questo giorno, perché le vostre benedizioni vengono a me*". [Abū Dawūd, tramite catena di trasmissione autentica].

---

[1] Si occupa di registrare i fedeli che partecipano al sermone e alle preghiere del venerdì.

[2] Dove le preghiere vengono esaudite.

211. Dove si raccomanda di prostrarsi in segno di ringraziamento ad Allah per una benedizione che ci ha concesso o per una disgrazia da cui ci ha risparmiato

1159. Sa'd ibn Abi Waqqās ci ha raccontato questa storia: Abbiamo lasciato Makkah con il Messaggero di Allah in direzione di Madinah. Quando raggiunse Azwarā', pose i piedi a terra, alzò le mani verso il cielo e invocò Allah per un po' di tempo prima di prostrarsi a lungo. Fece lo stesso una seconda e una terza volta, alzandosi ogni volta in piedi, alzando le mani e invocando Allah per un po' prima di prostrarsi.

Poi disse: "*Ho interceduto per la mia nazione presso il mio Signore, che ha accettato la mia intercessione per un terzo di essa. Poi mi sono prostrato davanti al mio Signore in segno di gratitudine. Poi mi sono alzata per pregare di nuovo il mio Signore per la mia nazione, ed Egli mi ha concesso un altro terzo. Poi mi sono prostrato davanti al mio Signore in segno di gratitudine. Mi sono alzato una terza volta e ho pregato di nuovo il mio Signore per la mia nazione, ed Egli mi ha concesso l'ultimo terzo. Poi mi sono prostrato davanti al mio Signore per ringraziarLo*". [Abū Dawūd]

212. I meriti della preghiera notturna

Allah, l'Altissimo, dice:

Interrompi il sonno di notte per recitare il Corano nelle preghiere supererogatorie per te, affinché il tuo Signore ti elevi nel Giorno della Resurrezione a un rango d'onore" (17:79).

Si strappano dai loro letti (32:16).

Hanno dormito solo per un po' durante la notte (51:17).

Secondo 'Āishah, il Profeta ﷺ era solito pregare così tanto di notte che le piante dei suoi piedi si spaccavano. Gli chiese: "Perché tutto questo, Messaggero di Allah, quando ti sono stati perdonati i tuoi peccati passati e futuri?" Egli rispose: "*Non è forse mio dovere essere un servo riconoscente?*" [Al-Bukhārī e Muslim].

1161. 'Ali racconta che il Profeta ﷺ visitò lui e sua moglie Fatima una notte e disse loro: "*Non pregate?*" [Al-Bukhārī e Muslim].

1162. Sālim, figlio di 'Abdullah Ibn 'Umar ibn Al-Khattāb, che Allah sia soddisfatto di loro, riferì da suo padre 'Abdullah che il Messaggero di Allah ﷺ disse: "*Che uomo è questo 'Abdullah! Se solo pregasse di notte*". Sa'im aggiunse: "Da quel giorno, mio padre 'Abdullah dormì solo una piccola parte della notte". [Al-Bukhārī e Muslim].

1163. 'Abdullah ibn 'Amr ibn Al-'As raccontò che il Messaggero di Allah ﷺ gli consigliò: "*Abdullah, non fare come quel tale che dedicava le sue notti alla preghiera e poi ha smesso*". [Al-Bukhārī e Muslim].

1164. Secondo 'Abdullah ibn Mas'ud, informato che un uomo dormì tutta la notte fino all'alba, il Profeta ﷺ disse: "*Ecco un uomo nelle cui orecchie (o orecchio) Satana ha urinato*". [Al-Bukhārī e Muslim].

1165. Secondo Abū Hurairah, il Messaggero di Allah ﷺ disse: "*Satana lega tre nodi al collo di uno di voi mentre dorme, dicendo su ognuno di questi nodi:* "Hai una lunga notte davanti a te, quindi dormi". *Se si sveglia di notte e invoca il nome di Allah Altissimo, uno dei tre nodi viene sciolto. Se poi fa l'abluzione, si scioglie il secondo nodo e se prega, si scioglie l'ultimo nodo. Allora si sveglia di buon umore, altrimenti si sveglia di cattivo umore e fiacco.* [Al-Bukhārī e Muslim].

1166. 'Abdullah ibn Salam riferì queste parole del Profeta ﷺ: "*Compagni miei! Salutatevi l'un l'altro, date da mangiare ai bisognosi e pregate quando la gente dorme, entrerete sicuramente in Paradiso*". [At-Tirmidhī chiarisce: "*hadith hasan sahīh*"].

1167. Secondo Abū Hurairah, il Messaggero di Allah ﷺ disse: "*Il mese migliore per il digiuno, dopo il Ramadan, è il mese sacro di Muharram, e la preghiera più meritoria, dopo la preghiera obbligatoria, è quella eseguita di notte*". [Muslim]

1168. Secondo Ibn 'Umar, il Profeta ﷺ disse: "*È opportuno pregare di notte a coppie di due unità. Ma quando temete l'apparizione dell'alba, concludete con una sola unità*". [Al-Bukhārī e Muslim].

1169. Secondo Ibn 'Umar, il Messaggero di Allah ﷺ era solito pregare di notte in coppie di due unità che concludeva alla fine della notte con un'unità. [Al-Bukhārī e Muslim].

1170. Anas disse: "Vedevamo il Messaggero di Allah mangiare alcuni giorni di un dato mese, tanto che pensavamo non ne avesse digiunato nessuno, e digiunare altri giorni dello stesso mese, tanto che pensavamo li avesse digiunati tutti. Allo stesso modo, chi volesse vederlo in preghiera di notte lo troverebbe davvero in preghiera, e chi volesse vederlo dormire lo troverebbe davvero a dormire". [Al-Bukhārī]

1171. 'Āishah disse: "Il Messaggero di Allah era solito eseguire - intendeva di notte - undici unità in cui rimaneva prostrato per il tempo necessario a uno di voi per leggere cinquanta aayah prima di alzare la testa. Era solito eseguire due unità prima della preghiera obbligatoria dell'alba, dopo di che si sdraiava sul fianco destro fino a quando il muezzin veniva ad annunciare l'inizio della preghiera". [Al-Bukhārī]

1172. 'Āishah, che Allah sia soddisfatto di lei, afferma quanto segue: "Il Messaggero di Allah non ha mai pregato nel mese di Ramadan o in qualsiasi altro mese più di undici unità in una notte. Ne ha eseguiti quattro - non c'è bisogno di descrivervi la loro bellezza e lunghezza - e poi altri quattro altrettanto belli e lunghi, per finire con tre unità. Un giorno gli chiesi: "O Messaggero di Allah, dormi prima di pregare *il Witr*?" "*Sappi, 'Āishah, che se i miei occhi sono chiusi, il mio cuore rimane sveglio*", rispose. [Al-Bukhārī e Muslim].

1173. Secondo 'Āishah, il Profeta ﷺ era solito dormire all'inizio della notte e alzarsi alla fine della notte per pregare. [Al-Bukhārī e Muslim].

1174. Ibn Mas'ud racconta: "Una sera pregavo con il Profeta ﷺ e lui rimase in piedi così a lungo che pensai di commettere un'azione malvagia. Quando gli fu chiesto di questa azione malvagia, rispose: 'Ho pensato di sedermi e di lasciarlo continuare da solo'". [Al-Bukhārī e Muslim].

1175. Hudhayfah racconta quanto segue: Una sera ho pregato con il Profeta ﷺ che ha iniziato la preghiera con la lettura della Surah *La Mucca*. Ho pensato: "Sicuramente si inchinerà al centesimo verso". Ma continuò a recitare. Mi sono detto: "Sicuramente lo reciterà per intero in questa unità. Ma iniziò la Surah delle *donne,* che lesse per intero, e la Surah della *famiglia di 'Imran,* che terminò anch'essa di leggere. Leggeva con calma, glorificando Allah, invocandolo o implorando la sua protezione ogni volta che recitava un versetto che lo invitava a farlo. Infine si inchinò e disse: "*Gloria al mio Signore il Gloriosissimo*". Rimase inchinato quasi tutto il tempo che rimase in piedi. Poi disse: "*Allah ascolta coloro che Lo lodano! Lode a te, Signore.* Poi si alzò e rimase in piedi per quasi tutto il tempo in cui si era inchinato. Poi si prostrò, dicendo: "*Gloria al mio Signore, l'Altissimo*". E rimase in quella posizione per quasi tutto il tempo in cui era rimasto in piedi. [Muslim]

1176. Secondo Jabir, quando gli fu chiesto quale fosse la preghiera più meritoria, il Messaggero di Allah ﷺ rispose: "*Quella in cui l'adoratore rimane in piedi più a lungo*". [Muslim]

1177. Secondo 'Abdullah ibn 'Amr ibn Al-'As, il Messaggero di Allah ﷺ disse: "*Per Allah, non c'è preghiera più meritoria di quella del Profeta Davide, né digiuno più meritorio di quello di Davide: dormiva la prima metà della notte, rimaneva sveglio per un terzo in preghiera e tornava a dormire l'ultimo sesto, e digiunava a giorni alterni*". [Al-Bukhārī e Muslim].

1178. Jābir ha raccontato di aver sentito il Messaggero di Allah ﷺ dire: "*C'è un momento durante la notte in cui ogni musulmano che chiede ad Allah Altissimo un beneficio di questo mondo o dell'altra vita gli viene concesso, ed è ogni notte*". [Muslim]

1179. Secondo Abū Hurairah, il Profeta ﷺ disse: "*Chi vuole pregare di notte, cominci eseguendo due brevi unità*". [Muslim]

1180. Secondo 'Āishah, il Messaggero di Allah ﷺ era solito iniziare le preghiere notturne con due brevi unità. [Muslim]

1181. Secondo 'Āishah, quando il Messaggero di Allah ﷺ non era in grado di pregare di notte, ad esempio a causa di una malattia, eseguiva dodici unità il giorno successivo. [Muslim]

1182. Secondo 'Umar ibn Al-Khattab, il Messaggero di Allah ﷺ disse: "*Chiunque si addormenti senza aver eseguito in tutto o in parte le preghiere o la lettura del Corano a cui era abituato, e poi lo faccia tra le preghiere dell'alba e del mezzogiorno, sarà ricompensato come se le avesse eseguite di notte".* [Muslim]

1183. Secondo Abū Hurairah, il Messaggero di Allah ﷺ disse: "*Che Allah abbia pietà dell'uomo che si alza di notte per pregare e sveglia sua moglie. Se lei si rifiuta di alzarsi, lui le versa dell'acqua sul viso. E che Allah abbia pietà della moglie che fa lo stesso con il marito.* [Abū Dawūd, attraverso una catena di trasmissione autentica].

1184. Secondo Abū Hurairah e Abū Sa'īd, che Allah sia soddisfatto di loro, il Messaggero di Allah ﷺ disse: "*Quando un uomo sveglia sua moglie di notte ed entrambi pregano (o eseguono due unità insieme), sono iscritti tra gli uomini e le donne che di solito invocano il nome di Allah*". [Abū Dawūd, attraverso una catena di trasmissione autentica].

1185. Secondo 'Āishah il Messaggero di Allah disse: "*Quando qualcuno di voi si addormenta durante la preghiera, lasciatelo andare a riposare finché il sonno non lo abbandona. In effetti, può darsi che in questo stato di sonnolenza egli invochi la disgrazia su di sé quando voleva chiedere il perdono di Allah*". [Al-Bukhārī e Muslim].

1186. Secondo Abū Hurairah, il Messaggero di Allah ﷺ disse: "*Quando qualcuno di voi trova difficoltà a recitare il Corano durante le preghiere notturne e non è consapevole di ciò che sta dicendo, lasciatelo sdraiato*". [Muslim]

213. Il merito di trascorrere le notti del Ramadan in preghiera (*tarāwīh*).

1187. Secondo Abū Hurairah, il Messaggero di Allah ﷺ disse: "*Chi trascorre le notti di Ramadan in preghiera, con fede e speranza di ricompensa, vedrà cancellati i suoi peccati precedenti*". [Al-Bukhārī e Muslim].

1188. Secondo Abū Hurairah, il Messaggero di Allah ﷺ era solito incoraggiare i musulmani a rimanere svegli nelle notti di Ramadan in preghiera, ma non li obbligava a farlo. Disse: "*Chiunque trascorra le notti del Ramadan in preghiera, con fede e speranza di ricompensa, vedrà cancellati i suoi peccati precedenti*". [Muslim]

214. Il merito di aver trascorso la notte dei decreti divini in preghiera e la sua data più probabile

Allah, l'Altissimo, dice:

Lo riveliamo durante la Notte dei Decreti Divini[1]. Ma chi può dire cosa sia la Notte dei Decreti Divini? La Notte dei Decreti Divini è più benedetta di mille mesi messi insieme. Portatori di tutti i decreti divini, gli angeli e lo Spirito scendono per ordine del loro Signore in questa notte. È una notte piena di pace e di benedizione, finché non appare l'alba (97,1-5).

Lo mandammo in una notte benedetta (44:3).

1189. Secondo Abū Hurairah, il Profeta ﷺ disse: "*Chi trascorre la Notte dei Decreti Divini in preghiera, con fede e speranza di ricompensa, vedrà cancellati i suoi peccati precedenti*". [Al-Bukhārī e Muslim].

Ibn 'Umar racconta che alcuni compagni del Profeta ﷺ videro in sogno che la Notte dei Decreti Divini era nelle ultime sette notti di Ramadan. Il Messaggero di Allah ﷺ disse loro: "*Vedo che i vostri sogni indicano all'unanimità che è nelle ultime sette notti di Ramadan. Perciò chi lo cerca, lo cerchi in questo periodo*". [Al-Bukhārī e Muslim].

1191. Secondo 'Āishah, il Messaggero di Allah ﷺ era solito ritirarsi in moschea nelle ultime dieci notti di Ramadan. Era solito dire: "*Cercate la Notte dei Decreti Divini nelle ultime dieci notti di Ramadan*". [Al-Bukhārī e Muslim].

---

[1] Laylat Al-Qadr, nota come "Notte del destino".

1192. Secondo 'Āishah, che Allah sia soddisfatto di lei, il Messaggero di Allah ﷺ disse: *"Cercate la Notte dei Decreti Divini tra le notti dispari degli ultimi dieci giorni di Ramadan"*. [Al-Bukhārī]

1193. Secondo 'Āishah, che Allah sia soddisfatto di lei, quando arrivavano le ultime dieci notti di Ramadan, il Messaggero di Allah ﷺ rimaneva in preghiera, svegliava la sua famiglia, raddoppiava gli sforzi e si stringeva il perizoma[1]. [Al-Bukhārī e Muslim].

1194. 'Āishah, che Allah sia soddisfatto di lei, ha riferito che il Messaggero di Allah ﷺ mostrava più fervore religioso nel mese di Ramadan che in qualsiasi altro mese dell'anno, specialmente durante le ultime dieci notti del mese. [Muslim]

1195. 'Āishah riferì di aver chiesto al Profeta ﷺ: "Messaggero di Allah, se sono in grado di determinare quale sia la Notte dei Decreti Divini quale formula devo pronunciare?" Egli rispose: *"Di': 'O Allah, Tu sei misericordioso e ami la misericordia, quindi mostrami misericordia (allāhumma innaka 'afūwwūn, tuhibbū al-'afwa, fa'fū 'annī)'"*. [At-Tirmidhī che specifica: *"hadith hasan sahīh"*].

---

[1] In altre parole: si è astenuto dai rapporti coniugali o ha compiuto molti atti di devozione.

215. Il merito del siwāk e delle azioni naturali appartenenti alla tradizione dei profeti (fitrah).

1196. Secondo Abū Hurairah, il Messaggero di Allah ﷺ disse: "*Se non fosse per il timore di imporre alla mia nazione (o agli uomini) un fardello difficile da sopportare, ordinerei loro di strofinarsi i denti con un Siwāk prima di ogni preghiera*". [Al-Bukhārī e Muslim].

1197. Secondo Hudhayfah, appena il Messaggero di Allah ﷺ si svegliava, si strofinava i denti con un Siwāk. [Al-Bukhārī e Muslim].

1198. 'Āishah, che Allah sia soddisfatto di lei, disse: "Preparavamo per il Messaggero di Allah il suo Siwāk e l'acqua per le sue abluzioni. Poi si svegliava all'ora voluta da Allah, si strofinava i denti con il Siwāk, faceva le abluzioni e pregava". [Muslim]

1199. Secondo Anas, il Messaggero di Allah ﷺ disse: "Vi *ho raccomandato più volte l'uso del Siwāk*". [Al-Bukhārī]

1200. Shurayh ibn Hani raccontò di aver chiesto a 'Āishah: "Qual è stata la prima cosa che il Profeta ha fatto quando è tornato a casa?" "Si è sfregato i denti con un Siwāk", rispose lei. [Muslim]

1201. Abū Musa al-Ash'ari raccontò quanto segue: "Un giorno andai a casa del Profeta. Aveva la punta del suo *Siwāk* sulla lingua". [Al-Bukhārī, e Muslim da cui questa versione].

1202. Secondo 'Āishah, che Allah sia soddisfatto di lei, il Profeta ﷺ disse: "*Il siwāk è sia un mezzo per purificare la bocca sia un mezzo per ottenere soddisfazione dal Signore*". [An-Nasā'ī e Ibn Khuzaymah, nella loro raccolta autentica, attraverso catene di trasmissione autentiche].

1203. Secondo Abū Hurairah, il Profeta ﷺ disse: "*La Fitrah comprende cinque pratiche (o: cinque pratiche fanno parte della Fitrah): circoncisione, rasatura della zona pubica, taglio delle unghie, ceretta delle ascelle e taglio dei baffi*". [Al-Bukhārī e Muslim].

1204. Secondo 'Āishah, che Allah si compiaccia di lei, il Messaggero di Allah ﷺ disse: "*Dieci pratiche fanno parte della Fitrah: tagliarsi i baffi, farsi crescere la barba, usare il Siwāk, succhiare e scaricare l'acqua dell'abluzione attraverso il naso, tagliarsi le unghie, lavarsi le nocche delle dita, radersi le ascelle, radersi il pube e pulire le parti con l'acqua*".

Il narratore aggiunse: "Ho dimenticato la decima, a meno che non si tratti del risciacquo della bocca durante l'abluzione". [Muslim]

L'espressione araba tradotta con "*lasciar crescere la barba*" significa che bisogna lasciarla crescere senza tagliarla.

1205. Secondo Ibn 'Umar, il Profeta ﷺ disse: "*Tagliati i baffi e fatti crescere la barba*". [Al-Bukhārī e Muslim].

216. L'obbligo rigoroso di pagare le elemosine legali e il loro merito

Allah, l'Altissimo, dice:

Preghiera, elemosina (2:43)

A loro è stato semplicemente ordinato di adorare Allah con devozione esclusiva e sincera, di eseguire la preghiera e di fare la carità, professando così la religione della verità (98:5).

Fate l'elemosina dei loro beni per purificarli dai loro peccati e renderli più virtuosi (9:103).

1206. Secondo Ibn 'Umar, il Messaggero di Allah ﷺ disse: "L'*Islam si basa su cinque pilastri: la testimonianza che non c'è altra divinità che Allah e che Muhammad è il Messaggero di Allah, l'esecuzione della preghiera, il pagamento dell'elemosina lecita (Zakat), il pellegrinaggio a Makkah e il digiuno del mese di Ramadan*". [Al-Bukhārī e Muslim].

1207. Talhah ibn 'Ubaydillah racconta che un abitante del Najd si avvicinò al Messaggero di Allah ﷺ con i capelli scompigliati, alzando la voce, ma parlando in modo incomprensibile. Quando si avvicinò, i compagni capirono che stava chiedendo informazioni sull'Islam.

Il Messaggero di Allah ﷺ rispose: "L'*Islam consiste nel compiere cinque preghiere al giorno.* "Devo esibirmi di più?". L'uomo chiese. "*No, a meno che non vogliate fare di più volontariamente*", rispose il Profeta ﷺ che continuò: "*Consiste anche nel digiunare nel mese di Ramadan*". "Devo digiunare negli altri giorni?", ha chiesto. "*No, a meno che non vogliate digiunare volontariamente altri giorni*", ha detto. Quando il Profeta ﷺ menzionò l'elemosina legale, l'uomo chiese: "Devo fare un'altra elemosina?" "*No, a meno che tu non voglia fare un'elemosina volontaria*", rispose. L'uomo si voltò e disse: "Giuro su Allah che non aggiungerò né toglierò nulla".

Il Messaggero di Allah ﷺ disse allora: "*Se dice la verità, si è guadagnato la salvezza*". [Al-Bukhārī e Muslim].

1208. Secondo Ibn 'Abbās, il Profeta ﷺ inviò Mu'ādh nello Yemen con le seguenti istruzioni: "*Invitali a testimoniare che solo Allah ha il diritto di essere adorato e che io sono il Messaggero di Allah. Se accettano, informali che Allah ha imposto loro cinque preghiere quotidiane. Se si sottomettono, informali che Allah ha imposto loro di fare l'elemosina dai beni di coloro che sono benestanti e di ridistribuirla tra coloro che sono poveri*". [Al-Bukhārī e Muslim].

1209. Secondo Ibn 'Umar, il Messaggero di Allah ﷺ disse: "Mi è stato *ordinato di combattere il popolo finché non testimonieranno che non c'è altra divinità da adorare all'infuori di Allah e che Muhammad è il Messaggero di Allah, e di eseguire la preghiera e pagare le elemosine lecite". Se lo fanno, manterranno la loro persona e i loro beni se non in ciò che l'Islam richiede ed è ad Allah, l'Altissimo, che dovranno rendere conto*". [Al-Bukhārī e Muslim].

Abū Hurairah riferì quanto segue: Quando Abū Bakr divenne califfo dopo la morte del Messaggero di Allah ﷺ, alcune tribù arabe apostatarono. 'Umar ﷺ commentò ad Abū Bakr: "Come puoi combattere queste tribù quando il Messaggero di Allah ﷺ ha detto: "Mi *è stato ordinato di combattere la gente finché non testimonieranno che non c'è altro dio da adorare all'infuori di Allah". Chiunque pronunci queste parole ha mantenuto i suoi beni e la sua persona se non in ciò che l'Islam esige ed è ad Allah che dovrà rendere conto...*"".

Abū Bakr rispose: "Per Allah, combatterò chiunque faccia differenza tra la preghiera rituale e l'elemosina lecita, perché questa tassa sulla proprietà è imposta dall'Islam. Per Allah, se mi negheranno anche solo un lombo che pagavano al Messaggero di Allah, li combatterò per questo. In seguito, 'Umar disse: "Per Allah, mi resi subito conto che Allah aveva ispirato Abū Bakr a combattere e che aveva ragione". [Al-Bukhārī e Muslim].

1211. Secondo Abū Ayyub, un uomo chiese al Profeta ﷺ: "Mostrami qualche azione che mi porti in Paradiso". Rispose: *"Adora Allah senza associarti a Lui, esegui la preghiera rituale, paga le elemosine lecite e rispetta i legami di parentela"*. [Al-Bukhārī e Muslim].

1212. Secondo Abū Hurairah, un beduino venne a chiedere al Profeta ﷺ: "Messaggero di Allah, dimmi un'azione che mi faccia entrare in Paradiso". Il Profeta ﷺ rispose: *"Adorate Allah senza alcuna associazione con Lui, eseguite la preghiera rituale, pagate le elemosine lecite e digiunate nel mese di Ramadan"*. Il beduino disse: "Per Colui che tiene la mia anima nella Sua mano! Non aggiungo nulla", prima di andarsene. Il Profeta ﷺ allora disse: "Chi *vuole vedere uno degli eletti in Paradiso guardi quest'uomo*". [Al-Bukhārī e Muslim].

1213. Jarīr ibn 'Abdillah disse: "Ho giurato fedeltà al Messaggero di Allah impegnandomi a compiere la preghiera, a fare l'elemosina e ad augurare il bene a ogni musulmano". [Al-Bukhārī e Muslim].

1214. Secondo Abū Hurairah, il Messaggero di Allah ﷺ disse: *"Chiunque abbia oro o argento e non ne faccia l'elemosina lecita, nel Giorno della Resurrezione sarà segnato sul fianco, sulla fronte e sulla schiena con lastre di fuoco. Ogni volta che si raffreddano, queste placche saranno portate all'incandescenza durante un giorno la cui durata sarà di cinquantamila anni e che terminerà con il giudizio degli uomini. Allora vedrà il suo destino, o in Paradiso o all'Inferno.*

Qualcuno chiese: "O Messaggero di Allah, e i cammelli?". Rispose: *"Chi possiede cammelli ma non paga le elemosine lecite per loro, come ad esempio mungerli il giorno in cui si recano all'abbeveratoio per dare il latte, sarà gettato a terra nel Giorno della Resurrezione in una vasta pianura, e allora sarà calpestato e morso da tutti i suoi cammelli, più grandi che mai, e non ne mancherà nemmeno uno, per quanto piccolo. E questo per tutto un giorno che durerà cinquantamila anni e si concluderà con il giudizio degli uomini. Allora vedrà il suo destino, o in Paradiso o all'Inferno.*

Qualcuno chiese: "O Messaggero di Allah, che ne è delle mucche e delle pecore? Rispose: "*Chi possiede mucche e pecore ma non paga l'elemosina legale per loro, nel Giorno della Resurrezione sarà gettato a terra in una vasta pianura e poi sarà incornato - senza alcun animale senza corna, con corna rotte o piegate - e calpestato da tutti i suoi animali in successione senza mancarne nemmeno uno. E questo per tutto un giorno che durerà cinquantamila anni e si concluderà con il giudizio degli uomini. Poi vedrà il suo destino, in Paradiso o all'Inferno.*

Qualcuno chiese: "O Messaggero di Allah, e i cavalli?". Rispose: "*I cavalli sono di tre categorie: per alcuni proprietari sono un pesante fardello, per altri sono una protezione e per altri ancora sono una fonte di ricompensa. Un fardello pesante, per chi li alleva per ostentazione, orgoglio e animosità verso i musulmani. Una protezione dalla povertà per coloro che li allevano per obbedienza ad Allah, senza dimenticare di soddisfare i diritti di Allah su di loro. Una fonte di ricompensa per chi li alleva in un prato per la jihad dei musulmani. Poi viene ricompensato per tutto ciò che mangiano in quel prato e per ogni loro escremento e urina. Poi, se girano i legacci una o due volte, viene premiato per ogni impronta di zoccolo e per ogni sterco. Se attraversano un fiume e ne bevono, egli viene ricompensato per ciò che bevono, anche se non aveva intenzione di irrigarlo.*

Qualcuno chiese: "O Messaggero di Allah, e gli asini? Rispose: "*Non mi è stato rivelato nulla su di loro, tranne questo versetto onnicomprensivo: 'Chiunque faccia un briciolo di bene lo vedrà'. E chiunque faccia un briciolo di male lo vedrà (99:7-8)*". [Al-Bukhārī, e Muslim da cui questa versione].

217. L'obbligo di digiunare in Ramadan e il merito del digiuno

Allah, l'Altissimo, dice:

Voi che credete! Il digiuno vi è stato comandato - come è stato comandato alle nazioni prima di voi - per preservarvi dal peccato. È stato comandato di digiunare per un numero limitato di giorni. Chi è malato o in viaggio è esonerato dal digiuno, ma deve recuperarlo con un numero equivalente di giorni. Coloro che possono sopportarlo e preferiscono non digiunare, dovrebbero nutrire una persona bisognosa in cambio. Chi è più generoso lo farà per il proprio bene. Tuttavia, il digiuno è meglio per voi, se solo lo sapeste! È nel mese di Ramadan che è stato rivelato il Corano, i cui insegnamenti indicano chiaramente all'umanità la via della salvezza, consentendole di discernere il vero dal falso. Pertanto, chiunque di voi sia presente in questo mese dovrebbe digiunare in esso. Chi è malato o in viaggio, deve digiunare lo stesso numero di giorni (2:183-185).

Alcuni hadith relativi al digiuno sono stati citati nel capitolo precedente.

1215. Secondo Abū Hurairah, il Messaggero di Allah ﷺ disse: *"Allah Onnipotente dice: 'Ogni lavoro fatto dall'uomo appartiene a lui, eccetto il digiuno, appartiene a Me e sono responsabile di ricompensarlo'. Il digiuno è una protezione. Perciò chi digiuna deve astenersi dall'essere scortese e rumoroso e, se qualcuno lo insulta o lo provoca, deve dirgli che sta digiunando. Per Colui che ha in mano l'anima di Maometto, il respiro di chi digiuna è più gradito ad Allah dell'odore del muschio. La persona che digiuna prova due gioie: una gioia quando rompe il digiuno e un'altra gioia quando incontra il suo Signore".* [Al-Bukhārī, la cui versione è questa, e Muslim].

In un'altra versione di Al-Bukhārī: "Si astiene per amor Mio dal mangiare, dal bere e dal soddisfare i suoi desideri. Il digiuno mi appartiene e sono responsabile della sua ricompensa. Ogni buona azione viene ricompensata dieci volte.

In una versione del musulmano: "Ogni buona azione è ricompensata dieci volte, e fino a settecento volte. Allah, l'Altissimo, dice: "Tranne il digiuno, esso appartiene a Me e sono responsabile della sua ricompensa. Chi digiuna si astiene dal soddisfare i suoi desideri e mangia per Me. Chi digiuna prova due gioie: una gioia quando rompe il digiuno e un'altra gioia quando incontra il suo Signore. In verità, il respiro di chi digiuna è più gradito ad Allah dell'odore del muschio.

1216. Secondo Abū Hurairah, il Messaggero di Allah ﷺ disse: "*Chi combina due buone azioni per avvicinarsi ad Allah sarà chiamato da tutte le porte del Paradiso: "Servo di Allah, questo è un grande bene". Chi si distingue per le sue preghiere sarà chiamato dalla porta della preghiera. Chi si distingue combattendo per la causa di Allah sarà chiamato dalla porta del jihad. Chi si distingue per il suo digiuno sarà chiamato dalla porta di Ar-Rayyān. E chi si distingue per l'elemosina sarà chiamato dalla porta dell'elemosina*".

Dopo aver sentito ciò, Abū Bakr disse: "Messaggero di Allah, che mio padre e mia madre siano un riscatto per te, non c'è male per bene che non provenga da una di queste porte, ma qualcuno sarà chiamato da tutte queste porte contemporaneamente?" "*Sì, e lo spero*", rispose. [Al-Bukhārī e Muslim].

1217. Secondo Sahl ibn Sa'd, il Profeta ﷺ disse: "C'è una *porta nel Paradiso chiamata Ar-Rayyān attraverso la quale solo i digiunatori entreranno nel Giorno della Resurrezione. Si dirà: "Dove sono i digiunatori?". Poi si alzeranno e, una volta entrati, la porta verrà chiusa dietro di loro, vietando l'ingresso attraverso quella porta per sempre*". [Muslim]

1218.   Secondo Abū Sa'īd Al-Khudri, il Profeta ﷺ disse: "*Nessuno digiuna un giorno per avvicinarsi ad Allah, a meno che, così facendo, non allontani dall'Inferno una distanza che richiederebbe settanta anni per essere coperta*". [Al-Bukhārī e Muslim].

1219.   Secondo Abū Hurairah, il Profeta disse: "*Chi digiuna il mese di Ramadan con fede e speranza di ricompensa avrà cancellato i suoi peccati precedenti*". [Al-Bukhārī e Muslim].

1220.   Secondo Abū Hurairah, il Messaggero di Allah ﷺ disse: "*Quando inizia il mese di Ramadan, si aprono le porte del Paradiso, si chiudono le porte dell'Inferno e si incatenano i demoni*". [Al-Bukhārī e Muslim].

1221.   Secondo Abū Hurairah, il Messaggero di Allah ﷺ disse: "*Iniziate il digiuno non appena vedete la luna nuova di Ramadan e interrompetelo non appena vedete la luna nuova di Shawwāl. Se la luna nuova di Ramadan non è visibile, allora considera il mese di Sha'bān[1] come trenta giorni*". [Al-Bukhārī, la cui versione è questa, e Muslim].

Secondo un'altra versione di Muslim: "*Se la luna nuova di Shawwāl non è visibile, allora digiunate per trenta giorni.*

---

[1] Il mese di Sha'ban è il mese che precede il Ramadan e Shawwāl è il mese immediatamente successivo.

218. Siate generosi e moltiplicate le buone azioni durante il mese di Ramadan e gli ultimi dieci giorni.

1222.   Secondo Ibn 'Abbās, il Messaggero di Allah ﷺ era il più generoso degli uomini, soprattutto durante il mese di Ramadan, quando l'angelo Gabriele gli andò incontro. L'angelo Gabriele lo incontrava ogni notte di Ramadan e gli faceva recitare il Corano. Il Messaggero di Allah ﷺ fu allora più veloce del vento nel fare il bene. [Al-Bukhārī e Muslim].

1223.   Secondo 'Āishah, quando arrivavano le ultime dieci notti di Ramadan, il Messaggero di Allah rimaneva in preghiera, svegliava la sua famiglia e si prendeva il perizoma. [Al-Bukhārī e Muslim].

219. Il divieto di digiunare nella seconda metà del mese di Sha'ban, a meno che non si tratti della continuazione di un digiuno già iniziato o di una consuetudine, come il digiuno del lunedì o del giovedì.

1224. Secondo Abū Hurairah, il Profeta ﷺ disse: *"Non digiunate uno o due giorni prima del mese di Ramadan, a meno che non siano giorni in cui siete soliti digiunare durante il resto dell'anno, nel qual caso non c'è alcuna obiezione a digiunare"*. [Al-Bukhārī e Muslim].

1225. Secondo Ibn 'Abbās il Messaggero di Allah ﷺ disse: "*Non digiunate nei giorni che precedono il mese di Ramadan. Iniziare il digiuno non appena si vede la luna nuova di Ramadan e interromperlo non appena si vede la luna nuova di Shawwāl. Se il cielo è nuvoloso, considerate il mese in corso come trenta giorni*". [At-Tirmidhī: "*hadith hasan sahīh*"].

1226. Secondo Abū Hurairah, il Messaggero di Allah ﷺ disse: "*Quando inizierete la seconda quindicina del mese di Sha'ban, astenetevi dal digiuno*". [At-Tirmidhī: "*hadith hasan sahīh*"].

1227. Abū Al-Yaqdhān 'Ammār ibn Yāsir disse: "Chiunque digiuni in un giorno su cui c'è dubbio[1] avrà disobbedito ad Abū Al-Qāsim". [Abū Dawūd, e At-Tirmidhī: "*hadith hasan sahīh*"].

---

[1] Il trentesimo giorno di Sha'ban.

220. L'invocazione da pronunciare all'avvistamento della luna nuova

1228. Secondo Talhah ibn 'Ubaydillah, quando vedeva la luna nuova, il Profeta ﷺ diceva: "O *Allah, portaci, con questa luna nuova, sicurezza, certezza, pace e sottomissione". Il mio e vostro Signore è Allah. Questa nuova luna sarà all'insegna delle virtù e delle benedizioni*". [At-Tirmidhī: "*hadith hasan*"].

221. Il merito di chi digiuna e prende un pasto prima dell'alba e lo ritarda il più possibile.

1229. Secondo Anas, il Messaggero di Allah ﷺ disse: "*Prendete Suhur*[1] *, perché in questo cibo c'è una grande benedizione*". [Al-Bukhārī e Muslim].

1230. Zayd ibn Thābit disse: "Una volta abbiamo fatto Suhur con il Messaggero di Allah e poi ci siamo alzati per pregare". "Quanto tempo è passato tra quel pasto e la preghiera?", gli è stato chiesto. "Il tempo necessario per leggere cinquanta aayah", rispose. [Al-Bukhārī e Muslim].

1231. Secondo Ibn 'Umar, il Messaggero di Allah ﷺ aveva due muezzin: Bilāl e Ibn Umm Maktūm. Una volta ha detto: "*Bilāl chiama alla preghiera quando è ancora buio. Quindi mangiate e bevete finché non sentirete il richiamo alla preghiera di Ibn 'Umm Maktūm*. Ibn 'Umar aggiunse: "Tra i due richiami c'è stato solo il tempo di far scendere il primo e di far salire il secondo". [Al-Bukhārī e Muslim].

1232. Secondo 'Amr ibn Al-'As, il Messaggero di Allah ﷺ disse: "*La differenza tra il nostro digiuno e quello degli ebrei e dei cristiani sta nel Suhur*". [Muslim]

---

[1] Cibo assunto dal digiunatore prima dell'alba per prepararsi al digiuno.

222. Il merito di rompere il digiuno in fretta, cosa mangiare in quel momento e le parole da pronunciare

1233. Secondo Sahl ibn Sa'd, il Messaggero di Allah ﷺ disse: "*I musulmani non cesseranno di essere sulla retta via finché si affretteranno a rompere il digiuno*". [Al-Bukhārī e Muslim].

1234. Abū 'Atiyyah raccontò che una volta visitò 'Āishah, che Allah si compiaccia di lei, accompagnata da Masruq, che si rivolse a lei come segue: "Ci sono due compagni di Muhammad che non perdono mai l'occasione di compiere una buona azione, ma uno di loro si affretta a compiere la preghiera crepuscolare e a rompere il digiuno, mentre l'altro ritarda". "Chi è colui che si affretta a compiere la preghiera del crepuscolo e a rompere il digiuno?", chiese. "Abdullah - è Ibn Mas'ud", rispose. "È così che si comportava il Messaggero di Allah", ha detto. [Muslim]

1235. Secondo Abū Hurairah, il Messaggero di Allah ﷺ disse: "*Allah Onnipotente dice: 'Il più caro dei Miei adoratori è colui che rompe il digiuno più velocemente'*". [At-Tirmidhī: "*hadith hasan*"].

1236. Secondo 'Umar ibn Al-Khattab, il Messaggero di Allah ﷺ disse: "*Quando l'oscurità della notte raggiunge questo lato, la luce del giorno si ritira da quel lato e il sole scompare completamente, è il momento di interrompere il digiuno*". [Al-Bukhārī e Muslim].

1237. Abū Ibrāhīm 'Abdullah ibn Abi Awfā racconta quanto segue: Eravamo in viaggio con il Messaggero di Allah ﷺ che stava digiunando. Quando il sole scomparve dall'orizzonte, disse a uno dei suoi compagni: "*Scendi e mescola la farina e l'acqua*". "Messaggero di Allah, perché non aspetti che faccia buio?", disse l'uomo. "*Scendi e mescola la farina e l'acqua*", ripeté il Messaggero di Allah. "Ma è ancora giorno", insistette l'uomo. Chiese all'uomo una terza volta: "*Scendi e mescola la farina e l'acqua"*, e l'uomo finalmente scese a preparare l'impasto. Il Messaggero di Allah bevve la mistura e aggiunse: *"Quando vedrete l'oscurità della notte avvicinarsi da questa parte, è tempo per il digiunatore di rompere il suo digiuno*. E agitò la mano in direzione dell'est. [Al-Bukhārī e Muslim].

1238.   Secondo Salman ibn 'Āmir Adh-Dhabbi, uno dei Compagni, il Profeta ﷺ disse: "Chi *vuole rompere il digiuno, lo rompa con i datteri. Se non riesce a trovarla, allora con l'acqua, perché è purificante*". [Abū Dawūd, e At-Tirmidhī che dice: "*hadith hasan sahīh*"].

1239.   Anas racconta che il Messaggero di Allah ﷺ era solito rompere il digiuno prima della preghiera mangiando datteri freschi e, se non ne trovava, beveva solo acqua. Se non ne trovasse, si accontenterebbe di qualche sorso d'acqua. [Abū Dawūd, e At-Tirmidhī che dice: "*hadith hasan*"].

223. L'ordine per la persona che digiuna di astenersi da tutte le parole e le azioni malvagie

1240. Secondo Abū Hurairah, il Messaggero di Allah ﷺ disse: *"Colui che digiuna deve astenersi dall'essere scortese e dal farneticare, e se qualcuno lo insulta o lo provoca, che dica: "Sto digiunando""* [Al-Bukhārī e Muslim].

1241. Secondo Abū Hurairah, il Profeta ﷺ disse: *"Chi non rinuncia al peccato nelle parole e nelle azioni, sappia che Allah non ha alcun riguardo per la sua rinuncia a cibo e bevande"*. [Al-Bukhārī]

224. Domande relative al digiuno

1242. Secondo Abū Hurairah, il Profeta ﷺ disse: "*Chi mangia o beve per dimenticanza deve continuare il suo digiuno. È semplicemente Allah che lo ha nutrito e abbeverato*". [Al-Bukhārī e Muslim].

1243. Laqīt ibn Sabirah ha riferito di aver chiesto al Messaggero di Allah ﷺ dell'abluzione. Rispose: "*Esegui l'abluzione con la massima cura, facendo in modo che l'acqua scorra lungo le dita e respirando profondamente l'acqua nel naso, a meno che tu non stia digiunando*". [Abū Dawūd, e At-Tirmidhī: "*hadith hasan sahīh*"].

1244. Secondo 'Āishah, a volte albeggiava quando il Profeta si ﷺ trovava ancora in uno stato di grande impurità a causa dei rapporti coniugali. Avrebbe fatto la grande abluzione e poi avrebbe digiunato quel giorno. [Al-Bukhārī e Muslim].

1245. Secondo 'Āishah e Umm Salamah, che Allah si compiaccia di loro, il Messaggero di Allah era ﷺ solito trovarsi in uno stato di maggiore impurità all'alba a causa dei rapporti coniugali. Nonostante ciò, quel giorno digiunò. [Al-Bukhārī e Muslim].

225. Il merito del digiuno nei mesi di Sha'ban, Muharram e in altri mesi sacri

1246. Secondo Abū Hurairah, il Messaggero di Allah ﷺ disse: "*Il mese migliore per il digiuno, dopo il Ramadan, è il mese sacro di Muharram, e la preghiera più meritoria, dopo la preghiera obbligatoria, è quella eseguita di notte*". [Muslim]

1247. 'Āishah, che Allah si compiaccia di lei, disse: "Il Profeta ﷺ non ha mai digiunato così tanto in nessun mese dell'anno come nel mese di Sha'bān, che ha digiunato per intero".

Un'altra versione dice: "Digiunò quasi completamente nel mese di Sha'ban". [Al-Bukhārī e Muslim].

1248. Mujibah Al-Bahiliyyah racconta che un giorno visitò il Messaggero di Allah ﷺ e gli apparve l'anno successivo, ma con un aspetto completamente diverso:

- Messaggero di Allah", gli chiese, "mi riconosci?

- *Chi sei?* disse il Profeta.

- Sono il tribù Bāhil che vi ha fatto visita l'anno scorso", rispose.

- *Cosa ti è successo, avevi un bell'aspetto prima?*

- Da quando ti ho lasciato, mangio solo di notte", rispose l'uomo.

- *Siete stati sottoposti a una grande prova. Digiunare il mese della pazienza, il mese di Ramadan, più un giorno di ogni mese.*

- Aggiungetelo. Sento di poter fare meglio", dice.

- *Così, due giorni al mese*, propose il Messaggero di Allah.

- Aggiungetelo", insistette l'uomo.

- *Poi, tre giorni al mese*, disse il Messaggero di Allah.

- Aggiungetelo", ha proseguito l'uomo.

- *Poi digiunate nei mesi sacri per tre giorni di fila, poi rompete il digiuno nei tre giorni successivi, e così via*", ha detto, piegando tre dita e srotolandole. [Abū Dawūd]

226. Il merito di digiunare e moltiplicare le buone azioni nei primi dieci giorni del mese di dhu al-hijjah

1249. Secondo Ibn 'Abbās, il Messaggero di Allah ﷺ disse: "*Nessun lavoro è più caro ad Allah di quello compiuto durante questi dieci giorni*". Con questo termine intendeva i primi dieci giorni del mese di Dhu Al-Hijjah. I suoi compagni gli chiesero: "Nemmeno combattendo per la causa di Allah, Messaggero di Allah?" Egli rispose: "*Nemmeno combattendo per la causa di Allah, tranne nel caso di un uomo che va in battaglia con i suoi beni e non torna*". [Al-Bukhārī]

227. Il merito del digiuno nel giorno di 'arafat, e quelli di 'achura e tāsu'ā'.

1250. Secondo Abū Qatādah, al Messaggero di Allah ﷺ fu chiesto di digiunare nel giorno di 'Arafat. Rispose: "Cancella *i peccati dell'anno che sta finendo e quelli dell'anno che verrà*". [Muslim]

1251. Secondo Ibn 'Abbās, il Messaggero di Allah ﷺ digiunò il decimo giorno del mese di Muharram ('Ashura') e ordinò ai musulmani di digiunare il decimo giorno del mese di Muharram ('Ashura'). [Al-Bukhārī e Muslim].

1252. Secondo Abū Qatādah, al Messaggero di Allah ﷺ fu chiesto del digiuno dell'Ashura. Lui rispose: "*Cancella i peccati dell'anno precedente*". [Muslim]

1253. Secondo Ibn 'Abbās, il Messaggero di Allah ﷺ disse: "*Se l'anno prossimo sarò ancora vivo, non smetterò di digiunare il nono giorno del mese di Muharram (Tāsū'ā')*" [Muslim].

228. Dove si raccomanda di digiunare sei giorni nel mese di chawwal

1254. Secondo Abū Ayyub, il Messaggero di Allah ﷺ disse: "*Chi digiuna nel mese di Ramadan e lo segue con sei giorni di digiuno nel mese di Shawwāl, è come se avesse digiunato tutto l'anno*". [Muslim]

229. Dove si raccomanda di digiunare il lunedì e il giovedì

1255. Secondo Abū Qatādah, al Messaggero di Allah ﷺ fu chiesto di digiunare il lunedì. Rispose: "*È il giorno in cui sono nato e il giorno in cui sono diventato profeta (o: in cui ho ricevuto per la prima volta la Rivelazione)*". [Muslim]

1256. Secondo Abū Hurairah, il Messaggero di Allah ﷺ disse: "*Le opere vengono presentate ad Allah il lunedì e il giovedì. E desidero che le mie azioni siano presentate a Lui mentre digiuno*". [At-Tirmidhī che specifica: "*hadith hasan*", e Muslim ma senza la menzione del digiuno].

1257. Secondo 'Āishah, che Allah sia soddisfatto di lei, il Messaggero di Allah ﷺ era solito digiunare il lunedì e il giovedì. (At-Tirmidhī, secondo cui l'hadith è autentico (*hasan*)).

230. Dove si raccomanda di digiunare tre giorni al mese.

È meglio digiunare questi tre giorni durante il periodo di luna piena, cioè il 13, 14 e 15 del mese lunare o, secondo alcuni, il 12, 13 e 14 del mese.

1258. Abū Hurairah disse: "Il mio amato mi ha raccomandato tre cose: di digiunare tre giorni al mese, di eseguire due unità al mattino (*Dūhà*) e di eseguire il *Witr* prima di andare a dormire". [Al-Bukhārī e Muslim].

1259. Abū Ad-Dardā' disse: "Il mio amato mi ha raccomandato tre cose alle quali non rinuncerò mai: digiunare tre giorni al mese, compiere due unità al mattino e non andare a dormire prima di aver pregato il *Witr*". [Al-Bukhārī e Muslim].

1260. Secondo 'Abdullah ibn 'Amr Al-'As, il Messaggero di Allah ﷺ disse: "*Digiunare tre giorni in un mese equivale a digiunare tutto l'anno*". [Al-Bukhārī e Muslim].

1261. Mu'ādhah Al-'Adawiyyah raccontò di aver chiesto a 'Āishah: "Il Messaggero di Allah digiunava tre giorni al mese?" "Sì", rispose lei. "In quali giorni ha digiunato?", ha chiesto. "Non digiunava in nessun giorno particolare", rispose 'Āishah. [Muslim]

1262. Secondo Abū Dharr, il Messaggero di Allah ﷺ gli disse: "*Se vuoi digiunare tre giorni in un mese, allora digiuna il tredicesimo, il quattordicesimo e il quindicesimo giorno del mese lunare*". [At-Tirmidhī, secondo cui l'hadith è autentico (*hasan*)].

1263. Qatādah ibn Milhān disse: "Il Messaggero di Allah ﷺ raccomandava di digiunare il tredicesimo, il quattordicesimo e il quindicesimo giorno del mese lunare, cioè i giorni di luna piena". [Abū Dawūd]

1264. Secondo Ibn 'Abbās, il Messaggero di Allah ﷺ digiunava sempre nei giorni di luna piena, sia in casa che in viaggio. [An-Nasā'ī, attraverso una catena di trasmissione autentica (*hasan*)].

231. Il merito di offrire al digiunatore qualcosa per rompere il suo digiuno, il fatto che il digiunatore inviti altri a mangiare e l'invocazione degli ospiti a nome dell'ospite.

1265. Secondo Zayd ibn Jālid Al-Jūhani, il Profeta ﷺ disse: "*Chiunque offra al digiunatore qualcosa per rompere il suo digiuno ottiene la stessa ricompensa di lui, senza diminuire in alcun modo la ricompensa di quest'ultimo*". [At-Tirmidhī, secondo cui il hadith è autentico (*hasan sahīh*)].

1266. Umm 'Umrah Al-Ansariyyah raccontò che un giorno presentò del cibo al Messaggero di Allah ﷺ che venne a farle visita. Le propose di mangiare con lui, ma lei rispose che stava digiunando. Il Profeta ﷺ le disse allora: "*Quando si invita qualcuno a mangiare in casa di una persona che sta digiunando, gli angeli pregano per la persona che sta digiunando finché i suoi ospiti non hanno finito il loro pasto (o non si sono saziati)*". [At-Tirmidhī, secondo cui l'hadith è autentico (*hasan*)].

1267. Secondo Anas, il Profeta ﷺ visitò Sa'd ibn 'Ubadah che gli diede pane e olio d'oliva. Il Profeta ﷺ mangiò e poi disse: "*Che i digiunatori rompano il loro digiuno nella tua casa, i pii si uniscano al tuo cibo e gli angeli preghino per te*". [Abū Dawūd, tramite catena di trasmissione autentica].

LIBRO: IL RITIRO IN MOSCHEA

232. Ritiro dalla moschea durante il Ramadan

1268.   Secondo Ibn 'Umar, il Messaggero di Allah ﷺ era solito ritirarsi in moschea (I'tikāf) negli ultimi dieci giorni del mese di Ramadan. [Al-Bukhārī e Muslim].

1269.   Secondo 'Āishah, il Profeta **era solito** ﷺ ritirarsi in moschea negli ultimi dieci giorni di Ramadan fino alla sua morte. Poi le sue mogli hanno fatto lo stesso dopo di lui. [Al-Bukhārī e Muslim].

1270.   Secondo Abū Hurairah, il Profeta ﷺ era solito ritirarsi in moschea per dieci giorni nel mese di Ramadan, ma nell'anno della sua morte osservò un ritiro di venti giorni. [Al-Bukhārī]

LIBRO: IL PELLEGRINAGGIO

233. L'obbligo e il merito di compiere il pellegrinaggio

Allah, l'Altissimo, dice:

Il pellegrinaggio al Santuario è un dovere verso Allah per tutti coloro che possono permetterselo. E chi si allontana da questo dovere per empietà, sappia che Allah è perfettamente in grado di dispensare gli uomini (3:97).

1271. Secondo Ibn 'Umar, il Messaggero di Allah ﷺ disse: "L'*Islam si basa su cinque pilastri: la testimonianza che non c'è altra divinità che Allah e che Muhammad è il Messaggero di Allah, l'esecuzione della preghiera, il pagamento delle elemosine lecite, il pellegrinaggio a Makkah e il digiuno del mese di Ramadan*". [Al-Bukhārī e Muslim].

1272. Secondo Abū Hurairah, il Messaggero di Allah ﷺ tenne un sermone in cui disse: "*Compagni miei! Allah vi ha imposto il Hajj, quindi eseguitelo*. Un uomo chiese: "Ogni anno, Messaggero di Allah?". Il Profeta ﷺ rimase in silenzio, ma l'uomo ripeté la domanda per tre volte.

Il Profeta ﷺ disse: "*Se dicessi di sì, l'Hajj vi sarebbe imposto ogni anno e non sareste in grado di compierlo*", e poi aggiunse: "*Non chiedetemi nulla su questioni che non ho discusso*". *In effetti, le nazioni che vissero prima di voi si persero solo perché gravavano i loro profeti di domande e li osteggiavano. Quindi, se vi proibisco qualcosa, tenetevene alla larga, e se vi do un ordine, eseguitelo il più possibile*". [Muslim]

1273. Secondo Abū Hurairah, al Profeta ﷺ fu chiesto: "Qual è l'azione più meritoria?" Egli rispose: "*La fede in Allah e nel Suo Messaggero*". Gli fu chiesto: "E poi?" Rispose: "*Combattendo per la causa di Allah*". "E poi?" "*Un pellegrinaggio puro dal peccato*", rispose. [Al-Bukhārī e Muslim].

1274. Abū Hurairah ha riferito di aver sentito il Messaggero di Allah ﷺ dire: "*Chi compie l'Hajj astenendosi dall'oscenità e dal peccato, ne tornerà puro come il giorno in cui sua madre lo ha partorito*". [Al-Bukhārī e Muslim].

1275. Secondo Abū Hurairah, il Messaggero di Allah ﷺ disse: "*L'Umrah cancella i peccati commessi dopo quello precedente. Quanto all'Hajj che è puro da ogni peccato, non ha altra ricompensa che il Paradiso*". [Al-Bukhārī e Muslim].

1276. 'Āishah raccontò di aver chiesto al Profeta ﷺ: "Messaggero di Allah, noi donne consideriamo la lotta per la causa di Allah l'opera più meritoria, possiamo parteciparvi?" "*Il modo migliore per lottare per la causa di Allah è compiere un pellegrinaggio senza peccato*", rispose. [Al-Bukhārī]

1277. Secondo 'Āishah, che Allah sia soddisfatto di lei, il Messaggero di Allah ﷺ disse: "*Non c'è giorno in cui Allah salva i Suoi schiavi dal Fuoco Infernale più del giorno di 'Arafat*". [Muslim]

1278. Secondo Ibn 'Abbās, il Profeta ﷺ disse: "*Un piccolo pellegrinaggio compiuto nel mese di Ramadan equivale in ricompensa a un grande pellegrinaggio (oppure: a un grande pellegrinaggio in mia compagnia)*". [Al-Bukhārī e Muslim].

1279. Secondo Ibn 'Abbās, una donna chiese al Profeta ﷺ: "O Messaggero di Allah, l'Hajj è stato imposto da Allah ai Suoi schiavi quando mio padre era già anziano e non era in grado di scalare una montagna, posso compiere l'Hajj in sua vece [Al-Bukhārī e Muslim]?".

1280. Laqīt ibn 'Āmir raccontò che venne dal Messaggero di Allah ﷺ e disse: "Mio padre è un uomo anziano che non è in grado di viaggiare per compiere l'Hajj o l'Umrah". Il Profeta ﷺ disse: "*Esegui il Hajj e la 'Umrah a nome di tuo padre*". [Abū Dawūd, e At-Tirmidhī: "*hadith hasan sahīh*"].

1281. As-Sāib ibn Yazīd riferì: "Fui portato in pellegrinaggio con il Messaggero di Allah. Era l'anno del Pellegrinaggio d'Addio, avevo solo sette anni. [Al-Bukhārī]

1282. Secondo Ibn 'Abbās, il Messaggero di Allah ﷺ incontrò una carovana ad Ar-Rawhā' e chiese loro: "*Chi siete? Risposero:* "Musulmani" e poi aggiunsero: "E tu chi sei?" "*Il Messaggero di Allah*", rispose. Una donna gli presentò un bambino e gli chiese: "Il tuo Hajj è valido? *"Sì, e tu stesso sarai ricompensato per questo*", rispose. [Muslim].

1283. Anas racconta che il Messaggero di Allah ﷺ compì il pellegrinaggio su un cammello che trasportava anche le sue cose e le provviste per il viaggio. [Al-Bukhārī]

1284. Secondo Ibn 'Abbās, 'Ukādh, Majinnah e Dhū Al-Majāz erano tre mercati frequentati dai pellegrini prima dell'Islam. Tuttavia, con l'avvento dell'Islam, i musulmani temevano di commettere un peccato comprando e vendendo in questi mercati durante la stagione del pellegrinaggio. Poi fu rivelato questo versetto: **"Non commetterai alcun peccato nel cercare un favore presso il tuo Signore"** (2:198) [Al-Bukhārī].

LIBRO: COMBATTERE PER LA CAUSA DI ALLAH

234. L'obbligo e il merito della Jihad

Allah, l'Altissimo, dice:

Radunate le vostre forze contro gli idolatri, come loro si radunano contro di voi, e sappiate che Allah è con coloro che Lo temono (9:36).

Vi viene ordinato di combattere, ma non vi piace. Ma potrebbe non piacervi qualcosa che vi fa bene. D'altra parte, potreste amare qualcosa che in realtà vi fa male. Allah sa cosa è bene per voi, ma voi non lo sapete (2:216).

Che siate vecchi o giovani, andate a combattere e sacrificate i vostri beni e le vostre vite per amore di Allah (9:41).

Allah ha comprato ai credenti le loro vite e i loro beni in cambio del Paradiso. Combattono per la causa di Allah, uccidendo il nemico o venendo uccisi da lui. È una promessa che Allah, nella Torah, nel Vangelo e nel Corano, si è preoccupato di mantenere. E chi è più fedele di Allah ai suoi impegni? Rallegratevi, dunque, del patto che avete fatto con Lui, che è il più fruttuoso (9:111).

I credenti che si astengono dal combattimento - tranne quelli che ne sono esentati - non possono eguagliare coloro che sacrificano i loro beni e le loro vite per la causa di Allah. Allah ha innalzato il rango di coloro che combattono con i loro corpi e le loro vite al di sopra di coloro che rimangono nelle loro case. Ma a ciascuno ha promesso la migliore ricompensa, anche se preferisce coloro che si sacrificano a quelli che restano a casa, concedendo ai primi una grande ricompensa: alte dimore in Paradiso, il perdono dei loro peccati e la Sua misericordia. Allah è misericordioso e compassionevole (4:95-96).

Che cosa credete? Devo dirvi i termini di un accordo che vi salverà da una punizione dolorosa? Credere in Allah e nel Suo Messaggero e lottare per la causa di Allah. È meglio per voi, se solo lo sapeste. Allah vi perdonerà i peccati e vi accoglierà in giardini con fiumi e dimore piacevoli nei Giardini dell'Eden. Questa è la felicità suprema, a cui si aggiungeranno altri favori che desideri: l'assistenza di Allah e il successo imminente. Dare la lieta novella ai credenti (61:10-13).

I versetti che mostrano i meriti della jihad sono numerosi e ben noti. Per quanto riguarda gli hadith, sono troppo numerosi per essere citati in questa sede. Eccone alcuni.

1285. Secondo Abū Hurairah, al Profeta ﷺ fu chiesto: "Qual è l'azione più meritoria?" Egli rispose: "La *fede in Allah e nel Suo Messaggero*". "E poi?" "*Combattere per la causa di Allah*", rispose. "E poi?" "*Un pellegrinaggio puro dal peccato*", rispose. [Al-Bukhārī e Muslim].

1286. Ibn Mas'ūd raccontò di aver chiesto al Profeta ﷺ: "Qual è l'azione più cara ad Allah?" "La *preghiera eseguita all'ora stabilita*", rispose. "E allora?", continuò Ibn Mas'ūd. "*Pietà filiale*", rispose il Profeta. "E poi?", chiese. "*Per combattere per la causa di Allah*", ha detto. [Al-Bukhārī e Muslim].

1287. Abū Dharr raccontò di aver chiesto al Messaggero di Allah ﷺ: "Qual è l'azione più meritoria?" "La *fede in Allah e combattere per la Sua causa*", rispose. [Al-Bukhārī e Muslim].

1288. Secondo Anas, il Messaggero di Allah ﷺ disse: "Uscire *a combattere al mattino o alla sera per la causa di Allah è meglio di tutte le ricchezze del mondo*". [Al-Bukhārī e Muslim].

1289. Secondo Abū Sa'īd Al-Khudri, un uomo venne a chiedere al Messaggero di Allah ﷺ: "Chi è il migliore degli uomini, Messaggero di Allah?" Egli rispose: *"Il credente che combatte per la causa di Allah"*. L'uomo ha aggiunto: "E poi?". Disse: *"Poi il credente che si ritira su un passo di montagna, adorando Allah e allontanando gli altri dal loro male"*. [Al-Bukhārī e Muslim].

Secondo Sahl ibn Sa'd, il Messaggero di Allah ﷺ disse: *"Stare di guardia per un solo giorno per proteggere i musulmani dal nemico è meglio di tutte le ricchezze del mondo. Il più piccolo posto in Paradiso è migliore di questo mondo e di tutte le sue ricchezze. Andare a combattere al mattino o alla sera per amore di Allah è meglio di tutte le ricchezze del mondo"*. [Al-Bukhārī e Muslim].

1291. Salman raccontò di aver sentito il Messaggero di Allah ﷺ dire: *"È meglio stare di guardia per un giorno e una notte per proteggere i musulmani dal nemico che digiunare di giorno e stare di guardia di notte in preghiera per un mese intero"*. Chi muore custodito in questo modo sarà preservato dalle prove della tomba. Le azioni che ha compiuto saranno iscritte su di lui dopo la morte e sarà sommerso dalle benedizioni del suo Signore". [Muslim]

1292. Secondo Fadālah ibn 'Ubayd, il Messaggero di Allah ﷺ disse: *"Chiunque muoia, le sue azioni si fermeranno, tranne colui che muore facendo la guardia ai musulmani, le cui azioni continueranno ad aumentare fino al Giorno della Resurrezione"*. Inoltre, sarà preservato dalle prove della tomba". [Abū Dawūd, e At-Tirmidhī: "*hadith hasan sahīh*"].

1293. 'Uthman raccontò di aver sentito il Messaggero di Allah ﷺ dire: "*Un solo giorno trascorso a sorvegliare i musulmani è meglio di mille giorni trascorsi in altri lavori*". [At-Tirmidhī: "*hadith hasan sahīh*"].

1294. Secondo Abū Hurairah, il Messaggero di Allah ﷺ disse: "*Allah garantisce che chiunque vada a combattere per la Sua causa, solo per questo motivo e spinto dalla fede in Allah e nei Suoi Messaggeri, entrerà in Paradiso o tornerà a casa con la ricompensa o il bottino che ha ottenuto*". *Per Colui che ha in mano l'anima di Muhammad, chiunque sia ferito per la causa di Allah verrà nel Giorno della Resurrezione con la stessa ferita che avrà il colore del sangue ma l'odore del muschio. Per Colui che ha in mano l'anima di Maometto, senza il timore di imporre ai musulmani ciò che non possono sopportare, non mancherei a nessuna spedizione per la causa di Allah. Ma non ho i mezzi per equipaggiarli, né loro hanno le capacità, e sarebbe insopportabile per loro essere lasciati indietro. Per Colui che ha in mano l'anima di Maometto, vorrei combattere per la causa di Allah ed essere ucciso, poi combattere ed essere ucciso, poi ritirarmi in battaglia*". [Muslim e Al-Bukhārī in parte].

1295. Secondo Abū Hurairah, il Messaggero di Allah ﷺ disse: "*Chiunque sia ferito per la causa di Allah verrà nel Giorno della Resurrezione con la stessa ferita di sangue: il suo colore sarà quello del sangue, ma il suo odore quello del muschio*". [Al-Bukhārī e Muslim].

1296. Secondo Mu'ādh, il Profeta ﷺ disse: "*Ogni musulmano che combatte per la causa di Allah, anche per poco tempo, è sicuro di entrare in Paradiso. Chiunque sia ferito o messo alla prova per la causa di Allah, arriverà nel Giorno della Resurrezione con la stessa ferita che sanguinerà più che mai: avrà il colore dello zafferano e l'odore del muschio*". [Abū Dawūd, e At-Tirmidhī: "*hadith hasan sahīh*"].

1297. Abū Hurairah riferì quanto segue: Quando uno dei compagni del Messaggero di Allah ﷺ stava attraversando un passo di montagna, si imbatté in una sorgente che lo sorprese. Si disse: "E se vivessi lontano dagli uomini in questo passo? Ma non prima di aver consultato il Messaggero di Allah.

Ma il Messaggero di Allah gli consigliò: "*Non farlo, perché è meglio combattere per la causa di Allah che pregare per settant'anni a casa*". Non *vorreste che Allah vi concedesse il Suo perdono e vi ammettesse in Paradiso? Combattete per la causa di Allah, perché chiunque combatta per la causa di Allah, anche per poco tempo, è sicuro di entrare in Paradiso*". [At-Tirmidhī che specifica: "*hadīth ḥasan*"].

1298. Secondo Abū Hurairah, al Messaggero di Allah ﷺ fu chiesto: "Quale lavoro equivale a combattere per la causa di Allah?" "*Non ne saresti capace*", rispose. La domanda gli è stata posta due o tre volte, ma la risposta è stata la stessa: "*Non saresti in grado di farlo*". Poi ha aggiunto: "*Colui che combatte per la causa di Allah è come colui che digiuna giorno dopo giorno e rimane ogni notte in preghiera, recitando instancabilmente il Corano e applicandone i precetti, fino al ritorno a casa*". [Al-Bukhārī, e Muslim da cui questa versione].

Secondo la versione di Al-Bukhārī, un uomo disse: "Messaggero di Allah, dimmi un lavoro equivalente a combattere per la causa di Allah". Rispose: "*Non ne vedo*", e poi aggiunse: "*Quando i mujtahidīn vanno in battaglia, puoi ritirarti nella tua moschea, e poi vegliare in preghiera senza vacillare e digiunare lì giorno dopo giorno?*" "Chi potrebbe?", ammise.

1299. Secondo Abū Hurairah, il Messaggero di Allah ﷺ disse: "*Il modo migliore di vivere è quello di un uomo che afferra le redini del suo cavallo per amore di Allah e parte al galoppo ogni volta che sente i passi del nemico e il rumore della battaglia, desiderando morire da martire. O quello di un uomo che si ritira con alcune pecore in cima a una di queste montagne o in fondo a una di queste valli. Compie la preghiera, paga l'elemosina, si dedica al suo Signore fino alla morte e non si mescola alla gente se non per fare del bene*". [Muslim]

1300. Secondo Abū Hurairah, il Messaggero di Allah ﷺ disse: "*Ci sono cento gradi in Paradiso che Allah ha preparato per coloro che combattono per la Sua causa. La distanza tra ciascuno di questi gradi equivale alla distanza tra cielo e terra*". [Al-Bukhārī]

1301. Secondo Abū Saʿīd Al-Khudrī, il Messaggero di Allah ﷺ disse: "*Chiunque accetti Allah come suo Signore, l'Islam come sua religione e*

Muhammad come suo Messaggero, è sicuro di entrare in Paradiso". Abū Sa'īd rimase stupito da queste parole e chiese al Profeta ﷺ di ripeterle, cosa che fece e poi aggiunse: "C'è *anche una cosa per cui Allah innalza il rango dei Suoi servi in Paradiso di cento gradi, la distanza tra ciascuno di questi gradi è equivalente a quella tra il cielo e la terra"*. "Quale, Messaggero di Allah?". Abū Sa'īd chiese. "*Per combattere per la causa di Allah*", ha ripetuto due volte. [Muslim]

1302. Abū Bakr, figlio di Abū Musa al-Ashari, raccontò di aver sentito suo padre pronunciare le seguenti parole davanti al nemico: "Le *porte del Paradiso sono all'ombra delle spade*. Un uomo con abiti logori si alzò e disse: "Abū Musa, hai sentito il Messaggero di Allah dire queste parole di persona?

Quando Abū Musa rispose affermativamente, l'uomo si unì ai suoi compagni e disse: "Saluti". Poi ruppe il fodero della spada e lo gettò a terra prima di marciare sul nemico, spada alla mano, battendolo fino al martirio". [Muslim]

1303. Secondo Abū 'Abs 'Abd Ar-Rahman ibn Jabr, il Messaggero di Allah ﷺ disse: "*Mai un piede che sia stato coperto di polvere per amore di Allah sarà toccato dal Fuoco dell'Inferno*". [Al-Bukhārī]

1304. Secondo Abū Hurairah, il Messaggero di Allah ﷺ disse: "*L'uomo che ha pianto per timore di Allah non entrerà nell'Inferno finché il latte non potrà tornare alla mammella, così come la polvere sollevata da chi combatte per la causa di Allah e il fumo della Gehenna non si mescoleranno mai*". [At-Tirmidhī: "*hadith hasan sahīh*"].

1305. Ibn 'Abbās raccontò di aver sentito il Messaggero di Allah ﷺ dire: "*Due occhi non saranno toccati dal fuoco dell'Inferno: l'occhio di colui che ha pianto per timore di Allah e l'occhio di colui che ha fatto la guardia tutta la notte per amore di Allah*". [At-Tirmidhī che specifica: "*hadith hasan*"].

1306. Secondo Zayd ibn Jālid, il Messaggero di Allah ﷺ disse: "*Chiunque abbia equipaggiato un uomo che è andato a combattere per la causa di Allah ottiene la stessa ricompensa di lui, e chiunque si prenda onestamente cura della famiglia di un combattente ottiene la stessa ricompensa di lui*". [Al-Bukhārī e Muslim].

1307. Secondo Abū Ummah, il Messaggero di Allah ﷺ disse: "*Non c'è miglior elemosina che dare ai combattenti per la causa di Allah una tenda per proteggerli dal sole, o fornire loro un servo o un cammello*". [At-Tirmidhī: "*hadith hasan sahīh*"].

1308. Secondo Anas, un giovane della tribù degli Aslam si presentò al Profeta ﷺ dicendo: "Messaggero di Allah, vorrei andare in battaglia, ma non ho l'equipaggiamento". Il Profeta ﷺ disse: "*Vai a trovare un tale che si era preparato per andare in battaglia, ma si è ammalato*". Poi andò dall'uomo e gli disse: "Il Messaggero di Allah ti manda i suoi saluti e ti chiede di darmi il tuo equipaggiamento. L'uomo disse alla moglie: "Dagli tutto il mio equipaggiamento, per Allah, non conservare nulla perché ti benedica". [Muslim]

1309. Abū Sa'īd Al-Khudri riferì che il Messaggero di Allah ﷺ decise di inviare uomini in spedizione contro il clan dei Bani Lihyān. Disse: "*Lasciate che ognuno vada a combattere e entrambi condivideranno la ricompensa*". [Muslim]

Secondo un'altra versione di Muslim, il Messaggero di Allah ﷺ disse: "*Che un uomo su due vada in battaglia*", prima di aggiungere per coloro che dovevano rimanere indietro: "*Chiunque tra voi si prenda onestamente cura della famiglia e della proprietà di un combattente avrà la stessa ricompensa del combattente*".

1310. Secondo Al-Barā', un uomo in armatura venne dal Messaggero di Allah ﷺ e gli chiese: "Devo combattere o abbracciare l'Islam?". Il Profeta ﷺ rispose: "*Prima abbracciate l'Islam e solo allora potrete combattere*". L'uomo si convertì all'Islam, prese parte alla battaglia e poi cadde come martire. Il Messaggero di Allah ﷺ disse: "*Il vostro lavoro è piccolo, ma la vostra ricompensa è grande*". [Al-Bukhārī, la cui versione è questa, e Muslim].

1311. Secondo Anas, il Profeta ﷺ disse: "*Nessuno di coloro che entreranno in Paradiso vorrà tornare in questo mondo, nemmeno in cambio di tutte le ricchezze della terra, tranne il martire che vorrà tornare sulla terra ed essere ucciso dieci volte per gli onori di cui godono i martiri*".

Secondo un'altra versione: "*... per il merito del martirio di cui è testimone*". [Al-Bukhārī e Muslim].

1312. Secondo 'Abdullah ibn 'Amr Al-'As, il Messaggero di Allah ﷺ disse: "*Allah perdona al martire tutti i suoi peccati tranne i debiti*". [Muslim]

Secondo un'altra versione di Muslim: "Il *martirio cancella tutti i peccati tranne i debiti*".

1313. Secondo Abū Qatādah, il Messaggero di Allah si alzò ﷺ un giorno in mezzo ai suoi compagni e insegnò loro che la jihad e la fede in Allah erano le azioni più meritorie. Allora un uomo si alzò e chiese: "Messaggero di Allah, se cado come martire per la causa di Allah, i miei peccati saranno cancellati da me?" "*Sì*", rispose, "*se si viene uccisi mentre si combatte con coraggio e sincerità per la causa di Allah, affrontando il nemico, non mentre si fugge da lui*".

Allora il Profeta ﷺ aggiunse: "*Che cosa dici?* "L'uomo ripeté la sua domanda: "Se cado come martire per la causa di Allah, i miei peccati saranno cancellati? Il Messaggero di Allah ﷺ rispose: "*Sì, se combattete con coraggio e sincerità per la causa di Allah, affrontando il nemico e non fuggendo da lui, tranne che per i debiti che non possono essere cancellati*". È Gabriel che mi ha appena informato di questo". [Muslim]

1314. Secondo Jabir, un uomo chiese al Profeta ﷺ: "Dove andrò se sarò ucciso oggi?". "*In Paradiso*", rispose. L'uomo allora gettò a terra i pochi datteri che aveva in mano e combatté fino alla morte. [Al-Bukhārī e Muslim].

1315. Anas racconta che il Messaggero di Allah ﷺ e i suoi compagni sconfissero i politeisti a Badr. Quando quest'ultimo si unì a loro, il Profeta ﷺ disse: "*Che nessuno agisca prima di aver ricevuto le mie istruzioni*". I pagani si avvicinarono e il Messaggero di Allah disse:

- *Salite in un giardino ampio quanto il cielo e la terra.*

- Un giardino ampio quanto i cieli e la terra, Messaggero di Allah?" chiese 'Ummayr ibn Al-Humām Al-Ansāri.

- *Sì*", rispose.

- Wow! Wow! esclamò 'Umayr.

- *Cosa ti fa esclamare così?* chiese il Profeta.

- Nulla, o Messaggero di Allah, se non la speranza di essere uno dei suoi abitanti", rispose.

- *Tu sei uno di loro*", ha annunciato.

'Ummayr prese allora alcuni datteri dalla sua faretra e cominciò a mangiarli, ma si fermò, dicendo: "Vivere abbastanza a lungo per mangiare tutti questi datteri mi sembra un tempo lungo". Poi ha gettato a terra i datteri rimasti e ha lottato fino alla morte. [Muslim]

1316. Anas racconta che alcuni uomini chiesero al Profeta ﷺ che alcuni dei suoi compagni li accompagnassero nella loro tribù per insegnare loro il Corano e la Sunnah. Così mandò loro settanta uomini tra gli Ansar chiamati Al-Qurra' (i lettori del Corano), tra i quali c'era Haram, lo zio materno di Anas. Di notte, questi lettori recitavano, studiavano e imparavano il Corano, mentre di giorno portavano l'acqua alla moschea e raccoglievano legna da ardere che vendevano per sfamare i poveri della Sufah e i bisognosi.

Così il Profeta ﷺ li lasciò andare con questi uomini, ma essi li uccisero a tradimento prima di raggiungere la loro destinazione. Dissero: "O Allah, informa il nostro Profeta ﷺ che ti abbiamo incontrato, compiaciuto di Te, e Tu stesso sei compiaciuto di noi". Un uomo attaccò Harām, lo zio di Anas, alle spalle e lo trafisse con la sua lancia. Harām disse: "Per il Signore della Ka'bah, mi sono guadagnato la salvezza.

Il Messaggero di Allah ﷺ disse allora ai suoi compagni: "*I vostri fratelli sono stati appena uccisi e hanno detto: 'O Allah, informa il nostro Profeta che ti abbiamo trovato soddisfatto di Te e che Tu stesso sei soddisfatto di noi'*". [Al-Bukhārī, e Muslim da cui questa versione].

1317. Anas racconta che suo zio paterno, Anas ibn An-Nadr, che non poté partecipare alla battaglia di Badr, una volta disse al Profeta ﷺ: "Messaggero di Allah, ho perso la tua prima battaglia contro i politeisti, ma se Allah mi darà un'altra occasione per combatterli, vedrai sicuramente di cosa sono capace".

Quando, durante la battaglia di 'Uhud, i musulmani abbandonarono le loro posizioni, esclamò: "Signore! Chiedo perdono per il comportamento di questi - cioè dei suoi compagni - e ripudio davanti a Te il comportamento di quelli - cioè dei politeisti".

Poi marciò verso il nemico e incontrò Sa'd ibn Mu'ādh al quale disse: "Sa'd ibn Mu'ādh, giuro, per il Signore della Ka'bah, che sento l'odore del Paradiso dall'altra parte del Monte U'hud. Sa'd disse: "Messaggero di Allah, non potrei fare tutto quello che ha fatto lui. Anas ha aggiunto: "Abbiamo trovato sul suo corpo più di ottanta segni di spade, lance o frecce.

Lo trovammo senza vita, così sfigurato dai politeisti che solo sua sorella poteva riconoscerlo dalle dita. Anas continua: "Riteniamo, o almeno pensiamo, che queste parole siano state rivelate su di lui e su uomini del suo calibro: 'Ci sono uomini tra i credenti che hanno onorato la loro promessa ad Allah...'" (33:23). '" (33:23). "[Al-Bukhārī e Muslim]

1318. Secondo Samurah, il Messaggero di Allah ﷺ disse: "*La notte scorsa ho visto in sogno due uomini che mi hanno portato su un albero e poi mi hanno condotto in una casa più bella di tutte quelle che avevo visto prima. 'Questa casa è la casa dei martiri', mi hanno detto*". [Al-Bukhārī]

1319. Secondo Anas, Umm Ar-Rubayyi' bint Al-Barā', la madre di Hārithah ibn Surāqah, venne dal Profeta ﷺ e disse: "Messaggero di Allah, parlami di Hārithah, che morì nella battaglia di Badr". Se è in Paradiso, sarò paziente, altrimenti lo piangerò. Il Messaggero di Allāh le disse: "*Sappi, o madre di Hārithah, che ci sono giardini in Paradiso e che tuo figlio ha raggiunto il giardino più alto del Paradiso, Al-Firdaws*". [Al-Bukhārī]

1320. Jābir ibn 'Abdillah racconta quanto segue: Il corpo mutilato di mio padre fu presentato al Profeta. Volevo scoprire il suo volto, ma i miei parenti me lo impedirono. Il Profeta ﷺ disse poi: "*Gli angeli lo coprirono con le loro ali*". [Al-Bukhārī e Muslim].

1321. Secondo Sahl ibn Hūnayf, il Profeta ﷺ disse: "*Chiunque lo chieda sinceramente, Allah, l'Altissimo, gli concede il rango di martire anche se muore nel suo letto*". [Muslim]

1322. Secondo Anas, il Messaggero di Allah ﷺ disse: "*Chiunque chieda sinceramente il martirio otterrà la sua ricompensa, anche se non vi cade*". [Muslim]

1323. Secondo Abū Hurairah, il Messaggero di Allah ﷺ disse: "*Il martire prova, al momento dell'uccisione, solo il dolore che prova uno di voi quando viene pizzicato o punto*". [At-Tirmidhī: "*hadith hasan sahīh*"].

1324. 'Abdullah ibn Abi Awfā narra che il Messaggero di Allah ﷺ, prima di una delle sue battaglie con il nemico, aspettò che il sole tramontasse, poi si alzò e si rivolse ai suoi compagni così: "*Compagni miei, non desiderate incontrare il nemico e chiedete ad Allah di preservarvi da ogni male. Ma se dovete affrontarlo, armatevi di pazienza e sappiate che il Paradiso è all'ombra delle spade*". Poi disse: "O *Allah, Tu che hai rivelato le Scritture, che muovi le nuvole e che hai sconfitto i coalizzati, fa' che tu li distrugga e concedici la vittoria*". [Al-Bukhārī e Muslim].

1325. Secondo Sahl ibn Sa'd, il Messaggero di Allah ﷺ disse: "*In due momenti specifici, le invocazioni vengono sempre (o quasi sempre) esaudite: dopo la chiamata alla preghiera e quando si combatte*". [Abū Dawūd, attraverso una catena di trasmissione autentica].

1326. Secondo Anas, quando il Messaggero di Allah ﷺ andava in battaglia, era solito dire: "O *Allah, Tu sei il mio sostegno. Grazie a te manovro, grazie a te attacco e grazie a te combatto* ". [Abū Dawūd, e At-Tirmidhī: "*hadith hasan*"].

1327. Secondo Abū Musa al-Ashari, quando il Profeta ﷺ aveva paura di certe persone, era solito dire: "O *Allah, ti mettiamo tra noi e loro e imploriamo la tua protezione contro le loro malefatte* ". [Abū Dawūd e An-Nasā'ī, attraverso una catena di trasmissione autentica].

1328. Secondo Ibn 'Umar, il Messaggero di Allah ﷺ disse: "*Ci sarà una benedizione sui cavalli fino al Giorno della Resurrezione*". [Al-Bukhārī e Muslim].

1329. Secondo 'Uruwah Al-Bariqi, il Profeta ﷺ disse: "*I cavalli saranno benedetti fino al Giorno della Resurrezione. In verità, sono un mezzo per ottenere la ricompensa nell'altra vita e il bottino in questo mondo*". [Al-Bukhārī e Muslim].

1330. Secondo Abū Hurairah, il Messaggero di Allah ﷺ disse: "*Chiunque, spinto dalla fede in Allah e dalla Sua promessa, prepari un cavallo per la jihad sarà ricompensato nel Giorno della Resurrezione per ciò che quel cavallo ha bevuto e mangiato, così come per il suo sterco e la sua urina*". [Al-Bukhārī]

1331. Abū Mas'ud racconta che un uomo si presentò al Profeta ﷺ con un cammello con la museruola, dicendo: "Dedico questo cammello a combattere per la causa di Allah". Il Messaggero di Allah ﷺ disse: *"Avrete come ricompensa nel Giorno della Resurrezione settecento cammelli, ognuno con la sua museruola"*. [Muslim]

1332. 'Uqbah ibn 'Āmir Al-Juhani raccontò di aver sentito il Messaggero di Allah ﷺ dire dal minbar: *"Preparate per loro tutta la forza che potete raccogliere". E sappi che la forza si trova nel tiro con l'arco"*, ripetendo queste parole per tre volte. [Muslim].

1333. 'Uqbah ibn 'Āmir Al-Juhani ha raccontato di aver sentito il Messaggero di Allah ﷺ dire: *"Allah vi farà conquistare territori e vi metterà al sicuro dai vostri nemici, ma nessuno di voi trascuri l'allenamento al tiro con l'arco per pigrizia"*. [Muslim]

1334. Secondo 'Uqbah ibn 'Āmir Al-Juhani, il Messaggero di Allah ﷺ disse: *"Chiunque abbia iniziato a tirare con l'arco e poi l'abbia abbandonato, non è dei nostri (o: disobbediente)"*. [Muslim]

1335. 'Uqbah ibn 'Āmir Al-Juhani raccontò di aver sentito il Messaggero di Allah ﷺ dire: *"Allah ammetterà in Paradiso tre uomini per una freccia: colui che la scocca nella speranza di essere ricompensato, colui che la scocca e colui che la dà all'arciere. Quindi praticate il tiro con l'arco e l'equitazione, ma preferirei che vi esercitaste nel tiro con l'arco piuttosto che nell'equitazione. E sappiate che chi abbandona volontariamente il tiro con l'arco dopo esservi stato iniziato, ha abbandonato un grande bene (o: dimostra ingratitudine)"*. [Abū Dawūd]

1336. Salamah ibn Al-Akwa' racconta che il Profeta **passò** ﷺ **accanto a**un gruppo di uomini che stavano gareggiando nel tiro con l'arco e disse loro: *"Praticate il tiro con l'arco, voi discendenti di Ismaele, perché il vostro antenato praticava il tiro con l'arco"*. [Al-Bukhārī]

1337. 'Amr ibn 'Abasah raccontò di aver sentito il Messaggero di Allah ﷺ dire: "*Chiunque scocchi una freccia per la causa di Allah riceve la stessa ricompensa di chi libera uno schiavo*". [Abū Dawūd, e At-Tirmidhī: "*hadīth hasan sahīh*"].

1338. Secondo Abū Yahya Khuraym ibn Fatik, il Messaggero di Allah ﷺ disse: "*Ogni spesa sostenuta per la causa di Allah viene ricompensata settecento volte*". [At-Tirmidhī: "*hadīth hasan*"].

1339. Secondo Abū Sa'īd Al-Khudri, il Messaggero di Allah ﷺ disse: "*Nessuno digiuna un giorno per avvicinarsi ad Allah*[1] *senza che Egli distolga il suo volto dall'Inferno per una distanza che richiederebbe settanta anni di viaggio*". [Al-Bukhārī e Muslim].

1340. Secondo Abū Ummah, il Profeta ﷺ disse: "*Allah metterà tra colui che digiuna un giorno per avvicinarsi a Lui e il Fuoco Infernale un divario ampio come lo spazio tra il cielo e la terra*". [At-Tirmidhī, secondo cui il hadīth è autentico (*hasan sahīh*)].

1341. Secondo Abū Hurairah, il Messaggero di Allah ﷺ disse: "*Chi muore senza combattere per la causa di Allah o senza pensarci, muore con uno dei segni dell'ipocrisia*". [Muslim]

1342. Jābir racconta quanto segue: Eravamo in compagnia del Profeta ﷺ durante una spedizione quando ci disse: "*Ci sono uomini a Madīnah che, in ogni viaggio che abbiamo fatto e in ogni valle che abbiamo attraversato, sono rimasti al nostro fianco. Infatti, solo la malattia ha impedito loro di accompagnarci*".

In un'altra versione: "*In effetti, avevano valide ragioni per non accompagnarci.*

---

[1] Oppure: mentre si combatte per la causa di Allah.

In un'altra versione: *"Condividono la nostra ricompensa.* [Al-Bukhārī secondo Anas e Muslim, la cui versione è quella di Jabir].

1343. Secondo Abū Musa, un beduino si avvicinò al Profeta ﷺ e gli chiese: "Messaggero di Allah, tra un uomo che combatte per il bottino, un altro per la gloria e un terzo per l'ostentazione, chi combatte per la causa di Allah?" Egli rispose: "Colui *che combatte per far trionfare la parola di Allah, quello è colui che combatte veramente per la causa di Allah*". [Al-Bukhārī e Muslim].

In un'altra versione: "Tra un uomo che combatte per il coraggio e un uomo che combatte per il suo paese".

In un'altra versione: "Entra un uomo che combatte con rabbia".

1344. Secondo 'Abdullah ibn 'Amr ibn Al-'As, il Messaggero di Allah ﷺ disse: "*Ogni esercito o truppa d'élite che torna dalla battaglia illeso e con un bottino avrà già ricevuto due terzi della sua ricompensa in questo mondo. Quanto all'esercito o alla truppa d'élite che torna senza bottino dopo aver subito perdite, riceverà la sua piena ricompensa nell'altra vita*". [Muslim]

1345. Abū Ummah raccontò che un uomo chiese al Messaggero di Allah il ﷺ permesso di viaggiare per il mondo. "La *mia nazione viaggia in spedizioni per amore di Allah Onnipotente",* rispose. [Abū Dawūd, attraverso una catena di trasmissione autentica (*jayyid*)].

1346. Secondo 'Abdullah ibn 'Amr ibn Al-'As, il Profeta ﷺ disse: "*Il ritorno da una spedizione è ricompensato allo stesso modo della spedizione stessa*". [Abū Dawūd, attraverso una catena di trasmissione autentica (*jayyid*)].

1347. As-Sāib ibn Yazīd disse: "Quando il Profeta ﷺ tornò dalla battaglia di Tabuk, fu accolto dai musulmani. E io stesso andai a incontrarlo tra i bambini a Thaniyyah Al-Wadā'". [Abū Dawūd, la cui versione è, attraverso una catena di trasmissione autentica, e Al-Bukhārī].

1348. Secondo gli Abū Ummah, il Profeta ﷺ disse: "*Chi non ha partecipato alla battaglia, non ha equipaggiato un mujahid e non si è occupato onestamente della famiglia di un uomo che è partito per la jihad, subirà una disgrazia prima del Giorno della Resurrezione*". [Abū Dawūd, tramite catena di trasmissione autentica].

1349. Secondo Anas, il Profeta ﷺ disse: "*Combattete i politeisti non solo nel corpo e nella sostanza, ma anche con le parole*". [Abū Dawūd, attraverso una catena di trasmissione autentica].

An-Nu'mān ibn Muqarrin disse: "Ho notato che quando il Messaggero di Allah ﷺ non entrava in battaglia all'inizio del giorno, aspettava il momento in cui il sole cominciava a declinare e il vento si alzava, assicurandosi così la vittoria". [Abū Dawūd, e At-Tirmidhī: "*hadith hasan sahīh*"].

1351. Secondo Abū Hurairah, il Messaggero di Allah ﷺ disse: " *Non desiderate incontrare il nemico e chiedete ad Allah di preservarvi da ogni male. Ma se dovete incontrarlo, armatevi di pazienza* ". [Al-Bukhārī e Muslim].

1352. Secondo Abū Hurairah e Jabir, il Profeta ﷺ disse: "La *guerra è l'arte di ingannare il nemico*". [Al-Bukhārī e Muslim].

235. Alcune categorie di martiri, i cui corpi vengono lavati e pregati, a differenza di quelli che sono stati uccisi in battaglia

1353. Secondo Abū Hurairah, il Messaggero di Allah ﷺ disse: "Ci sono *cinque categorie di martiri: quelli che muoiono di peste, quelli che muoiono di colera, quelli che muoiono per annegamento, quelli che muoiono sotto le macerie e infine quelli che muoiono combattendo per la causa di Allah*". [Al-Bukhārī e Muslim].

1354. Secondo Abū Hurairah, il Messaggero di Allah ﷺ chiese ai suoi compagni: "*Chi considerate un martire?*" "Chi muore per la causa di Allah", risposero i compagni. "*In tal caso, i martiri della mia nazione sarebbero pochi*", ha commentato. "Chi sono dunque, Messaggero di Allah?", chiesero. Rispose: "Chi *muore per la causa di Allah è un martire, così come chi muore per incidente o per morte naturale nella jihad, chi muore di peste, chi muore di colera o chi muore per annegamento*". [Muslim]

1355. Secondo 'Abdullah ibn 'Amr ibn Al-'As, il Messaggero di Allah ﷺ disse: "*Chiunque venga ucciso mentre cerca di difendere la propria proprietà muore da martire*". [Al-Bukhārī e Muslim].

1356. Abū Al-A'war Sa'īd ibn Zayd ibn 'Amr ibn Nufayl, uno dei dieci compagni promessi al Paradiso, raccontò di aver sentito il Messaggero di Allah ﷺ dire: "*Chiunque muoia per difendere la sua proprietà è un martire, così come chiunque muoia per difendere se stesso, la sua fede o la sua famiglia*". [Abū Dawūd, e At-Tirmidhī che dice: "*hadith hasan sahīh*"].

1357. Secondo Abū Hurairah, un uomo si avvicinò al Profeta ﷺ e gli chiese: "O Messaggero di Allah, supponiamo che un uomo voglia prendere la mia proprietà. Egli rispose: "*Non permetterglielo*". L'uomo continuò: "E se volesse portarli via con la forza?". E lui: "*Allora difenditi*.

L'uomo ha aggiunto: "E se mi uccide? Egli disse: "*Allora morirai da martire*". L'uomo disse: "E se lo uccido? L'uomo disse: *"Andrà all'Inferno*", concluse il Messaggero di Allah ﷺ. [Muslim]

236. I meriti dell'emancipazione degli schiavi

Allah, l'Altissimo, dice:

Se solo intraprendesse la difficile strada della salvezza. Ma chi può dire quale sia questa strada difficile? Liberare uno schiavo (90:11-13).

1358. Secondo Abū Hurairah, il Messaggero di Allah ﷺ gli disse: *"Chiunque liberi uno schiavo musulmano avrà un arto salvato dall'Inferno per ogni arto - compreso il sesso - dello schiavo liberato"*. [Al-Bukhārī e Muslim].

1359. Abū Dharr raccontò di aver chiesto al Profeta ﷺ: "Messaggero di Allah, qual è l'opera più meritoria?" Egli rispose: *"La fede in Allah e combattere per la Sua causa"*. Abū Dharr aggiunse: "Qual è lo schiavo più meritevole di essere liberato?" Rispose: *"Il più prezioso per i suoi padroni e il più prezioso"*. [Al-Bukhārī e Muslim].

237. Il merito di trattare bene gli schiavi

Allah, l'Altissimo, dice:

Adorate Allah senza associare nulla al Suo culto. Trattate bene vostro padre e vostra madre, i vostri parenti stretti, gli orfani, i bisognosi, i vostri vicini, vicini e lontani, i vostri compagni, i viaggiatori bisognosi e i vostri schiavi" (4:36).

1360.   Al-Ma'rūr ibn Suwayd racconta: Ho visto Abū Dharr indossare un abito identico a quello della sua schiava. Gli chiesi perché e mi disse che al tempo del Messaggero di Allah aveva insultato un uomo deridendolo attraverso sua madre[1]. Il Profeta ﷺ gli disse allora: "*Abū Dharr! Avete mantenuto alcuni comportamenti dell'epoca pre-islamica. I vostri servi sono i vostri fratelli che Allah ha posto sotto la vostra autorità. Chiunque abbia uno dei suoi fratelli sotto la propria autorità, deve dargli da mangiare ciò che mangia lui stesso e vestirlo con ciò che indossa lui stesso. Inoltre, non lo si deve caricare di compiti che non può sopportare. E se non può fare altrimenti, che lo aiuti con loro*". [Al-Bukhārī e Muslim].

1361.   Secondo Abū Hurairah, il Profeta ﷺ disse: "*Quando uno dei vostri servi vi porta del cibo e voi non lo invitate alla vostra tavola, dategli almeno uno o due bocconi, ricordandovi che è lui che lo ha preparato per voi*". [Al-Bukhārī]

---

[1] Gridandogli: "Figlio di un negro!

238. Il merito dello schiavo che compie i suoi doveri nei confronti di Allah e dei suoi padroni

1362. Secondo Ibn 'Umar, il Messaggero di Allah ﷺ disse: "*Ogni schiavo che è fedele al suo padrone e sincero nell'adorazione di Allah sarà doppiamente ricompensato*". [Al-Bukhārī e Muslim].

1363. Secondo Abū Hurairah, il Messaggero di Allah ﷺ disse: "*Lo schiavo virtuoso e fedele è doppiamente ricompensato*". Abū Hurairah aggiunse: "Per Colui che ha l'anima di Abū Hurairah nella Sua mano! Se non fosse stato per la lotta per la causa di Allah, per l'Hajj e per la pietà verso mia madre, sarei stato felice di morire come uno schiavo". [Al-Bukhārī e Muslim].

1364. Secondo Abū Musa Al-Ash'ari, il Messaggero di Allah ﷺ disse: "*Lo schiavo che è sincero nell'adorazione del suo Signore e rispettoso dei diritti del suo padrone, al quale obbedisce lealmente, sarà doppiamente ricompensato*". [Al-Bukhārī]

1365. Secondo Abū Musa al-Ashari, il Messaggero di Allah ﷺ disse: "*Tre categorie di persone riceveranno una doppia ricompensa: un ebreo o un cristiano che crede nel suo profeta e in Maometto, uno schiavo che adempie ai suoi doveri nei confronti di Allah e dei suoi padroni e un uomo che ha educato e istruito una schiava che gli apparteneva e poi l'ha liberata e sposata. Pertanto, sarà doppiamente ricompensato*". [Al-Bukhārī e Muslim].

239. Il merito di adorare Allah nei momenti di difficoltà

1366.   Secondo Ma'qil ibn Yasār, il Messaggero di Allah ﷺ disse: "*Adorare Allah nei momenti di difficoltà equivale a migrare da me*". [Muslim]

240. I meriti della tolleranza e dell'onestà nelle relazioni e nelle transazioni

Allah, l'Altissimo, dice:

Non c'è bene che facciate di cui Allah non sia a conoscenza (2:215).

Il mio popolo! Date una buona misura e un buon peso, non violate i diritti degli altri (11:85).

Guai agli imbroglioni che pretendono la misura completa per se stessi, ma imbrogliano quando misurano o pesano per gli altri. Non credono costoro che saranno risuscitati in un giorno terrificante, il giorno in cui gli uomini si troveranno davanti al Signore della Creazione? (83, 1-6)

1367.   Secondo Abū Hurairah, un uomo si presentò al Profeta ﷺ chiedendo il pagamento di un debito. I compagni volevano correggerlo per la durezza delle sue parole, ma il Messaggero di Allah ﷺ disse: "*Lasciatelo andare! Il creditore ha il diritto di reclamare ciò che gli è dovuto. Dategli un cammello della stessa età del suo*. Dissero: "O Messaggero di Allah, troviamo solo cammelli più vecchi del suo". ' Disse: '*Allora dategliene uno, perché il migliore di voi è colui che ripaga i suoi debiti con la cosa migliore e più generosa*'". [Al-Bukhārī e Muslim].

1368. Secondo Jabir, il Messaggero di Allah ﷺ disse: "*Che Allah abbia misericordia di colui che mostra indulgenza quando vende, compra o reclama un debito*". [Al-Bukhārī]

1369. Abū Qatādah racconta di aver sentito il Messaggero di Allah ﷺ dire: "*Chi vuole che Allah lo preservi dalle afflizioni del Giorno della Resurrezione, conceda una proroga al debitore in difficoltà o rinunci in tutto o in parte ai suoi diritti*". [Muslim]

1370. Secondo Abū Hurairah, il Messaggero di Allah ﷺ disse: "*C'era un uomo che prestava denaro e disse al suo servo: 'Sii indulgente con i debitori in difficoltà, sperando che Allah sia indulgente con noi. Allora incontrerà Allah, che in effetti lo perdonerà*'". [Al-Bukhārī e Muslim].

1371. Secondo Abū Mas'ud Al-Badri, il Messaggero di Allah ﷺ disse: "*Un uomo tra quelli che vi hanno preceduto sarà chiamato al Giudizio. Non si troverà nessuna buona azione in lui, se non che era un uomo benestante che era indulgente nei confronti della gente, ordinando ai suoi servi di essere pazienti con i debitori in difficoltà. Allah Onnipotente dirà allora: 'Siamo più degni di lui di questa clemenza, quindi perdonatelo*'". [Muslim]

1372. Hudhayfah racconta che un uomo che Allah, l'Altissimo, ha ricoperto di ricchezze sarà portato davanti al Signore che gli chiederà: "Che cosa hai fatto sulla terra?" Egli risponderà - e non potranno nascondere nulla ad Allah (4:42): "Signore! Mi hai riempito di ricchezze e io sono stato un mercante indulgente, accomodando chi era benestante e avendo pazienza con chi era in difficoltà. Allah, l'Altissimo, dirà: "Sono più degno di te di questa tolleranza, perdona il Mio servo". 'Uqbah ibn 'Āmir e Abū Mas'ud Al-Ansari, che Allah sia soddisfatto di loro, dissero: "Abbiamo sentito le stesse parole dalla bocca del Messaggero di Allah". [Muslim]

1373. Secondo Abū Hurairah, il Messaggero di Allah ﷺ disse: "*Allah metterà all'ombra del Suo Trono, nel Giorno in cui non ci sarà altra ombra che la Sua, chiunque conceda una dilazione a un debitore in difficoltà o lo compensi in tutto o in parte dei suoi debiti*". [At-Tirmidhī che specifica: "*hadith hasan sahīh*"]

1374. Secondo Jabir, il Profeta ﷺ comprò da lui un cammello. Quando il Messaggero di Allah ﷺ soppesò il prezzo dell'oro del cammello, fece pendere la bilancia a favore del venditore. [Al-Bukhārī e Muslim].

1375. Abū Safwān Suwayd ibn Qays racconta quanto segue: "Makhramah Al-'Abdi e io avevamo portato dei vestiti dalla regione di Hajar. Il Messaggero di Allah ﷺ venne a negoziare con noi il prezzo di alcuni pantaloni, e poi disse all'uomo con cui pesava il prezzo in oro della merce: '*Inclinate bene la bilancia a loro favore*'". [Abū Dawūd, e At-Tirmidhī: "*hadith hasan sahīh*"].

LIBRO: DELLA CONOSCENZA RELIGIOSA

241. Il merito di acquisire la conoscenza e di insegnarla per compiacere Allah.

Allah, l'Altissimo, dice:

E dire: "Signore, ti prego, aumenta la mia conoscenza" (20:114).

Di': "Coloro che sanno sono forse paragonabili a coloro che non sanno?

Allah eleverà il rango di coloro che credono e ricevono la conoscenza (58:11).

Tra i Suoi servi, temono Allah solo coloro che Lo conoscono veramente (35:28).

1376. Secondo Mu'āwiyah, il Profeta ﷺ disse: "*Quando Allah vuole il bene di qualcuno, aumenta la sua conoscenza e comprensione della religione*". [Al-Bukhārī e Muslim].

1377. Secondo Ibn Mas'ud, il Profeta ﷺ disse: "*Non è lecito invidiare nessuno, tranne due tipi di persone: colui al quale Allah ha concesso la ricchezza e che, per Sua grazia, la spende in buone azioni, e colui che Allah ha dotato di saggezza con la quale giudica e insegna agli altri*". [Al-Bukhārī e Muslim].

1378. Secondo Abū Musa, il Profeta ﷺ disse: "*La retta guida e la conoscenza che Allah mi ha affidato di trasmettere agli uomini sono come la pioggia che bagna una terra composta da un terreno fertile che assorbe l'acqua e fa crescere l'erba in abbondanza, un terreno arido che immagazzina l'acqua nel suo seno e che Allah rende utile agli uomini per il loro consumo, l'abbeveraggio dei loro animali e l'irrigazione dei loro raccolti, e infine un terreno arido che non immagazzina l'acqua e non produce erba. Il primo è come colui che ha imparato la religione e, per grazia di Allah, ha beneficiato del messaggio che Egli mi ha affidato per trasmettere all'umanità e lo ha condiviso con gli altri. Così, si è istruito da solo e poi ha insegnato ciò che ha imparato alle persone. Il secondo è come colui che non ne ha tratto beneficio, e l'ultimo è come colui che non ha accettato la giusta guida che mi è stato affidato di mostrare agli uomini ".* [Al-Bukhārī e Muslim].

1379. Secondo Sahl ibn Sa'd, il Profeta ﷺ disse ad 'Ali: *"Giuro che è meglio per te che Allah guidi un solo uomo attraverso di te che possedere i beni più preziosi"*. [Al-Bukhārī e Muslim].

1380. Secondo 'Abdullah ibn 'Amr ibn Al-'As, il Profeta ﷺ disse: *"Trasmettete i miei insegnamenti, anche se si tratta di una ayah o di un hadith, e non c'è nulla di male nel riportare anche le storie dei figli di Israele. Quanto a chi mi attribuisce deliberatamente ciò che non ho detto, si è guadagnato un posto all'inferno"*. [Al-Bukhārī]

1381. Secondo Abū Hurairah, il Messaggero di Allah ﷺ disse: *"Chiunque intraprenda un cammino alla ricerca della conoscenza, Allah gli renderà facile la via del Paradiso"*. [Muslim]

1382. Secondo Abū Hurairah, il Profeta ﷺ disse: *"Chiunque chiami altri a compiere una buona azione ottiene la ricompensa di tutti coloro che rispondono al suo appello, senza diminuire in alcun modo la sua ricompensa"*. [Muslim]

1383. Secondo Abū Hurairah, il Profeta ﷺ disse: *"Quando un uomo muore, le sue buone azioni cessano, tranne tre: l'elemosina continua, la conoscenza che giova alla gente o un figlio virtuoso che prega per la sua salvezza"*. [Muslim]

1384. Abū Hurairah raccontò di aver sentito il Profeta ﷺ dire: *"Questo mondo è maledetto, così come tutto ciò che vi si trova, tranne l'invocazione del nome di Allah, l'Altissimo, e ciò che vi si avvicina , così come il saggio e il ricercatore di conoscenza*". [At-Tirmidhī che specifica: "*hadith hasan*"].

1385.   Secondo Anas, il Messaggero di Allah ﷺ disse: "*Chi va alla ricerca della conoscenza religiosa è come uno che combatte per la causa di Allah fino al ritorno*". [At-Tirmidhī: "*hadith hasan*"].

1386.   Secondo Abū Sa'īd Al-Khudri, il Messaggero di Allah ﷺ disse: "*Il credente non si stancherà di fare il bene finché non raggiungerà la sua dimora finale: il Paradiso*". [At-Tirmidhī: "*hadith hasan*"].

1387.   Secondo gli Abū Ummah, il Messaggero di Allah ﷺ disse: "La superiorità *del saggio sull'adoratore è come la mia superiorità sul più semplice di voi*". Poi il Profeta ﷺ aggiunse: "*Allah, i Suoi angeli, tutti coloro che popolano i cieli e la terra, comprese le formiche nei loro nidi e i pesci, pregano in favore di colui che insegna il bene agli altri*". [At-Tirmidhī che specifica: "*hadith hasan*"].

1388.   Abū Ad-Dardā' ha raccontato di aver sentito il Messaggero di Allah ﷺ dire: "*Chiunque segua un sentiero alla ricerca della conoscenza, Allah gli renderà facile la via del Paradiso*". Gli angeli abbassano le ali in segno di soddisfazione per il ricercatore della conoscenza. Inoltre, tutti gli abitanti dei cieli e della terra, anche i pesci dell'acqua, chiedono perdono ad Allah per i sapienti. La superiorità del saggio sull'adoratore è come la superiorità della luna sulle altre stelle. I saggi sono gli eredi dei profeti. Tuttavia, quest'ultimo non ha lasciato in eredità né oro né argento, ma solo conoscenza. Quindi chi lo acquisisce ha acquisito un grande bene. [Abū Dawūd e At-Tirmidhī]

1389.   Ibn Mas'ud raccontò di aver sentito il Messaggero di Allah ﷺ dire: "*Che Allah si compiaccia di chiunque, dopo aver ascoltato alcune delle nostre parole, le trasmetta fedelmente ad altri*". Anzi, può darsi che quest'ultimo ne afferri il significato e lo conservi meglio di chi l'ha sentito da noi". [At-Tirmidhī che specifica: "*hadith hasan sahīh*"]

1390. Secondo Abū Hurairah, il Messaggero di Allah ﷺ disse: "Nel *Giorno della Resurrezione, una boccata di fuoco sarà posta nella bocca di colui che ha nascosto la conoscenza su cui è stato interrogato*". [Abū Dawūd e At-Tirmidhī: "*hadith hasan*"].

1391. Secondo Abū Hurairah, il Messaggero di Allah ﷺ disse: "*Chiunque acquisisca, solo per scopi mondani, conoscenze che devono essere acquisite per compiacere Allah Onnipotente, nel Giorno della Resurrezione non odorerà il Paradiso*". [Abū Dawūd, attraverso una catena di trasmissione autentica].

1392. 'Abdullah ibn 'Amr ibn Al-'As racconta di aver sentito il Messaggero di Allah ﷺ dire: "*Allah non rimuoverà la conoscenza religiosa togliendola dai cuori dei credenti, ma rimuovendo i dotti*". *Quando non ci saranno più saggi, la gente prenderà come guida degli ignoranti che risponderanno alle loro domande senza alcuna conoscenza, sviando se stessi e gli altri*". [Al-Bukhārī e Muslim].

LIBRO: LODE E GRATITUDINE AD ALLAH

242. Obbligo di ringraziare Allah

Allah, l'Altissimo, dice:

Ricordatevi di me e io mi ricorderò di voi. Siate grati a me e non rinnegatemi (2,152).

Se sarete riconoscenti, certamente moltiplicherò i miei favori nei vostri confronti. (14:7)

Di': "Lode ad Allah. (17:111)

Le loro invocazioni termineranno con le parole: "Lode ad Allah, Signore della Creazione". (10:10)

1393. Abū Hurairah riferì quanto segue: Durante il Viaggio notturno, una coppa di vino e una di latte furono presentate al Profeta ﷺ che le guardò prima di prendere quella piena di latte. L'angelo Gabriele gli disse: "Lode ad Allah che ti ha guidato alla religione universale (Fitrah). Se aveste scelto il vino, la vostra nazione si sarebbe smarrita". [Muslim]

1394. Secondo Abū Hurairah, il Messaggero di Allah ﷺ disse: *"Qualsiasi lavoro iniziato senza la lode di Allah rimarrà incompiuto"*. [Hadith autentico (*hasan*), riportato tra gli altri da Abū Dawūd].

1395. Secondo Abū Musa al-Ashari, il Messaggero di Allah ﷺ disse: *"Quando qualcuno perde un figlio, Allah, l'Altissimo, dice ai Suoi angeli:*

- Avete recuperato l'anima del figlio del mio servo?

- Sì, gli *angeli rispondono.*

- Avete recuperato il frutto del suo grembo?

- Sì, così *dicono*.

- Che cosa ha detto il mio servitore? *Chiedi ad Allah*.

- Vi lodò e disse: "Siamo di Allah e a Lui ritorneremo".

- Costruisci per il Mio servo una dimora in Paradiso che chiamerai 'Dimora della Lode', *dice Allah Altissimo*". [At-Tirmidhī: "*hadith hasan*"].

1396. Secondo Anas, il Messaggero di Allah ﷺ disse: *"In verità, Allah si compiace del Suo adoratore che, dopo aver mangiato o bevuto, Lo loda per questo favore"*. [Muslim]

LIBRO: LA LODE[1] DELL'INVIATO DI ALLAH

243. Il dovere e il merito di lodare il Profeta e alcune di queste formule

Allah, l'Altissimo, dice:

Allah e i Suoi angeli lodano il Profeta, voi che credete, lodatelo e salutatelo anche voi (33:56).

1397. 'Abdullah ibn 'Amr ibn Al-'As raccontò di aver sentito il Messaggero di Allah ﷺ dire: "*Chiunque mi lodi una volta, come ricompensa sarà lodato dieci volte da Allah*". [Muslim]

1398. Secondo Ibn Mas'ud, il Messaggero di Allah ﷺ disse: "*I credenti che mi saranno più vicini nel Giorno della Resurrezione sono quelli che mi lodano di più*". [At-Tirmidhī: "*hadith hasan*"].

1399. Secondo Aws ibn Aws, il Messaggero di Allah ﷺ disse: "*Il venerdì è il giorno migliore della settimana. Perciò fate in modo di lodarmi spesso in questo giorno, perché le vostre lodi saranno presentate a me*". I suoi compagni si stupirono: "O Messaggero di Allah, come potranno presentarti le nostre lodi quando non sarai altro che polvere?" Egli rispose: "*Allah ha vietato alla terra di consumare i corpi dei profeti*". [Abū Dawūd, tramite catena di trasmissione autentica].

---

[1] Il concetto di "*salāt 'alā an-nabī*", spesso tradotto come "preghiera sul Profeta", sarà qui tradotto con l'espressione "lode" o il verbo "lodare". Infatti, secondo molti commentatori, la "preghiera sul Profeta" di Allah significa lodarlo davanti agli angeli.

1400. Secondo Abū Hurairah, il Messaggero di Allah ﷺ disse: *"Beato colui davanti al quale viene menzionato il mio nome eppure non mi loda"*. [At-Tirmidhī: "*hadith hasan*"].

1401. Secondo Abū Hurairah, il Messaggero di Allah ﷺ disse: *"Non fate della mia tomba un luogo di pellegrinaggio e di celebrazione, ma lodatemi, perché la vostra lode mi raggiungerà ovunque voi siate"*. [Abū Dawūd, tramite catena di trasmissione autentica].

1402. Secondo Abū Hurairah, il Messaggero di Allah ﷺ disse: *"Nessuno mi saluterà a meno che Allah non faccia tornare la mia anima nella mia tomba in modo che io possa rispondere al suo saluto"*. [Abū Dawūd, attraverso una catena di trasmissione autentica].

1403. Secondo 'Ali, il Messaggero di Allah ﷺ disse: *"L'avaro è colui davanti al quale il mio nome viene menzionato senza la mia lode"*. [At-Tirmidhī: "*hadith hasan sahīh*"].

1404. Fadālah ibn 'Ubayd raccontò questo episodio: il Messaggero di Allah ﷺ udì un uomo che pronunciava invocazioni nella sua preghiera, ma senza glorificare Allah Altissimo o lodare il Profeta ﷺ. Disse: *"Quello è stato precipitoso"*, prima di chiamarlo e dirgli: *"Chi vuole invocare Allah, prima Lo glorifichi, poi lodi il Profeta e solo allora potrà chiedere ad Allah ciò che desidera"*. [Abū Dawūd e At-Tirmidhī: "*hadith hasan sahīh*"].

1405. Abū Muhammad Ka'b ibn 'Ujrah racconta quanto segue: Il Profeta ﷺ venne un giorno e gli chiedemmo: "O Messaggero di Allah, sappiamo come salutarti, ma come dobbiamo lodarti?". Disse: *"Di': 'O Allah, che tu possa lodare Maometto e la famiglia di Maometto, come hai lodato la famiglia di Abramo'. Tu stesso sei degno di essere lodato e glorificato. O Allah, benedici Maometto e la famiglia di Maometto, come hai benedetto la famiglia di Abramo. Tu stesso sei degno di essere lodato e glorificato!*" [Al-Bukhārī e Muslim].

1406. Abū Mas'ud Al-Badri disse: "Mentre eravamo seduti intorno a Sa'd ibn 'Ubādah, il Messaggero di Allah ﷺ venne da noi. Bashir ibn Sa'd gli chiese: "Messaggero di Allah, Allah ci ha ordinato di lodarti, ma come dobbiamo farlo? Il Messaggero di Allah ﷺ rimase in silenzio per così tanto tempo che eravamo imbarazzati a porgli la domanda, ma alla fine rispose: "*Di'*: "*O Allah, che tu possa lodare Maometto e la famiglia di Maometto, come hai lodato la famiglia di Abramo, e benedire Maometto e la famiglia di Maometto, come hai benedetto la famiglia di Abramo". Sei degno di essere lodato e glorificato. "Per quanto riguarda la salvezza, lo sai*". [Muslim]

1407. Secondo Abū Humayd As-Sa'idi, i compagni chiesero: "O Messaggero di Allah, come possiamo lodarti?" Egli rispose: "*Di': 'O Allah, che tu possa lodare Maometto, le sue mogli e la sua discendenza, come hai lodato la famiglia di Abramo, e che tu possa benedire Maometto, le sue mogli e la sua discendenza, come hai benedetto la famiglia di Abramo. Tu sei degno di lode e di gloria!*" [Al-Bukhārī e Muslim].

LIBRO: INVOCAZIONE DEL NOME DI ALLAH (*DHIKR*)

244. Il merito di invocare il nome di Allah

Allah, l'Altissimo, dice:

Nulla è più meritorio dell'invocazione del nome di Allah (29:45).

Ricordatevi di me e io mi ricorderò di voi (2:152).

Invocate il nome del vostro Signore a malincuore, con umiltà e timore. Invocatelo mattina e sera e non lasciatevi distrarre (7:205).

Invocate spesso il nome di Allah nella speranza della vostra felicità e della vostra salvezza (62:10).

Ai musulmani e alle musulmane, ai credenti e alle credenti, a coloro che sono sinceri nella loro fede, pieni di obbedienza e di fermezza, a coloro che sono pieni di timore e di umiltà, che fanno la carità e digiunano incessantemente, agli uomini e alle donne che conservano la loro castità, a coloro che invocano frequentemente il Suo nome, a tutti costoro Allah riserva il Suo perdono e una grande ricompensa" (33:35).

Voi che credete! Invocate spesso il nome di Allah. Celebrate la Sua santità e la Sua gloria mattina e sera (33:41-42).

I versetti su questo argomento sono numerosi e ben noti.

1408. Secondo Abū Hurairah, il Messaggero di Allah ﷺ disse: "*Due parole che sono leggere da pronunciare peseranno molto sulla bilancia e sono care all'Onnipotente: "Gloria e lode ad Allah, gloria ad Allah il Più Grande (sūbhānallāhi wa biḥamdih, sūbhānallāhi al-'adhīm)* ". "Al-Bukhārī e

Muslim]

1409. Secondo Abū Hurairah, il Messaggero di Allah ﷺ disse: "*Per me dire: 'Gloria ad Allah, lode ad Allah, non c'è divinità che abbia diritto ad essere adorata se non Allah, e Allah è più grande di tutti (sūbhanallāhi wa alhamdū lillāhi wa lā ilāha illallāh wa allāhū akbar)', è più caro di questo mondo*". [Muslim]

1410. Secondo Abū Hurairah, il Messaggero di Allah ﷺ disse: "*Chiunque dica cento volte al giorno: 'Non c'è altro dio all'infuori di Allah, unico e senza partner, ed Egli è il Padrone assoluto della creazione, meritevole di ogni lode, e ha potere su tutte le cose', ottiene la ricompensa di chi libera dieci schiavi*". *Inoltre, cento buone azioni sono iscritte su di lui, cento peccati sono cancellati e queste parole lo proteggeranno da Satana fino alla notte. Nessuno potrà fare un'azione più meritoria della sua, tranne colui che fa più di lui*".

Il Profeta ﷺ disse anche: "*Chiunque dica cento volte al giorno: 'Gloria e lode ad Allah', i suoi peccati saranno cancellati, anche se equivalgono alla schiuma del mare*". [Al-Bukhārī e Muslim].

1411. Secondo Abū Ayyub Al-Ansari, il Profeta ﷺ disse: "*Chiunque ripeta dieci volte: 'Non c'è divinità da adorare all'infuori di Allah, unico e senza partner, Egli regna come Padrone assoluto della creazione, è degno di ogni lode e ha potere su tutte le cose', ottiene la ricompensa di chi libera quattro schiavi tra i discendenti di Ismaele*". [Al-Bukhārī e Muslim].

1412. Secondo Abū Dharr, il Messaggero di Allah ﷺ gli disse: "*Vuoi conoscere le parole più amate da Allah? Le parole più care ad Allah sono: 'Gloria e lode ad Allah'*". [Muslim]

1413. Secondo Abū Mālik Al-Ash'ari, il Messaggero di Allah ﷺ disse: "*La purificazione è metà della fede. Lodare Allah riempie il bilancio delle buone azioni, glorificare e lodare Allah riempie lo spazio tra i cieli e la terra*". [Muslim]

1414. Secondo Sa'd ibn Abi Waqqās, un beduino si recò dal

Messaggero di Allah ﷺ e gli chiese: "Insegnami parole che possa ripetere". Rispose: "*Di': 'Non c'è dio che possa essere adorato se non Allah, unico e senza partner, Allah è più grande di tutti, che Allah sia abbondantemente lodato e la gloria sia ad Allah, il Signore dell'Universo'''. Non c'è forza né cambiamento se non attraverso Allah, l'Onnipotente, il Saggio*".

Il beduino disse: "Questo è per il mio Signore, ma cosa c'è per me? Rispose: "*Di': 'O Allah, concedimi il Tuo perdono, la Tua misericordia, la Tua guida e dispensa su di me le Tue benedizioni'''.* [Muslim]

1415. Thawban ha raccontato che il Messaggero di Allah ﷺ, dopo aver terminato la sua preghiera, pregò tre volte per il perdono di Allah, prima di aggiungere: "O *Allah, Tu sei la pace e dai la pace". Benedetto sei Tu, Gloriosissimo, Generosissimo (allāhūmma anta as-salām wa minka as-salām, tabārakta yā dhal-jalāli wa al-ikrām)*". Ad Al-Awzā'ī, uno dei narratori dell'hadith, fu chiesto: "Come si fa a chiedere perdono ad Allah?". Rispose: "Dicendo: 'Chiedo perdono ad Allah, chiedo perdono ad Allah (astaghfirūllāh, astaghfirūllāh)'" [Muslim].

1416. Secondo Al-Mughirah ibn Shu'bah, il Messaggero di Allah ﷺ disse dopo i saluti conclusivi della preghiera: "*Non c'è dio che possa essere adorato all'infuori di Allah, solo e senza partner, Egli regna come Padrone assoluto della Creazione, merita ogni lode e ha potere su ogni cosa. O Allah, nessuno può negare ciò che Tu dai, né concedere ciò che Tu neghi. E la loro ricchezza non può proteggere colui che ha ricevuto il Tuo castigo (allāhūmmā lā māni'a limā a'tayta walā mū'tiya limā mana'ta, walā yanfa'ū dhal-jaddi minka al-jadd)*". [Al-Bukhārī e Muslim].

1417. È stato riferito che 'Abdullah ibn Az-Zubayr era solito dire, dopo i saluti conclusivi di ogni preghiera: "*Non c'è altro dio che possa essere adorato se non Allah, unico e senza partner, Egli regna come padrone assoluto sulla creazione, merita tutte le lodi e ha potere su tutto. Non c'è potere e non c'è cambiamento se non attraverso Allah. Non c'è altra divinità da adorare se non Allah, che adoriamo esclusivamente. Da Lui provengono tutti i benefici e la grazia e merita la massima lode. Non c'è altra divinità da adorare se non Allah, che adoriamo con sincerità, nonostante i miscredenti.* Ibn Az-Zubayr ha detto: "Il Messaggero di Allah ripeteva queste parole dopo ogni preghiera ". [Muslim]

1418. Abū Hurairah raccontò che i poveri tra gli emigranti vennero a lamentarsi con il Messaggero di Allah ﷺ: "I ricchi hanno monopolizzato i gradi più alti e la felicità eterna presso Allah. Essi praticano la preghiera e il digiuno come noi. Ma con l'eccedenza delle loro ricchezze, compiono il grande e il piccolo pellegrinaggio, combattono per la causa di Allah e fanno l'elemosina".

Disse: "*Vuoi che ti insegni le parole che ti permetteranno di raggiungere il livello di coloro che ti hanno preceduto e di superare coloro che verranno dopo di te, in modo che nessuno possa raggiungerti se non colui che agisce come te?*" Dissero: "Certo, Messaggero di Allah!"" Egli rispose: "*Tutto quello che dovete fare è glorificare Allah, lodarLo e celebrare la Sua grandezza trentatré volte dopo ogni preghiera*".

Abū Sālih - uno dei narratori - racconta che ad Abū Hurairah fu chiesto come ripetere queste formule ed egli rispose: "Dicendo queste tre formule insieme: (Gloria ad Allah, Lode ad Allah e Allah è più grande di tutti) per trentatré volte. " [Al-Bukhārī e Muslim].

Nella versione di Muslim, troviamo questa aggiunta: Ma i poveri, tra gli emigranti, tornarono in seguito dicendo: "I nostri fratelli, i ricchi, hanno imparato quello che abbiamo fatto noi e ci imitano". Il Messaggero di Allah ﷺ disse: "*Tale è la grazia di Allah che Egli concede a chi vuole*".

1419. Secondo Abū Hurairah, il Messaggero di Allah ﷺ disse: "*Chiunque, dopo ogni preghiera, dica: 'Gloria ad Allah' trentatré volte, 'Lode ad Allah' trentatré volte, 'Allah è più grande di tutti' trentatré volte, e poi una centesima formula che è:* "*Non c'è altra divinità che Allah, unico e senza partner, che regna come padrone assoluto sulla creazione, merita ogni lode e ha potere su tutto"*, avrà i *suoi peccati perdonati, anche se equivalgono alla schiuma del mare.* " [Muslim]

1420. Secondo Ka'b ibn 'Ujrah, il Messaggero di Allah ﷺ disse: "Ci sono parole che vengono ripetute dopo ogni preghiera obbligatoria. Chiunque li pronunci non sarà mai privato della grazia di Allah: *'Gloria ad Allah' trentatré volte, 'Lode ad Allah' trentatré volte, 'Allah è più grande di tutti' trentaquattro volte*". [Muslim]

1421. Secondo Sa'd ibn Abi Waqqās, il Messaggero di Allah ﷺ era solito mettersi sotto la protezione di Allah alla fine di ogni preghiera pronunciando queste parole: "O *Allah, preservami dalla viltà e dall'avidità, dalla senilità e dalla decrepitezza, dalle tentazioni di questo mondo e dalle prove della tomba*". [Al-Bukhārī]

1422. *Mu'ādh* racconta che un giorno il Messaggero di Allah ﷺ lo prese per mano e gli disse: "*Mu'ādh, per Allah, ti amo! Vi raccomando di non mancare mai di dire alla fine di ogni preghiera*: "*O Allah, aiutami a ricordarti, a esprimerti la mia gratitudine e ad adorarti in modo adeguato*". [Abū Dawūd e An-Nasā'ī, attraverso una catena di trasmissione autentica].

1423. Secondo Abū Hurairah, il Messaggero di Allah ﷺ disse: "*Quando uno di voi, alla fine della preghiera, ha recitato il Tashahhud, implora la protezione di Allah contro quattro calamità dicendo: 'O Allah! Preservami dal castigo dell'Inferno, dai tormenti della tomba, dalle prove della vita e della morte e dalla tentazione del falso Messia (allāhūmma innī a'oûdhū bika min 'adhābi jahannam, wa min 'adhāb al-qabr, wa min fitnat al-mahyā wa al-mamāt, wa min charri fitnat al-masīh ad-dajjāl)*"". [Muslim]

1424. Secondo 'Ali, tra le ultime parole che il Messaggero di Allah ﷺ era solito pronunciare alla fine della preghiera, tra il Tashahhud e i saluti conclusivi, c'erano le seguenti: "O *Allah, perdona i miei peccati passati e quelli futuri, quelli commessi in segreto e quelli commessi apertamente,* quelli commessi in eccesso e quelli che Tu conosci meglio di me. Tu porti a te chi vuoi, o lo scacci. Non c'è dio che possa essere adorato all'infuori di Te *(allāhūmma ighfir lī mā qaddamtū wa mā akhkhartū, wa mā asrartū, wa mā a'lantū, wa mā asraftū, wa mā anta a'lamū bihi minnī, anta al-mūqaddimū, wa anta al-mūakhkhirū, lā ilāha illā anta)*". [Muslim]

1425. Secondo 'Āishah il Profeta (pace su di lui) era solito dire durante gli inchini e le prostrazioni della preghiera: "O *Allah, nostro Signore, gloria e lode a Te". Gloria e lode a Te, o Allah, perdonami (sūbhānaka allāhūmma rabbanā wa bihamdik, allāhūmma ighfir lī)*". [Al-Bukhārī e Muslim].

1426. Secondo 'Āishah, che Allah sia soddisfatto di lei, quando il Messaggero di Allah ﷺ si inchinava o si prostrava in preghiera, pronunciava queste parole: "*Tu sei il Gloriosissimo, il Santissimo, il Signore degli angeli e dello Spirito (subbu al-quddus, rabbu al-malaikati wa ar-ruh)*". [Muslim]

1427. Secondo Ibn 'Abbās, il Profeta ﷺ disse: "*Quando siete inchinati, glorificate il vostro Signore Onnipotente e quando siete prostrati, moltiplicate le invocazioni che hanno più probabilità di essere esaudite in quella posizione*". [Muslim]

1428. Secondo Abū Hurairah, il Messaggero di Allah ﷺ disse: "*Il servo di Allah non è mai più vicino al suo Signore che nella prostrazione. Quindi moltiplicate le invocazioni in questa posizione* ". [Muslim]

1429. Secondo Abū Hurairah, il Messaggero di Allah ﷺ era solito dire durante la prostrazione della preghiera: "O *Allah! Ti prego di perdonarmi tutti i miei peccati, sia i più insignificanti che i più gravi, sia i primi che gli ultimi, sia quelli commessi pubblicamente che quelli commessi in segreto (allāhūmma-ghfir lī dhanbī kūllah: diqqahū wa jillahū, wa awwalahū wa ākhirahū, wa 'alāniyatahū wa sirrah)*". [Muslim]

1430. 'Āishah, che Allah sia soddisfatto di lei, raccontò quanto segue: Una sera notai che il Profeta ﷺ non era presente. Ho cercato nell'oscurità della stanza e l'ho trovato che pregava, si inchinava - o si prostrava - e diceva: "*Gloria e lode a Te*". *Non c'è altra divinità da adorare se non Te.*

In un'altra versione: La mia mano ha toccato le piante dei suoi piedi eretti mentre si prostrava nel luogo dove era solito pregare. Disse: "O *Allah, che tu mi preservi dalla Tua ira con la Tua soddisfazione e dal Tuo castigo con il Tuo perdono". Cerco rifugio in Te da Te stesso. Non posso lodarLa come merita. Tu sei semplicemente come Ti sei lodato (allāhūmma innī a'ūdhū bi ridāka min sakhatik, wa bi mū'āfātika min 'ūqūbatik, wa a'ūdhū bika minka lā ūḥṣī thanāan 'alayka, anta kamā athnayta 'alā nafsik)*". [Muslim]

1431. Sa'd ibn Abi Waqqās narrò: "Eravamo in compagnia del Messaggero di Allah ﷺ quando disse: "*C'è qualcuno di voi in grado di fare mille buone azioni al giorno?*" Uno dei presenti chiese: "Come si possono fare mille buone azioni? Rispose: "*Chi proclama cento volte la gloria di Allah avrà mille buone azioni iscritte su di sé o mille peccati cancellati*". [Muslim]

Al-Humaydi disse: "Questa è la versione di Muslim nella sua *Saḥīḥ*. Ma secondo Al-Barqāni, il hadith è riportato anche da Shu'bah, Abū 'Awānah e Yaḥyā Al-Qattān, secondo Musa - presente anche nella catena di trasmissione di Muslim - come segue: "*... e cancellare mille peccati*".

1432. Secondo Abū Dharr, il Messaggero di Allah ﷺ disse: "*Ogni giuntura del vostro corpo dovrebbe ricevere l'elemosina ogni mattina. Dire "Gloria ad Allah" è elemosina, dire "Lode ad Allah" è elemosina, dire "Non c'è divinità degna di essere adorata se non Allah" è elemosina, dire "Allah è più grande di tutti" è elemosina, incitare gli altri alla virtù è elemosina e condannare il vizio è elemosina. E ti basta, invece di tutto questo, compiere due unità di preghiera al mattino (Dūhā)*". [Muslim]

1433. La moglie del Profeta ﷺ, Jawayriyah bint Al-Harith, che Allah si compiaccia di lei, ha riferito che il Profeta ﷺ la lasciò dopo aver eseguito la preghiera dell'alba e la lasciò nel luogo dove aveva pregato. Quando tornò al mattino, la trovò seduta nello stesso posto. Chiese: "*Sei rimasto nello stesso posto da quando ti ho lasciato?* Lei annuì. Il Profeta ﷺ disse allora: "*Dopo averti lasciato, ho ripetuto tre volte quattro parole che, se pesate, supererebbero tutto ciò che hai detto da stamattina. Queste parole sono: 'Gloria e lode ad Allah tante volte quanto il numero delle Sue creature, quanto il Suo compiacimento, quanto il peso del Suo Trono e quanto l'inchiostro che ci vorrebbe per scrivere le Sue parole (subḥānallāhi wa biḥamdihi 'adada khalqih, wa riḍā nafsih, wa zinata 'archih, wa midāda kalimātih)'*". [Muslim]

In un'altra versione di Muslim: "*Gloria ad Allah tante volte quanto il numero delle Sue creature, gloria ad Allah quanto il Suo compiacimento, gloria ad Allah quanto il peso del Suo trono e gloria ad Allah quanto l'inchiostro necessario per scrivere le Sue parole*".

Nella versione di At-Tirmidhī: "*Vuoi che ti insegni qualche parola che puoi ripetere? Di':* "*Gloria ad Allah tante volte quanto il numero delle Sue creature, gloria ad Allah tante volte quanto il numero delle Sue creature, gloria ad Allah tante volte quanto il numero delle Sue creature*". *Sia gloria ad Allah finché gli piace, sia gloria ad Allah finché gli piace, sia gloria ad Allah finché gli piace. Gloria ad Allah quanto il peso del Suo Trono, gloria ad Allah quanto il peso del Suo Trono, gloria ad Allah quanto il peso del Suo Trono. Gloria ad Allah quanto l'inchiostro che serve per scrivere le Sue parole, gloria ad Allah quanto l'inchiostro che serve per scrivere le Sue parole, gloria ad Allah quanto l'inchiostro che serve per scrivere le Sue parole*".

1434. Secondo Abū Musa Al-Ash'ari, il Profeta ﷺ disse: "*Chi invoca il nome del suo Signore e chi non lo invoca sono paragonabili rispettivamente ai vivi e ai morti*". [Al-Bukhārī]

Secondo la versione di Muslim: "*La dimora in cui il nome di Allah è invocato e la dimora in cui non è invocato sono rispettivamente paragonabili ai vivi e ai morti"*.

1435. Secondo Abū Hurairah, il Messaggero di Allah ﷺ disse: *"Allah, l'Altissimo, dice: "Non posso deludere le speranze che il Mio servo ripone in Me e sono con lui quando invoca il Mio nome e si ricorda di Me". Se si ricorderà di Me, Io mi ricorderò di lui e se mi nominerà in pubblico, Io lo nominerò davanti a un pubblico molto migliore"*. [Al-Bukhārī e Muslim].

1436. Secondo Abū Hurairah, il Profeta ﷺ disse: "*I Mufarridun hanno preceduto tutti gli altri*". I compagni chiesero: "Chi sono i Mufarridun, Messaggero di Allah?". Rispose: *"Gli uomini e le donne che non cessano di invocare il nome di Allah e di ricordarLo"*. [Muslim]

1437. Jābir ha raccontato di aver sentito il Messaggero di Allah ﷺ dire: *"Il modo migliore per invocare il nome di Allah è dire: 'Non c'è divinità che abbia diritto a essere adorata tranne Allah'"* [At-Tirmidhī: "*hadith hasan*"].

1438. Secondo 'Abdullah ibn Bursar, un uomo disse: "O Messaggero di Allah, le prescrizioni dell'Islam sono molte per me. Allora insegnami un'azione alla quale possa aderire". Rispose: *"Non smettere di invocare il nome di Allah"*. [At-Tirmidhī che specifica: "*hadith hasan*"].

1439. Secondo Jabir, il Profeta ﷺ disse: "*Chiunque dica: "Gloria e lode ad Allah" avrà una palma piantata in Paradiso* ". [At-Tirmidhī: "*hadith hasan*"].

1440. Secondo Ibn Mas'ud, il Messaggero di Allah ﷺ disse: "Durante il *viaggio notturno, incontrai Abramo che mi disse:* 'Muhammad! Trasmettete il mio saluto alla vostra nazione e informateli che il Paradiso consiste in terre pure, acque fresche e vaste pianure i cui semi sono le seguenti parole: 'Gloria ad Allah, lode ad Allah, non c'è divinità che abbia diritto di essere adorata se non Allah e Allah è più grande di tutti'". [At-Tirmidhī che specifica: "*hadith hasan*"].

1441. Secondo Abū Ad-Dardā', il Messaggero di Allah disse ai suoi compagni: "*Volete che vi dica qual è l'opera più meritoria e pura per il vostro Maestro, quella che più eleva il vostro rango ed è più meritoria dello spendere oro e denaro in obbedienza ad Allah o dell'incontrare e affrontare il nemico?*" "*Certo*", risposero. "*Invocate il nome di Allah l'Altissimo*", disse. [At-Tirmidhī, e Al-Hakim Abū 'Abdillah, secondo cui la sua catena di trasmissione è autentica].

1442. Sa'd ibn Abi Waqqās raccontò di aver accompagnato il Messaggero di Allah ﷺ da una donna che aveva davanti a sé dei noccioli di datteri (o pietre) che usava come grani di un rosario per glorificare Allah.

Gli disse: "*Ti dirò cosa è più facile (o più meritorio) per te di questo. Di': "Gloria ad Allah tante volte quanto il numero delle Sue creature nel cielo, gloria ad Allah tante volte quanto il numero delle Sue creature sulla terra, gloria ad Allah tante volte quanto ciò che è tra il cielo e la terra e gloria ad Allah tante volte quanto tutto ciò che Egli creerà". Allah è più grande di ogni cosa tante volte quanto questo, lode ad Allah tante volte quanto questo, non c'è divinità che abbia diritto di essere adorata se non Allah tante volte quanto questo, e non c'è forza e cambiamento se non da Allah tante volte quanto questo*". [At-Tirmidhī che specifica: "*hadith hasan*"].[1]

1443. Secondo Abū Musa, il Messaggero di Allah ﷺ "*Vuoi che ti dica uno dei tesori del Paradiso?* Quando Abū Musa rispose affermativamente, il Profeta ﷺ disse: "*Non c'è forza o cambiamento se non da parte di Allah*". [Al-Bukhārī e Muslim].

---

[1] Questo hadith è considerato inautentico da alcuni studiosi di hadith.

245. invocare il nome di Allah in piedi, seduti, sdraiati, in stato di minore e maggiore impurità e durante le mestruazioni, ma è vietato recitare il Corano in stato di maggiore impurità o durante le mestruazioni.

Allah, l'Altissimo, dice:

La creazione dei cieli e della terra, l'alternarsi del giorno e della notte, sono tutti segni per gli uomini di ragione che, in piedi, seduti o sdraiati sul fianco, invocano il nome di Allah" (3:190-191).

1444. Secondo 'Āishah, il Messaggero di Allah ﷺ era solito invocare il nome di Allah in ogni momento. [Muslim].

1445. Secondo Ibn 'Abbās, il Profeta ﷺ disse: "*Se, quando ha un rapporto sessuale con sua moglie, uno di voi dice: 'In nome di Allah, o Allah, tieni Satana lontano da noi e tienilo lontano dal figlio che ci concederai (bismillāh, allāhumma jannibna ach-chaytān, wa jannib ach-chaitāna mā razaqtanā)', e se un figlio è destinato a loro attraverso questo rapporto, allora Satana non potrà danneggiarlo*". [Al-Bukhārī e Muslim].

246. Quali parole dire prima di andare a dormire e al risveglio?

1446. Secondo Hudhayfah e Abū Dharr, che Allah si compiaccia di loro, quando il Profeta, **andava a letto** era solito dire: "*È per la Tua volontà, o Allah, che muoio e torno in vita (bismika allāhumma ahyā wa amūtū)*. E quando si svegliava, diceva: "*Lode ad Allah, che ci ha riportato in vita dopo averci fatto morire*". Ed è Lui che resusciteremo (al-hamdū lillāh al-ladhī ahyānā ba'da mā amātanā, wa ilayhi an-nūchūr)".

247. Il merito di sedersi con coloro che invocano il nome di Allah e il divieto di lasciarli senza una buona ragione.

Allah, l'Altissimo, dice:

Cercate con pazienza la compagnia di coloro che invocano il loro Signore mattina e sera con l'unica speranza di piacergli. Che il tuo sguardo non si allontani mai da loro (18:28).

1447. Secondo Abū Hurairah, il Messaggero di Allah ﷺ disse: *"Allah, l'Altissimo, ha angeli che viaggiano sulla terra in cerca di uomini e donne che invocano il Suo nome. Quando li trovano, si chiamano l'un l'altro dicendo: "Venite, questo è ciò che stavate cercando". Gli angeli li circondano con le loro ali, riempiendo lo spazio tra cielo e terra. Allora il loro Signore li interroga, anche se sa meglio di loro:*

- Cosa dicono i miei fedeli?

- Celebrano la Sua gloria, la Sua grandezza, la Sua lode e la Sua maestà, *rispondono gli angeli.*

- Mi hai mai visto?

- No, per Allah, non ti hanno mai visto.

- E se mi avessero visto? *Chiedi ad Allah.*

- Se ti avessero visto, ti avrebbero adorato, magnificato e glorificato con maggior fervore.

- Cosa mi stai chiedendo?

- Ti chiedono il Paradiso, *rispondono gli angeli.*

- L'avete mai visto?

- No, signore, non l'hanno mai visto.

- E se l'avessero visto? *Allah ha detto.*

- Se l'avessero vista, l'avrebbero bramata, reclamata e desiderata ancora di più.

- Da cosa stanno cercando di proteggersi?

- Dal fuoco dell'inferno, *gli angeli rispondono.*

- L'avete mai visto?

- No, signore, non l'hanno mai visto.

- E se l'avessero visto? *Chiedi ad Allah.*

- Se lo avessero visto, sarebbero scappati da lui con più paura.

Siate testimoni che ho perdonato loro, *dice Allah.*

- Uno di loro non è uno di loro, ma si è unito a loro per qualche affare, *dice uno degli angeli.*

- Nessuno si unisce a questo gruppo di uomini e donne senza la sua benedizione, *dice Allah*". [Al-Bukhārī e Muslim].

In un'altra versione di Muslim, sempre secondo Abū Hurairah, il Profeta disse: "*Allah ha grandi angeli che cercano sempre sulla terra uomini e donne riuniti per invocare il Suo nome. Quando li trovano, si siedono con loro e li circondano con le loro ali fino a riempire lo spazio tra loro e il cielo più vicino. Quando questi uomini e donne si disperdono, gli angeli salgono in cielo dove Allah Onnipotente - pur sapendo meglio di loro - chiede loro:* "Da dove venite?".

"Abbiamo appena lasciato sulla terra alcuni dei tuoi servi che celebrano la tua gloria, la tua grandezza, la tua unicità, la tua lode e ti supplicano", *rispondono. Allah disse:* "E perché supplicano?" "Implorano il Tuo Paradiso", *risposero.* "Hanno visto il mio Paradiso?". *Dice.* "No, Signore", *rispondono. Allah dice:* "E se l'avessero visto? E *aggiungono*: "E implorano la Tua protezione. "Contro cosa implorano?", *dice. Dicono:* "Dal tuo inferno, o Signore". "L'hanno visto?", *chiede.* "No", *dicono.* "E se l'avessero visto?", *dice. E continuano:*

"E ti chiedono perdono". Allah *dice:* "Ho concesso loro il Mio perdono, quello che hanno chiesto e la protezione che hanno chiesto". *Allora dicono:* "Signore, tra loro c'è un grande peccatore". Era di passaggio e si è seduto con loro". Allah *dice:* "Anch'io lo perdono". Nessuno si unisce a questo gruppo di uomini e donne senza beneficiare della sua benedizione".

1448. Secondo Abū Hurairah e Abū Sa'īd Al-Khudri, che Allah sia soddisfatto di loro, il Messaggero di Allah ﷺ disse: " *Non c'è uomo che si riunisca per invocare il nome di Allah Onnipotente senza che gli angeli lo circondino, che la misericordia lo copra, che la serenità scenda su di lui e che Allah lo menzioni agli angeli che lo accompagnano* ". [Muslim]

1449. Abū Wāqid Al-Hārith ibn 'Awf racconta quanto segue: Mentre il Messaggero di Allah ﷺ era seduto con i suoi compagni nella moschea, si avvicinarono tre uomini. Due di loro andarono verso il Profeta ﷺ, rimanendo in piedi ad ascoltarlo, mentre il terzo si allontanò. Uno dei due uomini vide un posto libero e andò a sedersi lì, mentre il secondo si sedette in fondo al gruppo. Il terzo uomo, invece, si era già girato per andarsene. Quando il Messaggero di Allah ﷺ finì di rivolgersi ai compagni, disse: "Devo *parlarvi di questi tre uomini? Il primo cercò rifugio presso Allah ed Egli glielo concesse. Il secondo rimase indietro per pudore e Allah non lo punì per pudore. Quanto al terzo, si è allontanato da Allah, che si è allontanato anche da lui*". [Al-Bukhārī e Muslim].

1450. Abū Sa'īd al-Khudri raccontò che una volta Mu'āwiyah entrò nella moschea dove era riunito un gruppo di musulmani. Chiese loro: "Che cosa vi ha fatto incontrare? Risposero: "Il desiderio di invocare il nome di Allah". Disse: "Giurate su Allah che nient'altro vi ha fatto incontrare". Non si può fare altro che questo. Disse: "Non ti ho fatto giurare perché metto in dubbio la tua parola.

Nessuno nella mia posizione in relazione al Messaggero di Allah ﷺ ha riportato così poco le tue parole.

Ma sappiate che una volta il Profeta ﷺ si avvicinò ad alcuni dei suoi compagni seduti in gruppo e chiese loro: *"Che cosa vi ha riunito?"* Essi risposero: "Il desiderio di invocare Allah e lodarLo per averci guidato all'Islam e averci concesso i Suoi favori". Disse: *"Giurate su Allah che nient'altro vi ha fatto incontrare"*. Dissero: "Per Allah, niente di più di questo". Disse: *"Non ti ho fatto giurare perché dubito della tua parola, ma Gabriele è venuto a informarmi che Allah si vanta di te davanti agli angeli"*. [Muslim]

248. L'invocazione del nome di Allah al mattino e alla sera

Allah, l'Altissimo, dice:

Invocate il nome del vostro Signore con umiltà e timore. Invocatelo mattina e sera e non lasciatevi distrarre (7:205).

Lodate la gloria del vostro Signore prima che il sole sorga e prima che tramonti (20:130).

Lodate la gloria del vostro Signore mattina e sera (40,55).

Nei templi che Allah ha permesso di erigere, affinché vi si possa invocare il Suo nome, gli uomini Gli rendono gloria mattina e sera, e né il commercio né l'industria possono distogliere dall'invocazione di Allah" (24:36-37).

Gli abbiamo sottomesso i monti che, mattina e sera, celebravano con lui la Nostra gloria e la Nostra santità (38,18).

1451. Secondo Abū Hurairah, il Messaggero di Allah ﷺ disse: "*Nessuno verrà nel Giorno della Resurrezione con azioni più meritorie di colui che dice cento volte al mattino e cento volte alla sera: "Gloria e lode ad Allah", tranne colui che l'ha ripetuto tanto o di più.*" [Muslim]

1452. Secondo Abū Hurairah, un uomo venne dal Profeta ﷺ lamentandosi: "O Messaggero di Allah, come ho sofferto questa notte per la puntura di uno scorpione!". Disse: "*Se al calar della notte avessi detto: "Mi metto sotto la protezione delle parole perfette di Allah contro il male delle Sue creature*" (a'ūdhū bi kalimātillāhi at-tāmmāti min charri mā khalaq), *non avresti subito alcun danno*". [Muslim]

1453. Secondo Abū Hurairah, il Profeta ﷺ era solito dire al mattino: "O *Allah, per tua grazia ci riuniamo al mattino e per tua grazia ci riuniamo alla sera. Per la Sua grazia viviamo e per la Sua grazia moriamo. Ed è a Te che risorgeremo.*

(allāhumma bika asbahnā, wa bika amsaynā, wa bika nahyā, wa bika namūtū, wa ilayka an-nūchūr)". La sera diceva: "O *Allah, per tua grazia ci ritroviamo al calar della sera, per tua grazia viviamo e per tua grazia moriamo". Ed è a Te che saremo risuscitati*". [Abū Dawūd e At-Tirmidhī: "*hadith hasan*"].

1454. Secondo Abū Hurairah, una volta Abū Bakr As-Siddīq chiese al Profeta ﷺ: "Messaggero di Allah, dimmi qualche parola che possa ripetere mattina e sera. Rispose: "*Di'*: "*O Allah, Creatore dei cieli e della terra senza alcun modello precedente, Tu che conosci il mondo invisibile e quello visibile, io testimonio che non c'è altro dio che abbia diritto di essere adorato all'infuori di Te, Signore e Padrone di tutte le cose". Mi metto sotto la Tua protezione contro il male della mia anima, contro il male di Satana e il suo richiamo al politeismo*". E ha aggiunto: "*Ripetete queste parole al mattino, alla sera e al momento di andare a dormire*". [Abū Dawūd e At-Tirmidhī: "*hadith hasan sahīh*"].

1455. Secondo Ibn Mas'ud, il Profeta di Allah era solito dire al crepuscolo: "*Eccoci al crepuscolo sotto il dominio di Allah. Lode ad Allah. Non c'è altra divinità da adorare se non Allah, l'Unico Dio senza partner. Egli regna come padrone assoluto della creazione, merita tutte le lodi e ha potere su tutte le cose* (il narratore ha un dubbio su quest'ultima frase). *Signore! Ti chiedo tutte le benedizioni di questa notte e di quelle che seguiranno, e imploro la Tua protezione dal male di questa notte e da quello che seguirà. Mio Signore, preservami dalla pigrizia e dai mali della vecchiaia. Mio Signore, imploro la Tua protezione dal castigo dell'Inferno e dai tormenti della tomba.*

(amsaynā wa amsa al-mulkū lillāhi, wa al-hamdū lillāhi lā ilāha illallāhū wahdahū lā charīka lahū, lahūl-mūlkū, wa lahū al-hamdū, wa hūwa 'alā kūlli chay'in qadīr, rabbī as-alūka khayra mā fī hādhi al-laylati, wa khayra mā ba'dahā, wa a'ūdhū bika min charri mā fī hādhi al-laylati, wa charri mā ba'dahā, rabbi a'ūdhū bika min al-kasali, wa sū al-kibar, rabbi a'ūdhū bika min 'adhābin fī an-nāri wa 'adhābin fī al-qabr).

"Al mattino diceva le stesse parole, iniziando così: *"Eccoci al mattino sotto il dominio di Allah (asbahnā wa asbaha al-mulkū lillāh)"*. [Muslim]

1456. Secondo 'Abdullah ibn Jubayb, il Messaggero di Allah ﷺ gli raccomandò: *"Recita la sura che inizia con: "Di': 'Allah è l'unico Dio' e le due sura protettive[1], tre volte di notte e tre volte al mattino, saranno sufficienti a proteggerti da ogni male""*. [Abū Dawūd e At-Tirmidhī: *"hadīth hasan sahīh"*].

1457. Secondo 'Uthmān ibn 'Affān, il Messaggero di Allah ﷺ disse: *"Chiunque dica tre volte ogni mattina e ogni sera: "Nel nome di Allah, per il cui nome nulla può nuocere sulla terra o in cielo, ed Egli è l'Onniveggente e l'Onnisciente (bismillāhi al-ladhī lā yadūrru ma'a ismihi chay-ūn fi al-ardi walā fi as-samāi, wa hūwwa as-samī'ū al-'alīm)", si è preservato da ogni male.* "[Abū Dawūd e At-Tirmidhī che precisa: *"hadīth hasan sahīh"*].

---

[1] Cioè gli ultimi tre versetti del Corano.

249. Parole da dire prima di andare a dormire

Allah, l'Altissimo, dice:

La creazione dei cieli e della terra, l'alternarsi del giorno e della notte, sono segni per gli uomini di ragione che, in piedi, seduti o sdraiati su un fianco, invocano il nome di Allah e meditano sulla creazione dei cieli e della terra (3:190-191).

1458. Secondo Hudhayfah e Abū Dharr, il Messaggero di Allah ﷺ era solito dire quando andava a letto: "*È per la Tua volontà, o Allah, che muoio e rivivo (bismika allāhūmma ahyā wa amūtū)*". [Al-Bukhārī]

1459. Secondo 'Ali, il Messaggero di Allah ﷺ disse a lui e a Fatima, che Allah si compiaccia di loro: "*Quando vi mettete a letto, dite: "Allah è più grande di tutte le cose" per trentatré volte, "Gloria ad Allah" per trentatré volte e "Lode ad Allah" per trentatré volte*".

Secondo un'altra versione, il Profeta ﷺ ordinò loro di dire trentaquattro volte "Gloria ad Allah" e, secondo una terza versione, trentaquattro volte "Allah è più grande di tutti". [Al-Bukhārī e Muslim].

1460. Secondo Abū Hurairah, il Messaggero di Allah ﷺ disse: "*Quando uno di voi sta per coricarsi, si pulisca la polvere con il dorso del suo Izar, perché non sa cosa si è insinuato nel suo letto dopo di lui, poi dica: "Per la Tua volontà, o Signore, mi corico e per la Tua volontà mi alzo". Se tratterrai la mia anima, concedile la tua misericordia, e se la rilascerai, proteggila con ciò che proteggi i tuoi giusti servitori*". [Al-Bukhārī e Muslim].

1461. Secondo 'Āishah, quando il Messaggero di Allah **andava** ﷺ **a letto**, sputava leggermente sulle mani, recitava su di esse le due surah di protezione e poi le passava sul corpo. [Al-Bukhārī e Muslim].

Secondo un'altra versione di Al-Bukhārī e Muslim, quando il Profeta si sdraiava, univa le due mani, sputava leggermente su di esse, recitava le ultime tre sure del Corano e poi le passava su tutta la parte del corpo che riusciva a raggiungere, iniziando dalla testa, dal viso e dalla parte anteriore del corpo. Lo faceva per tre volte di seguito.

1462. Al-Barā' ibn 'Āzib raccontò che il Messaggero di Allah gli disse: "*Quando vuoi andare a letto, fai le tue abluzioni come per la preghiera, poi sdraiati sul fianco destro e pronuncia queste parole*: "*O Allah, mi sono sottomesso a Te, mi sono rivolto a Te e mi sono affidato a Te per desiderio e per timore*". *Non c'è rifugio da Te se non in Te. Credo nel Tuo Libro che hai rivelato e nel Tuo Profeta che hai inviato*". Il Messaggero di Allah aggiunse: "*Se morirete quella notte, sarete morti secondo la religione naturale. E che queste parole siano le ultime prima del sonno*". [Al-Bukhārī e Muslim].

1463. Secondo Anas, il Messaggero di Allah era solito dire, quando andava a letto: "*Lode ad Allah, che ci ha nutriti e abbeverati, ha provveduto ai nostri bisogni e ci ha dato un rifugio*". *Quanti uomini, infatti, non trovano nessuno che provveda a loro e dia loro un riparo!*". [Muslim]

1464. Secondo Hudhayfah, quando il Messaggero di Allah stava per dormire, metteva la mano destra sotto la guancia e diceva: "*O Allah, che tu mi protegga dal Tuo castigo nel giorno in cui farai risorgere i Tuoi servi*". [At-Tirmidhī: "*hasan hadith*"].

Secondo la versione di Abū Dawūd, secondo 'Hafsah, il Messaggero di Allah ripeté queste parole tre volte.

LIBRO: INVOCAZIONI (*DU'Ā'*)

250. L'ordine e il merito di invocare Allah e alcune invocazioni del Profeta

Allah, l'Altissimo, dice:

Il vostro Signore ha detto: "Invocatemi, vi ascolterò" (40:60).

Implorate il vostro Signore ad alta voce o in silenzio. Ma sappiate che Egli non ama coloro che oltrepassano i limiti (7:55).

Ai miei servi che ti chiedono di me, rispondi che sono vicino, che ascolto coloro che mi invocano con sincerità (2:186).

Chi risponde alle preghiere degli sfortunati e li libera dalle loro sofferenze?

1465. Secondo An-Nu'mān ibn Bashīr, il Profeta ﷺ disse: "L'*invocazione è il culto per eccellenza*". [Abū Dawūd e At-Tirmidhī: "*hadith hasan sahīh*"].

1466. Secondo 'Āishah, il Messaggero di Allah ﷺ amava le invocazioni concise ma significative e usava solo queste ultime. [Abū Dawūd, attraverso una catena di trasmissione autentica (*jayyid*)].

1467. Secondo Anas, l'invocazione più frequente del Profeta ﷺ era: "*O Signore! Concedici la felicità in questo mondo e la beatitudine nell'Aldilà, e preservaci dal castigo dell'Inferno (allāhūmma ātinā fī ad-dūnyā hassanatan wa fī al-ākhirati hassanatan wa qinā 'adhāb an-nār)*". [Al-Bukhārī e Muslim].

Nella versione musulmana si afferma che Anas utilizzava sempre questa invocazione, da sola o in aggiunta ad altre.

1468. Secondo Ibn Mas'ud, il Profeta ﷺ era solito pronunciare questa invocazione: "O *Allah, ti imploro di guidarmi, di infondere in me il*

Tuo timore, di preservarmi dal peccato e di aiutarmi a fare a meno degli uomini (allāhūmma innī as'alūka al-hūdā wa at-tūqā wa al-'afāf wa al-ghinā)". [Muslim]

1469. Secondo Tariq ibn Achyam, quando un uomo abbracciava l'Islam, il Profeta ﷺ gli insegnava la preghiera e poi gli raccomandava di pronunciare questa invocazione: "O *Allah, che tu mi perdoni, che tu mi mostri misericordia, che tu mi guidi, che tu mi preservi da ogni male e che tu mi inondi di benedizioni*". [Muslim]

Secondo un'altra versione di Muslim, Tariq raccontò di aver sentito un uomo chiedere al Messaggero di Allah ﷺ: "O Messaggero di Allah, come posso invocare il mio Signore?". Il Profeta ﷺ rispose: *"Di': "O Allah, che tu mi perdoni, che tu mi mostri misericordia, che tu mi guidi, che tu mi tenga lontano da ogni male e che tu mi benedica". Questa invocazione vi permetterà di ottenere sia le benedizioni di questo mondo che quelle dell'Aldilà"*.

1470. Secondo 'Abdullah ibn 'Amr ibn Al-'As, una volta il Messaggero di Allah ﷺ pronunciò le parole: "O *Allah, Tu che dirigi i cuori, dirigi i nostri cuori alla Tua obbedienza*". [Muslim]

1471. Secondo Abū Hurairah, il Profeta ﷺ disse: "*Implorate Allah di proteggervi da ogni prova insormontabile, da ogni disgrazia irrimediabile, da ogni destino sfavorevole e da ogni disgrazia di cui possano gioire i vostri nemici*". [Al-Bukhārī e Muslim].

Secondo un'altra versione, Sufyan - uno dei narratori dell'hadith - dice: "Temo di aver aggiunto una di queste quattro cose".

1472. Secondo Abū Hurairah, il Messaggero di Allah ﷺ era solito dire: "O *Allah, che tu riformi la mia religione che è una protezione per me, che tu migliori la mia vita qui sulla terra e che mi conceda la salvezza nell'altra vita a cui sono chiamato a tornare". Fa' che i giorni che mi restano siano un'occasione per fare più bene e che la morte che mi attende sia un modo per liberarmi da ogni male*". [Muslim]

1473. Secondo 'Ali, il Messaggero di Allah ﷺ gli raccomandò di pronunciare queste parole: "O *Allah, che tu mi mantenga sulla retta via e mi permetta di agire sempre con la stessa rettitudine (allāhumma ihdinī wa saddidnī)*". [Muslim]

1474. Secondo Anas, il Messaggero di Allah ﷺ era solito dire: "O *Allah, preservami dall'incapacità di agire, dalla pigrizia, dalla codardia, dalla senilità e dall'avidità*". *Che tu mi protegga dal castigo della tomba e dalle prove della vita e della morte*".

Secondo un'altra versione, ha aggiunto: "*.... Dal peso dei debiti e dall'ingiustizia degli uomini*". [Muslim]

1475. Abū Bakr As-Siddīq raccontò di aver chiesto al Messaggero di Allah ﷺ di insegnargli un'invocazione da ripetere nelle sue preghiere e che il Messaggero di Allah ﷺ gli raccomandò di dire: "O *Allah, sono stato molto ingiusto con me stesso. Ma nessuno perdona i peccati se non Tu. Perciò concedimi, per effetto della Tua grazia, il Tuo perdono e mostrami misericordia. In verità, Tu sei il Più Compassionevole, il Più Misericordioso*". [Al-Bukhārī e Muslim].

1476. Secondo Abū Musa, il Profeta ﷺ era solito invocare Allah come segue: "O *Allah, perdona i miei peccati, la mia ignoranza, le mie trasgressioni e ciò che sai meglio di me. O Allah, perdona i miei peccati commessi sul serio o per scherzo, involontariamente o deliberatamente, perché tutti esistono in me. O Allah, perdona i miei peccati prima e dopo, quelli commessi in segreto e quelli commessi apertamente, e ciò che sai meglio di me. Perdona i miei peccati prima e dopo, quelli commessi in segreto e quelli commessi apertamente, e ciò che sai meglio di me. Perdona i miei peccati prima e dopo, quelli commessi in segreto e quelli commessi apertamente, e ciò che sai meglio di me. Tu avvicini a te o allontani da te chi vuoi, e hai potere su tutte le cose*". [Al-Bukhārī e Muslim].

1477. Secondo 'Āishah il Messaggero di Allah ﷺ era solito invocare

Allah dicendo: "O *Allah, che tu mi perdoni il male che ho commesso e mi preservi dal male che potrei commettere*". [Muslim]

1478. Secondo Ibn 'Umar, tra le invocazioni del Messaggero di Allah ﷺ c'era questa: "O *Allah, che tu mi preservi dalla scomparsa dei tuoi favori, dalle prove che seguono la felicità, dalla repentinità della tua vendetta e da tutto ciò che provoca la tua ira*". [Muslim]

1479. Secondo Zayd ibn Arqam, il Messaggero di Allah ﷺ era solito dire: "O *Allah, che tu mi preservi dall'incapacità di agire e dalla pigrizia, dall'avarizia e dalla senilità e dal castigo della tomba. O Allah, che tu preservi la mia anima dal peccato e la purifichi, perché nessuno può purificarla meglio di Te*". O *Allah, che tu mi preservi da una conoscenza che non serve a nulla, da un cuore che non si sottomette con umiltà, da un'anima che non è mai soddisfatta e da un'invocazione che non viene mai esaudita*". [Muslim]

Secondo Ibn 'Abbās, il Messaggero di Allah ﷺ era solito dire: "O *Allah, a Te mi sottometto, a Te credo, a Te confido, a Te ritorno pentito, a Te discuto e al Tuo giudizio mi rimetto. Che tu possa perdonare i miei peccati passati e quelli futuri, quelli commessi in segreto e quelli commessi apertamente. Tu avvicini o allontani chi vuoi. Non c'è altra divinità degna di essere adorata all'infuori di Te.*

In alcune versioni, troviamo questa aggiunta: "*Non c'è forza e non c'è cambiamento se non da parte di Allah*". [Al-Bukhārī e Muslim].

1481. 'Āishah, che Allah sia soddisfatto di lei, ha raccontato che il Profeta ﷺ era solito invocare Allah come segue: "O *Allah, imploro la Tua protezione contro le prove e il castigo del Fuoco, contro i mali della ricchezza e quelli della povertà*". [Abū Dawūd, la cui versione è questa, e At-Tirmidhī: "*hadīth hasan sahīh*"].

1482. Ziyad ibn 'Ilāqah ha riferito, secondo lo zio paterno Qutbah ibn Mālik, che il Profeta ﷺ era solito dire: "O *Allah, che tu mi preservi da ogni comportamento riprovevole, da ogni atto riprovevole e da ogni inclinazione al male*". [At-Tirmidhī che specifica: "*hadith hasan*"].

1483. Shakal ibn Humayd raccontò che una volta chiese al Profeta ﷺ: "O Messaggero di Allah, insegnami un'invocazione. Rispose: "*Di'*: "*O Allah, che tu mi preservi dai mali del mio udito, dai mali della mia vista, dai mali della mia lingua, dai mali del mio cuore e dai mali del mio sesso*". [Abū Dawūd e At-Tirmidhī, secondo i quali il hadith è autentico (*hasan*)].

1484. Secondo Anas, il Profeta ﷺ era solito dire: "*O Allah, che tu mi preservi dalla lebbra, dalla follia, dall'elefantiasi e da tutte le malattie gravi*". [Abū Dawūd, attraverso una catena di trasmissione autentica].

1485. Secondo Abū Hurairah, il Messaggero di Allah ﷺ era solito dire: "*O Allah, che tu mi preservi dalla fame, perché è una compagna malvagia, e dal tradimento, perché è una vile corruzione*". [Abū Dawūd, tramite catena di trasmissione autentica].

1486. 'Ali ﷺ raccontò che uno schiavo che si era impegnato con il suo padrone a pagare il prezzo della sua libertà venne da lui e disse: "Non posso pagare la somma concordata, aiutami". 'Ali rispose: "Vuoi che ti insegni alcune parole che il Messaggero di Allah ﷺ mi ha insegnato con le quali Allah ti solleverà dai tuoi debiti, non importa quanto siano grandi? Di': "*O Allah, che tu mi conceda beni leciti sufficienti a dispensarmi da quelli illeciti e mi ponga, per effetto della Tua grazia, al di sopra del bisogno di altri che Te*". [At-Tirmidhī: "*hadith hasan*"].

1487. 'Imran, figlio di Husayn, raccontò che il Profeta ﷺ aveva insegnato a suo padre Husayn questa invocazione: "*O Allah, che tu mi ispiri la rettitudine e mi preservi dal male della mia anima*". [At-Tirmidhī: "*hadith hasan*"].

1488. Abū Al-Fadl Al-'Abbās ibn 'Abd Al-Muttalib raccontò che una volta disse al Profeta ﷺ: "Messaggero di Allah, dimmi una cosa che posso chiedere ad Allah Altissimo. Rispose: "*Implora Allah di preservarti da ogni male*". Tornai qualche giorno dopo con la stessa richiesta: "Messaggero di Allah, dimmi una cosa che posso chiedere ad Allah Altissimo". Questa volta rispose: "*Abbās, zio del Messaggero di Allah, implora Allah di preservarti da ogni male in questo mondo e nell'altra vita*". [At-Tirmidhī che specifica: "*hadith hasan sahīh*"]

1489. Shahr ibn Hawshab ha raccontato di aver chiesto a Umm Salamah, che Allah sia soddisfatto di lei: "Madre dei credenti, quale invocazione il Messaggero di Allah ripeteva più spesso in casa tua?". Lei rispose: "L'invocazione che ripeteva più spesso era: *"Tu che converti i cuori! Fa' che il mio cuore rimanga saldamente attaccato alla Tua religione (yā mūqalliba al-qulub, thabbit qalbī 'alā dīnik)"*. [At-Tirmidhī che specifica: "*hadith hasan*"].

1490. Secondo Abū Ad-Dardā', il Messaggero di Allah ﷺ disse: "*Una delle invocazioni del Profeta Davide era: 'O Allah, ti chiedo il tuo amore, l'amore di coloro che ti amano e le azioni che mi faranno guadagnare il tuo amore. O Allah, rendimi il tuo amore più caro della mia stessa persona, della mia famiglia e dell'acqua fresca'*". [At-Tirmidhī che specifica: "*hadith hasan*"].

1491. Secondo Anas, il Messaggero di Allah ﷺ disse: "*Ripeti sempre queste parole: Tu il Gloriosissimo, il Generosissimo (yā dhal-jalāli wa al-ikrām)*". [At-Tirmidhī, An-Nasā'ī - secondo Rabī'ah ibn 'Āmir, uno dei compagni - e Al-Hākim, secondo cui la sua catena di trasmissione è autentica].

1492. Abū Ummah ha riferito quanto segue: Una volta il Messaggero di Allah ﷺ pronunciò una lunga invocazione che non abbiamo ricordato. Noi dicemmo: "Messaggero di Allah, ha appena pronunciato una lunga invocazione che non ricordiamo. E disse: "Vi indicherò *un'invocazione che ne è la sintesi...*". *Di'*: "*O Allah, ti chiedo le benedizioni che il tuo Profeta Muhammad ti ha chiesto e di preservarmi dai mali da cui il tuo Profeta Muhammad ti ha chiesto di preservarlo. Solo a Te si deve chiedere aiuto e solo a Te si può raggiungere la meta desiderata. Non c'è forza né cambiamento se non attraverso Allah*". [At-Tirmidhī che specifica: "*hadith hasan*"].

1493. Secondo Ibn Mas'ud, tra le invocazioni del Messaggero di Allah ﷺ c'era questa: "*Che Tu, o Allah, mi renda facili le azioni che mi faranno guadagnare la Tua misericordia e il Tuo perdono, mi preservi da ogni azione malvagia, mi guidi verso ogni azione buona, mi faccia guadagnare il Paradiso e mi salvi dall'Inferno*". [Al-Hākim

Abū 'Abdillah chiarisce che l'hadith è autentico secondo i criteri di Muslim].

251. Il merito delle invocazioni per conto della persona assente

Allah, l'Altissimo, dice:

Per quanto riguarda i credenti che sono venuti dopo di loro, essi implorano: "Signore, perdona noi e i nostri fratelli che ci hanno preceduto nella fede" (59:10).

Chiedete perdono per i vostri peccati e per quelli degli uomini e delle donne credenti (47:19).

Ti prego di perdonare me, i miei genitori e i credenti nel Giorno del Giudizio (14:41).

1494. Abū Ad-Dardā' ha riferito di aver sentito il Messaggero di Allah ﷺ dire: "*Nessun musulmano prega per il suo fratello musulmano in sua assenza senza che l'angelo gli dica: 'Che lo stesso ti sia concesso'*" [Muslim].

1495. Secondo Abū Ad-Dardā', il Messaggero di Allah ﷺ disse: "*L'invocazione di un musulmano per il fratello musulmano in sua assenza viene sempre esaudita. Un angelo vicino alla sua testa si incarica di dire dopo ogni preghiera per il fratello: "Amen! E che lo stesso sia concesso a voi*". [Muslim]

252. Alcuni problemi relativi alle invocazioni

1496. Secondo Usama ibn Zayd, il Messaggero di Allah ﷺ disse: "*Chiunque dica: "Che Allah ti ricompensi (jazāka allāhū khayran)" a colui che gli ha concesso una grazia, lo avrà ampiamente ringraziato*". [At-Tirmidhī: "*hadith hasan sahīh*"].

1497. Secondo Jabir, il Messaggero di Allah ﷺ disse: "*Non invocate la sfortuna su voi stessi, sui vostri figli o sui vostri beni, per evitare che le vostre invocazioni coincidano con un momento in cui saranno esaudite da Allah*". [Muslim]

1498. Secondo Abū Hurairah, il Messaggero di Allah ﷺ disse: "*Il servo di Allah non è mai così vicino al suo Signore come nella prostrazione. Quindi moltiplica le invocazioni in questa posizione*". [Muslim]

1499. Secondo Abū Hurairah, il Profeta ﷺ disse: "*Ognuno di voi viene esaudito finché non si spazientisce, dicendo a se stesso, ad esempio: "Ho invocato il mio Signore, ma non mi ha risposto"*". [Al-Bukhārī e Muslim].

Secondo un'altra versione di Muslim: "*Le invocazioni del servo di Allah sono sempre esaudite, purché non portino al peccato, come la rottura dei legami di parentela, e purché non si spazientisca*". Qualcuno chiese: "O Messaggero di Allah, in che modo diventa impaziente?" Ed egli rispose: "*Dicendo a se stesso: "Ho pregato e pregato, ma non ho ricevuto risposta". Poi si stanca e smette di pregare Allah.*

1500. Secondo gli Abū Ummah, al Messaggero di Allah ﷺ fu chiesto: "Quando è più probabile che le invocazioni vengano esaudite? Rispose: "*Alla fine della notte e delle preghiere obbligatorie*". [At-Tirmidhī: "*hadith hasan*"].

1501. Secondo 'Ubādah ibn As-Sāmit, il Profeta ﷺ disse: "*Non c'è musulmano sulla faccia della terra che invochi Allah, l'Altissimo, senza che Egli lo ascolti o gli risparmi un identico male, e ciò a condizione che questa preghiera non porti a un peccato, come la rottura dei legami di parentela*". Un uomo disse: "Allora bisogna invocare Allah con generosità". Il Messaggero di Allah ﷺ rispose: "*Allah è ancora più generoso*". [At-Tirmidhī: "*hadith hasan sahīh*"].

Anche Al Hakim riporta questo hadith, secondo Abū Sa'īd, con l'aggiunta: "*...o gli riserva un'identica ricompensa nell'Aldilà* ".

1502. Secondo Ibn 'Abbās, il Messaggero di Allah ﷺ era solito dire nei momenti di afflizione: "*Non c'è altra divinità da adorare se non Allah, il Glorioso, il Perdonatore*". *Non c'è altra divinità da adorare se non Allah, il Padrone del Trono Eccelso. Non c'è divinità da adorare se non Allah, Proprietario dei cieli, Proprietario della terra e Proprietario del nobile Trono* ". [Al-Bukhārī e Muslim].

253. I miracoli (*karāmāt*) e le virtù dell'amato di Allah.

Allah, l'Altissimo, dice:

I servi fedeli di Allah saranno certamente preservati da ogni paura e afflizione. Sono coloro che oggi credono nel loro Signore e si tengono lontani dal peccato. E a loro giungerà la buona novella in questo mondo e nell'altra vita. La promessa di Allah non può essere tradita. Questa è la felicità suprema (10:62-64).

Attirate a voi il tronco della palma, che vi farà cadere addosso datteri freschi. Quindi mangiate e bevete (19:25-26).

Ogni volta che Zaccaria andava da lei nel Tempio, trovava del cibo al suo fianco. Egli disse: "Maria, da dove viene questo?" "Viene da Allah, che concede le Sue benedizioni a chi vuole", rispose lei. (3:37)

Poiché abbiamo deciso di fuggire dalla nostra gente e dai falsi dei che adorano oltre ad Allah, cerchiamo rifugio in una grotta. Nostro Signore farà piovere su di noi le sue grazie e non mancherà di fornirci ogni cosa utile". Quando il sole sorgeva, lo si vedeva allontanarsi a destra della grotta e quando tramontava, si allontanava a sinistra (18:16-17).

1503. Secondo Abū Muhammad 'Abd Ar-Rahman, figlio di Abū Bakr As-Siddīq, che Allah si compiaccia di lui e di suo padre, il Profeta ﷺ disse una volta a proposito della gente del Sufah che viveva in povertà: "*Chi ha cibo sufficiente per due persone, ne prenda tre! E chi ha cibo sufficiente per quattro persone, ne prenda cinque o sei*. Allora Abū Bakr portò a casa sua tre di questi bisognosi e il Profeta **ne prese** ﷺ dieci con sé. Abū Bakr lasciò i suoi ospiti a casa e andò lui stesso a cenare a casa del Profeta ﷺ, dove rimase fino alla preghiera della sera. Quando la sera tornò a casa, sua moglie gli chiese: "Che cosa ti ha impedito di venire a occuparti dei tuoi ospiti?". Lui rispose: "Non hai servito loro la cena? Lei rispose: "Si sono rifiutati di mangiare ciò che è stato loro offerto fino al tuo ritorno.

'Abd Ar-Rahman continuò il suo racconto: "Sono andato a nascondermi. Mio padre mi insultò e disse ai suoi ospiti: "Mangiate! E non vi auguro buon appetito. Per Allah, non lo toccherò. 'Abd Ar-Rahman aggiunse: "Per Allah, ad ogni boccone la quantità di cibo nel piatto aumentava, finché tutti gli uomini non si saziarono. Tanto che alla fine del pasto il piatto era più pieno che all'inizio. Quando Abū Bakr se ne accorse, chiamò sua moglie: "Moglie dei Bani Firs, cosa significa questo? La quantità di cibo è triplicata", ha esclamato.

Abū Bakr lo mangiò dicendo: "Il mio giuramento di non toccare questo cibo è stato ispirato da Satana", poi ne prese un boccone e lo portò al Profeta ﷺ, dove lo conservò fino al mattino. In quel periodo stava per terminare una tregua tra noi e una tribù nemica. Siamo stati poi divisi in dodici gruppi di combattenti con un uomo a capo di ogni gruppo. Allah sa bene quanti uomini c'erano in ogni gruppo, ma una cosa è certa: tutti mangiarono di quel cibo.

In un'altra versione: Quando Abū Bakr giurò di non toccare il cibo, sua moglie lo seguì e i suoi ospiti lo seguirono e giurarono di non mangiare o toccare fino a dopo di lui. Abū Bakr disse allora: "Questo giuramento è stato ispirato da Satana", prima di chiedere che venisse servito il cibo e mangiarlo, seguito dai suoi ospiti. Ad ogni boccone, la quantità di cibo nel piatto aumentava. Disse: "Donna della tribù dei Bani Firās, cosa significa questo?" "Che gioia! Ce n'è di più che all'inizio del pasto", ha esclamato. Così mangiarono e Abū Bakr portò il piatto al Profeta ﷺ che, secondo 'Abd Ar-Rahman, lo mangiò anche lui.

Secondo un'altra versione, Abū Bakr chiese a suo figlio 'Abd Ar-Rahman di prendersi cura dei suoi ospiti, dicendo: "Prenditi cura dei nostri ospiti. Vado a casa del Profeta. E assicuratevi che al mio ritorno abbiano finito di mangiare". Allora 'Abd Ar-Rahman servì loro ciò che avevano e li invitò a mangiare, ma essi gli chiesero: "Dov'è il padrone di casa?". "Allora mangia", insistette. "Mangeremo solo in presenza del padrone di casa", dissero. "Accettate la nostra ospitalità, perché se al suo ritorno non avete ancora cenato, si infurierà con noi", lo pregò, ma invano.

'Abd Ar-Rahman continuò: "Convinto che mio padre si sarebbe arrabbiato con me, mi nascosi al suo arrivo. Chiese: "Cosa ne avete fatto dei nostri ospiti? Una volta informato, mi ha chiamato due volte, ma ho taciuto. "Ho pregato per Allah, se puoi sentirmi, vieni qui. Poi sono uscito e ho detto: "Chiedete ai vostri ospiti". "Sta dicendo la verità, ci ha offerto del cibo", hanno ammesso. "Quindi sei stato tu a decidere di aspettarmi. Per Allah, non toccherò il cibo stasera", giurò. "Per Allah, non mangeremo se non dopo di voi", risposero gli altri. "Guai a voi, cosa dovete fare per rifiutare la nostra ospitalità?", ha detto prima di reclamare il cibo e metterci sopra la mano, dicendo: "In nome di Allah".

Quanto al giuramento che ho fatto, è stato ispirato da Satana. Così mangiò, imitato dai suoi ospiti. [Al-Bukhārī e Muslim].

1504. Secondo Abū Hurairah, il Messaggero di Allah ﷺ disse: *"C'erano uomini ispirati nelle nazioni prima di voi. Ora, se c'è un uomo ispirato nella mia nazione, quello è 'Umar".* [Al-Bukhārī e Muslim, secondo la versione di 'Āishah].

1505. Jābir ibn Samurah racconta quanto segue: Gli abitanti di Kufa si lamentarono con il califfo 'Umar ibn Al-Khattab del loro governatore Sa'd ibn Abi Waqqās, che fu così destituito e sostituito da 'Ammār. Sostenevano che Sa'd non aveva guidato correttamente la preghiera. Allora 'Umar chiamò Sa'd e disse: "Abū Is'hāq! Queste persone sostengono che non conducete la preghiera in modo corretto.

Sa'd rispose: "Per Allah, ero solito guidare la preghiera alla maniera del Messaggero di Allah ﷺ, senza omettere nulla. Prolungherei la lettura nelle prime due unità della preghiera di mezzogiorno e del pomeriggio e la accorcerei nelle ultime due". "Questo è ciò che abbiamo sempre pensato di te, Abū Is'hāq", disse 'Umar, prima di inviare un uomo (o più) con lui a Kufa per interrogare i suoi abitanti. Non usciva da nessuna moschea senza aver incontrato i fedeli, che erano unanimi nell'elogiare i meriti di Sa'd.

Ma quando entrò nella moschea dei Bani 'Abs, un uomo di nome Usamah ibn Qatādah, soprannominato Abū Sa'dah, si alzò e disse: "Visto che chiedi il nostro parere, sappi che Sa'd non partecipava alle spedizioni, non distribuiva le ricchezze in modo equo e non era imparziale nei suoi giudizi".

Sa'd esclamò: "Per Allah, farò tre invocazioni contro di lui: "O Allah, se questo tuo servo ha mentito e si è alzato solo per farsi vedere e sentire dalla gente, prolunga la sua vita, fallo vivere in povertà ed esponilo alle tentazioni!"". Quando quest'uomo fu poi interrogato, rispose: "Sono solo un vecchio esposto alle tentazioni e toccato dalle invocazioni di Sa'd".

'Abd Al-Malik ibn 'Ummayr, colui che ottenne questo resoconto da Jābir ibn Samurah, aggiunse: "Lo vidi in seguito, con le sopracciglia cadenti sugli occhi a causa della vecchiaia, avvicinarsi a giovani ragazze per strada e sfiorarle con la mano". [Al-Bukhārī e Muslim].

1506. 'Uruwah ibn Az-Zubayr raccontò che Arwā bint Aws si lamentò con Marwan ibn Al-Hakam di Sa'īd ibn Zayd ibn 'Amr ibn Nufayl, accusandolo di aver usurpato parte delle sue terre. Sa'īd rispose: "Dovrei togliere una parte della sua terra dopo quello che ho sentito dalla bocca del Messaggero di Allah?" chiese Marwan. Rispose: "Ho sentito il Messaggero di Allah ﷺ dire: *'Chi prende un tratto di terra ingiustamente se lo porterà al collo sotto sette terre nel Giorno della Resurrezione'*". Marwan gli disse: "Non ti chiederò di provare la tua innocenza dopo quello che ho appena sentito. Sa'īd disse: "O Allah, se mente, privala della vista e falla morire nella sua terra". 'Uruwah ha aggiunto: "In realtà, non è morta finché non ha perso la vista. Mentre camminava nella sua terra, cadde in un pozzo e morì". [Al-Bukhārī e Muslim].

In un'altra versione di Muslim, Muhammad ibn Zayd ibn 'Abdillah ibn 'Umar racconta di averla vista cieca, che tastava le pareti in cerca di una guida e ripeteva di essere stata toccata dall'invocazione di Sa'īd. Mentre passava accanto a un pozzo nella terra che aveva accusato Sa'īd di aver usurpato, cadde nel vuoto.

1507. Jābir ibn 'Abdillah raccontò la seguente storia: Alla vigilia della battaglia di Ummud, mio padre mi chiamò di notte e mi disse: "Penso che sarò uno dei primi compagni del Profeta a morire". Ora, a parte il Messaggero di Allah, non lascio nessuno più caro di te. Ho un debito che vi chiedo di saldare. E prendetevi cura delle vostre sorelle.

Il mattino seguente fu effettivamente il primo a cadere in battaglia. L'ho seppellito con un altro nella stessa tomba e poi, sei mesi dopo, riluttante a lasciarlo con un altro, l'ho dissotterrato. Il suo corpo, ad eccezione di un orecchio, era nelle stesse condizioni del giorno in cui l'avevo seppellito. Poi l'ho seppellito da solo in un'altra tomba. [Al-Bukhārī]

1508. Secondo Anas, due compagni uscirono dalla casa del Profeta ﷺ in una notte buia con due lampade davanti a loro. Quando si separarono, ognuno camminò con questa luce davanti a sé e li accompagnò a casa sua. [Al-Bukhārī]

Riportato da al-Bukhārī attraverso varie catene di trasmissione di narratori, alcuni dei quali sostengono che i due uomini fossero Usayd ibn Hudayr e 'Abbas ibn Bishr, che Allah sia soddisfatto di loro.

1509. Secondo Abū Hurairah, il Messaggero di Allah ﷺ inviò dieci uomini in missione di ricognizione guidati da 'Āsim ibn Thābit Al-Ansāri. Quando raggiunsero Al-Had'ah, tra Usfān e Makkah, un clan della tribù degli Hūdhayl, i Bani Lihyān, fu informato della loro presenza e cento arcieri furono inviati a seguirli. Avvertendo la loro presenza, 'Asim e i suoi compagni si rifugiarono su una collina.

La truppa nemica li circondò e disse loro: "Scendete e arrendetevi, avete la nostra garanzia che nessuno di voi morirà". 'Āsim ibn Thābit disse allora ai suoi compagni: "Ascoltatemi bene, per quanto mi riguarda non scenderò mai sulla parola di un miscredente. O Allah, informa il Tuo Profeta di ciò che ci è capitato. I miscredenti allora scagliarono le loro frecce contro di loro, uccidendo il loro capo 'Āsim. Sulla base del loro compromesso, Khubayb, Zayd ibn Ad-Dathinah e un terzo uomo si arresero ai loro nemici che li legarono con le loro corde d'arco.

Il terzo uomo disse: "Questo è il primo dei vostri tradimenti. Per Allah, non vi seguirò mai. Questi - i suoi compagni morti - sono un buon esempio da seguire. Lo trascinarono e cercarono di portarlo con loro, ma invano. Lo uccisero e presero con sé Jubayb e Zayd ibn Ad-Dathinah e li vendettero come schiavi a Makkah.

Questo incidente ebbe luogo dopo la battaglia di Badr. Durante questa battaglia, Khubayb uccise al-Harith ibn 'Amir ibn Nawfal ibn 'Abd-Manaf. I suoi figli comprarono Khubayb, che rimase prigioniero nella loro casa finché non decisero di giustiziarlo. Durante la prigionia, Khubayb prese in prestito un rasoio da una delle figlie di al-Hārith per radersi il pube. Uno dei suoi giovani figli si avvicinò a Khubayb a sua insaputa. All'improvviso, vide il ragazzo seduto sulla coscia di Khubayb che teneva la spada in mano. Lei era spaventata, ma a Khubayb non sfuggì e disse: "Hai paura che lo uccida? Non lo farò!

In seguito ammise: "Per Allah, non ho mai visto un prigioniero con il coraggio di Khubayb; per Allah, una volta l'ho trovato che mangiava un grappolo d'uva che teneva in mano quando era in catene e a quel tempo non c'era frutta alla Mecca. Questa è stata davvero una grazia di Allah a favore di Khubayb".

Quando lo portarono fuori dal territorio sacro di Makkah per giustiziarlo, Jubayb chiese il permesso di pregare per due unità, cosa che fece prima di aggiungere: "Per Allah, se non fosse per la paura che voi pensate che io abbia paura della morte, avrei prolungato la mia preghiera". Poi disse: "O Allah, che tu li conti fino alla fine e li uccida uno per uno senza risparmiare nessuno di loro". Poi ha recitato questi versetti:

Finché muoio da musulmano, non mi interessa.

Come, per Allah, morirò.

Questo per amore di Allah che, se vuole, renderà il mondo migliore,

le membra di un corpo mutilato, benedirà.

Khubayb fu il primo a istituire l'usanza di eseguire una preghiera per un musulmano che stava per essere giustiziato. Il Profeta ﷺ annunciò la morte di Khubayb ai suoi compagni. Gli uomini delle tribù di Quraysh, informati della morte di 'Asim, che aveva ucciso uno dei loro capi, mandarono degli uomini a portare una parte del suo corpo per identificarlo. Ma Allah inviò una nuvola di vespe sul suo corpo, che lo protesse dalle mutilazioni. [Al-Bukhārī]

Molti altri hadith autentici relativi ai miracoli (*Karamat*) sono citati in questo libro, come la storia del giovane che visitò un monaco e uno stregone (n. 30), la storia di Jūrayj (n. 259), la storia degli uomini che rimasero intrappolati in una grotta (n. 12) o la storia dell'uomo che sentì una voce dalle nuvole che diceva: "*Innaffia il giardino di così e così*" (n. 562). Inoltre, sono noti molti hadith in tal senso.

1510. Ibn 'Umar disse: "Non ho mai sentito mio padre 'Umar esprimere la sua opinione su una questione senza avere ragione". [Al-Bukhārī]

LIBRO: IL PROIBITO

254. Il divieto di mormorare e il comando di tenere a freno la lingua

Allah, l'Altissimo, dice:

Fuggite dalla calunnia! Qualcuno di voi vorrebbe mangiare la carne del proprio fratello morto? No! Lo odiereste. Temete dunque Allah, che accetta sempre il pentimento dei suoi servi ed è il più misericordioso (49:12).

Non dite nulla di cui non siete sicuri. Dell'udito, della vista e del cuore, ognuno deve rispondere (17:36).

Non dice una parola senza che un angelo al suo fianco sia pronto a registrarla (50,18).

Ogni persona responsabile dovrebbe tenere a freno la lingua, a meno che non ci sia un chiaro vantaggio nel parlare. E anche quando il beneficio di parlare è pari a quello di tacere, la Sunnah raccomanda di tacere. Perché un discorso lecito può portare a un discorso illecito o discutibile, come spesso accade. Perciò, per precauzione, bisogna astenersi dal parlare.

1511. Secondo Abū Hurairah, il Profeta ﷺ disse: *"Chi crede in Allah e nell'Ultimo Giorno, dica bene o taccia"*. [Al-Bukhārī e Muslim].

Questo hadith chiarisce che si dovrebbe parlare solo per il gusto di parlare bene, cioè solo quando c'è un chiaro beneficio nel farlo. Quando si dubita di questo interesse, bisogna astenersi dal parlare.

1512. Abū Musa al-Ashari raccontò di aver chiesto al Profeta ﷺ: "Messaggero di Allah, chi è il migliore dei musulmani?" Egli rispose: *"Colui che protegge gli altri musulmani dal male con la lingua e con la mano"*. [Al-Bukhārī e Muslim].

1513. Secondo Sahl ibn Sa'd, il Messaggero di Allah ﷺ disse: "*Garantisco il Paradiso a chiunque mi garantisca di preservare dal peccato ciò che ha tra le fauci e tra le gambe*". [Al-Bukhārī e Muslim].

1514. Abū Hurairah raccontò di aver sentito il Profeta ﷺ dire: "*A volte un uomo pronuncia, senza pensare, parole che lo faranno cadere nel Fuoco dell'Inferno più profondo della distanza tra est e ovest* ". [Al-Bukhārī e Muslim].

1515. Secondo Abū Hurairah, il Profeta ﷺ disse: "*A volte un uomo pronuncia parole senza misurarne il valore, di cui Allah, l'Altissimo, si compiace e con le quali lo innalzerà in Paradiso. A volte pronuncia, senza misurarne la gravità, parole che provocano l'ira di Allah, l'Altissimo, ed Egli lo getterà nell'Inferno*". [Al-Bukhārī]

1516. Secondo Abū 'Abd Ar-Rahman Bilal ibn Al-Harith Al-Muzani, il Messaggero di Allah ﷺ disse: "*A volte un uomo pronuncia parole di cui Allah, l'Altissimo, si compiace, non immaginando nemmeno per un momento che gli faranno guadagnare la soddisfazione di Allah fino al giorno in cui Lo incontreranno. E a volte pronuncia parole che provocano l'ira di Allah, non immaginando nemmeno per un attimo che si guadagneranno l'ira di Allah fino al giorno in cui Lo incontreranno* ". [Riportato dall'Imam Mālik nella *Mūatta'* e nell'At-Tirmidhī che specifica: "*hadith hasan sahīh*"].

1517. Sufyan ibn 'Abdillah raccontò di aver chiesto al Profeta ﷺ: "Messaggero di Allah, dimmi un'azione alla quale potrei essere legato. Rispose: "*Di': 'Il mio Signore è Allah', e poi segui la retta via*". Sufyan aggiunse: "O Messaggero di Allah, cosa temi di più per me? Poi si è stretto la lingua e ha detto: "*Questo*". [At-Tirmidhī: "*hadith hasan sahīh*"].

1518. Secondo Ibn 'Umar, il Messaggero di Allah ﷺ disse: " *Non parlare troppo se non per invocare il nome di Allah. Parlare troppo, se non per invocare il nome di Allah, indurisce il cuore. Gli uomini più lontani da Allah sono quelli che hanno il cuore duro* ". [At-Tirmidhī]

1519. Secondo Abū Hurairah, il Messaggero di Allah ﷺ disse: "*Chiunque Allah protegga dal male di ciò che è tra le sue mascelle e tra le sue gambe entrerà in Paradiso*". [At-Tirmidhī: "*hasan hadith*"].

1520. 'Uqbah ibn 'Āmir riferì di aver chiesto al Profeta ﷺ: "Messaggero di Allah, dov'è la salvezza?". Egli rispose: "*Chiudi la bocca, resta in casa tua e piangi i tuoi peccati*". [At-Tirmidhī: "*hasan hadith*"].

1521. Secondo Abū Sa'īd Al-Khudri, il Profeta ﷺ disse: "*Ogni mattina, tutte le membra dell'uomo si umiliano davanti alla lingua, dicendole: 'Temi Allah, perché il nostro destino è legato al tuo: se seguirai la retta via, la seguiremo con te, e se te ne allontanerai, faremo lo stesso'*". [At-Tirmidhī]

1522. Mu'ādh raccontò di aver chiesto al Profeta ﷺ: "Messaggero di Allah, dimmi un'azione che mi porti in Paradiso e mi tenga lontano dall'Inferno. Rispose: "*Mi hai chiesto qualcosa di importante e facile per chiunque Allah, l'Altissimo, glielo abbia reso facile: adorare Allah senza associare nulla a Lui, eseguire la preghiera, pagare le elemosine lecite, digiunare nel mese di Ramadan e recarsi in pellegrinaggio al santuario di Makkah*". Poi ha aggiunto: "Volete *conoscere le porte del bene? Il digiuno, perché è una protezione, l'elemosina, perché cancella i peccati come l'acqua cancella il fuoco, e le preghiere nel cuore della notte*". Poi recitò questi versetti:

"Si separano dai loro letti, pregano il loro Signore, pieni di timore e di speranza, e offrono un po' di ciò che abbiamo concesso loro in carità. Nessuno sa cosa li aspetta, come ricompensa per le loro azioni, come beatitudine". (32:16-17)

Poi gli disse: "*Vuoi che ti dica qual è la cosa più importante, il pilastro centrale e la sua sommità?* "Sì, Messaggero di Allah", rispose. Ha detto: "*La cosa più importante è l'Islam, il suo pilastro, la preghiera, e il suo vertice, la lotta per la causa di Allah*". E continuò: "*Vuoi che ti dica su cosa si basa tutto questo?*" "Sì, Messaggero di Allah", rispose. Poi gli afferrò la lingua e disse: "*Tieni questo*. Mu'ādh chiese: "O Messaggero di Allah, saremo ritenuti responsabili delle nostre parole? Rispose: *"Le persone saranno forse gettate di faccia all'inferno per qualcosa di diverso da ciò che dicono?"* [At-Tirmidhī: *"hadith hasan sahīh"*].

1523. Secondo Abū Hurairah, il Messaggero di Allah ﷺ disse una volta ai suoi compagni: "*Sapete cos'è la maldicenza?* "Allah e il Suo Messaggero lo sanno meglio di chiunque altro", risposero. Ha detto: "*È parlare del prossimo in termini che non vorrebbe sentire.* Gli chiesero: "E se lo descrivessi come è realmente?". Rispose: "*Se corrisponde davvero a ciò che dici di lui, è una calunnia, e se menti su di lui, è una calunnia*". [Muslim]

1524. Secondo Abū Bakrah, nel suo sermone nel giorno del sacrificio a Mina, durante il pellegrinaggio di addio, il Messaggero di Allah ﷺ disse: "*Il vostro sangue, la vostra proprietà e il vostro onore sono sacri come questo giorno, questa città e questo mese. L'ho trasmesso bene?*" [Al-Bukhārī e Muslim].

1525. 'Āishah, che Allah sia soddisfatto di lei, avrebbe detto al Profeta ﷺ a proposito della sua co-sposa Safiyyah: "Questo difetto - un'allusione, secondo alcuni narratori, alla sua piccola taglia - è di per sé sufficiente". Egli rispose: "*Hai appena pronunciato parole che, se mescolate all'acqua del mare, lo corromperebbero*". Ha anche riferito dell'imitazione di una persona che, davanti al Profeta, gli disse: "*Non vorrei imitare gli altri per nulla al mondo*". [Abū Dawūd e At-Tirmidhī: *"hadith hasan sahīh"*].

Questo hadith è una delle più chiare condanne della maldicenza. Allah, l'Altissimo, dice del Profeta ﷺ: **"Non parla sotto l'influenza delle sue passioni, ma si accontenta di ripetere ciò che riceve dalla Rivelazione"** (53:3-4).

1526. Secondo Anas, il Profeta ﷺ disse: "*Quando fui elevato in cielo, passai accanto a persone che si laceravano il viso e il petto con le unghie di bronzo. "Gabriel! Chi sono queste persone?", dissi. "Sono coloro che, con le loro* calunnie, hanno mangiato la carne dei loro vicini e hanno ferito il loro onore", *rispose*. [Abū Dawūd]

1527. Secondo Abū Hurairah, il Messaggero di Allah ﷺ disse: "*Tutto ciò che riguarda un musulmano è sacro per gli altri musulmani: il suo sangue, il suo onore e la sua proprietà*". [Muslim]

255. Il divieto di ascoltare le calunnie e l'ordine di condannarle e di condannare il loro autore e, se si rifiuta di ascoltarle o se non è possibile condannarle, di lasciare i locali.

Allah, l'Altissimo, dice:

Quando sentono parole offensive, se ne allontanano (28:55).

Si allontanano con dignità da ogni futilità (23:3).

Dell'udito, della vista e del cuore, ognuno deve rispondere (17:36).

E quando vedi che gli uomini negano e deridono i Nostri segni, allontanati da loro finché non cambiano discorso. E se Satana vi fa dimenticare, fuggite, appena ve ne ricordate, dalla compagnia dei malvagi (6:68).

1528. Secondo Abū Ad-Dardā', il Profeta ﷺ disse: "*Chi protegge l'onore del fratello musulmano, sappia che Allah proteggerà il suo volto dal Fuoco Infernale nel Giorno della Resurrezione*". [At-Tirmidhī: "*hadith hasan*"].

1529. 'Itbān ibn Mālik racconta, in un lungo hadith citato *nel* capitolo intitolato *Speranza in Allah*, che il Profeta ﷺ, dopo aver guidato la preghiera, chiese: "*Dov'è Mālik ibn Ad-Dūkhchūm?*" Un uomo rispose: "È un ipocrita che non ama né Allah né il Suo Messaggero". Il Profeta ﷺ rispose: "*Non dire così, non sai che ha testimoniato che non c'è altra divinità che Allah, desiderando così di compiacere il Signore, e che Allah ha proibito l'Inferno a chiunque testimoni che non c'è altra divinità che Allah, desiderando così di compiacere il Signore*". [Al-Bukhārī e Muslim].

1530. Ka'b ibn *Mālik* racconta nel lungo racconto del suo pentimento - citato nel capitolo sul pentimento - che il Profeta ﷺ, seduto tra i suoi compagni a Tabuk, gli chiese: "*Cosa ha fatto Ka'b ibn Mālik?*" Un uomo della tribù di Bani Salimah rispose: "Messaggero di Allah, è stato trattenuto dai suoi bei vestiti e dall'ammirazione che prova per la sua persona". Mu'ādh ibn Jabal rispose: "Che brutte parole hai appena pronunciato! Per Allah, Messaggero di Allah, non conosciamo altro che il bene di lui. Il Messaggero di Allah ﷺ rimase in silenzio. [Al-Bukhārī e Muslim].

256. Casi in cui è ammessa la diffamazione

È bene sapere che la maldicenza è consentita per alcuni scopi, consentiti dalla religione, che non potrebbero essere raggiunti senza il suo ricorso. Esistono sei scopi di questo tipo:

1. Lamentarsi di un'ingiustizia. La persona che subisce un'ingiustizia può presentare un reclamo alle autorità, al giudice o a chiunque abbia autorità. Può dire, ad esempio: "Così e così mi ha fatto un torto".

2. Cercare il sostegno di una terza persona per porre fine a un illecito e riportare l'autore sulla retta via. Per esempio, dite alla persona che credete possa fermare l'azione sbagliata: "Così e così sta commettendo questo peccato. Impeditegli di continuare. L'intenzione deve essere esclusivamente quella di fermare l'atto in questione. Se si agisce con un'altra intenzione, la calunnia non è più consentita.

3. Chiedere una fatwa. Per esempio, si può dire al mufti: "Mio padre, mio fratello, mio marito o così e così mi ha aggredito, ha il diritto di farlo? Come posso ripristinare i miei diritti e porre fine a questa ingiustizia? È lecito, se necessario, farlo. Tuttavia, come principio di precauzione, è meglio dire: "Qual è il vostro giudizio su un uomo, una persona o un marito che si comporta in questo modo?

In questo caso, infatti, lo scopo è raggiunto senza la necessità di identificare la persona. Tuttavia, è lecito nominare la persona come vedremo, per volontà di Allah Altissimo, nella narrazione di Hind [n. 1535].

4. Avvisare i musulmani di un pericolo e consigliarli con sincerità. Questo avviso può assumere diverse forme, come ad esempio le seguenti:

- Segnalare i narratori di hadith e i testimoni la cui attendibilità o moralità è stata messa in dubbio. Questo è lecito e persino obbligatorio in caso di necessità, secondo l'opinione unanime degli studiosi dell'Islam.

- Consultate le persone su un futuro genero, un futuro partner, un futuro vicino di casa o qualcuno a cui volete affidare un deposito. La persona consultata non deve tacere le carenze della persona interpellata, ma menzionarle con la sincera intenzione di dare un consiglio.

- Ammonire uno studente di scienze religiose che frequenta le lezioni di un innovatore o di un deviante che potrebbe influenzarlo negativamente. In questo caso, si dovrebbe consigliare lo studente evidenziando i difetti e i vizi del maestro, ma solo se si è guidati da buone intenzioni, non dalla gelosia. Satana può ingannare una persona, dandole l'impressione di agire per il bene della persona che sta consigliando, mentre in realtà agisce solo per gelosia. Facciamo quindi attenzione a questo.

- Segnalare ai propri superiori un dirigente che non svolge correttamente le proprie mansioni, per inettitudine, immoralità, mancanza di diligenza o per qualsiasi altro motivo. Questa persona dovrebbe essere segnalata ai suoi superiori in modo che possa essere sollevata dai suoi compiti e sostituita da una persona competente, o almeno in modo che i superiori possano essere informati e agire di conseguenza senza essere ingannati. Dovrebbero quindi incoraggiare l'individuo a correggerlo o a sostituirlo.

5. Menzionare i peccati o le eresie di coloro che li commettono apertamente, come bere vino in pubblico, rubare alla gente o riscuotere tasse illegali. È lecito menzionare le loro malefatte pubbliche, ma è vietato mostrare altri loro vizi, se non per uno degli altri motivi già elencati.

6. Riferirsi a qualcuno con il suo soprannome. Se una persona è conosciuta con un soprannome, come lo zoppo, il sordo o il guercio, è lecito riferirsi a lei con quel soprannome. Tuttavia, è vietato usarli per denigrarli. In ogni caso, è meglio evitarli il più possibile.

Questi sei motivi di diffamazione sono stati citati dagli studiosi islamici e la maggior parte di essi è d'accordo. Si basano sulle tradizioni autentiche conosciute da tutti, alcune delle quali sono elencate di seguito:

1531. Secondo 'Āishah un uomo chiese il permesso di entrare nella casa del Profeta ﷺ che rispose: "*Lasciatelo entrare, ma che uomo malvagio!*". [Al-Bukhārī e Muslim].

Al-Bukhārī considera questo hadith come una prova che è lecito parlare male di individui privi di morale o di dubbia moralità.

1532. Secondo 'Āishah, che Allah si compiaccia di lei, il Messaggero di Allah ﷺ disse: "*Non credo che questo o quello abbia alcuna conoscenza della nostra religione*". [Al-Bukhārī].

Al-Layth ibn Sa'd - uno dei narratori del hadith - afferma che questi due uomini erano tra gli ipocriti.

1533. Fatima bint Qays raccontò di essere andata dal Profeta ﷺ e di avergli detto: "Abū al-Jahm e Mu'āwiyah mi hanno chiesto di sposarli. Il Messaggero di Allah ﷺ "*Mu'āwiyah non ha denaro. Quanto ad Abū Al-Jahm, ha sempre il suo bastone a portata di mano*". [Al-Bukhārī e Muslim].

Secondo un'altra versione in Muslim: "... *quanto ad Abū Al-Jahm, egli picchia le donne*", il che ci permette di comprendere la versione precedente: "*ha sempre il suo bastone a portata di mano*". Secondo un'altra interpretazione, l'espressione significa che viaggia molto.

1534. Zayd ibn Arqam raccontò questo episodio: "Andammo con il Messaggero di Allah ﷺ in un viaggio molto difficile. 'Abdullah ibn

Ubayy disse: "Smettete di sostenere i compagni del Messaggero di Allah ﷺ in modo che si separino da lui". Disse anche: "Quando torneremo a Madinah, i più forti scacceranno i più deboli". Così andai a informare il Messaggero di Allah ﷺ ed egli mandò a chiamare 'Abdullah ibn Ubayy, ma questi giurò con fermezza di non aver mai detto una cosa simile.

La gente allora sostenne che avevo mentito al Messaggero di Allah e ne fui profondamente addolorato, finché Allah, l'Altissimo, non inviò le parole che attestavano la mia buona fede: **"Quando gli ipocriti verranno da te..."** (63:1). Il Profeta ﷺ mandò allora a chiamare gli ipocriti per chiedere perdono ad Allah a nome loro, ma essi si allontanarono". [Al-Bukhārī e Muslim].

1535. Secondo 'Āishah Hind, la moglie di Abū Sufyan, si lamentò con il Messaggero di Allah ﷺ: "Abū Sufyan è un uomo avaro che non dà a me e ai miei figli abbastanza per vivere, costringendomi a prendere soldi da lui a sua insaputa". Il Messaggero di Allah ﷺ gli disse: *"Prendi, ragionevolmente, ciò che è sufficiente per te e per i tuoi figli"*. [Al-Bukhārī e Muslim].

257. Il divieto di vendere le parole delle persone per seminare discordia tra loro

Allah, l'Altissimo, dice:

Non smette di denigrare il prossimo e di seminare discordia (68,11).

Infatti, non pronuncia una parola senza che un angelo al suo fianco sia pronto a registrarla (50:18).

1536. Secondo Hudhayfah, il Messaggero di Allah ﷺ disse: "*Chiunque venda le parole della gente per seminare discordia tra loro non entrerà in Paradiso*". [Al-Bukhārī e Muslim].

1537. Secondo Ibn 'Abbās, il Messaggero di Allah **una volta** ﷺ **passò vicino a**due tombe e disse dei loro occupanti: "*Entrambi stanno subendo una punizione per peccati che possono sembrare insignificanti, ma che in realtà sono di estrema gravità: uno vendeva le parole della gente per seminare discordia tra loro, mentre l'altro non si proteggeva dalle loro urine*[1] ". [Al-Bukhārī e Muslim].

Secondo gli studiosi islamici, le parole: "*Entrambi subiscono una punizione per peccati che possono sembrare insignificanti*" possono significare che questi peccati erano facilmente evitabili.

1538. Secondo Ibn Mas'ud, il Profeta ﷺ disse: "*Volete che vi dica cos'è la calunnia? È vendere le parole del popolo per seminare discordia tra loro*". [Muslim]

---

[1] Oppure: dagli occhi delle persone mentre urinano.

258. Il divieto di riferire alle autorità le parole delle persone, salvo in caso di necessità, come ad esempio per prevenire un danno, è una violazione del diritto alla privacy.

Allah, l'Altissimo, dice:

Non aiutatevi a vicenda a peccare e a trasgredire (5:2).

1539. Secondo Ibn Mas'ud, il Messaggero di Allah ﷺ disse: "*Nessuno dei miei compagni mi informi delle parole o delle azioni di un altro. Anzi, mi piace uscire per incontrarvi senza avere nulla in cuore contro nessuno di voi*". [Abū Dawūd e At-Tirmidhī]

259. La condanna dell'uomo bifronte

Allah, l'Altissimo, dice:

Si nascondono agli occhi degli uomini senza fingere di nascondersi ad Allah, che è con loro quando pronunciano in segreto parole che Egli disapprova. Nessuna delle loro manovre sfugge ad Allah (4:108).

Secondo Abū Hurairah, il Messaggero di Allah ﷺ disse: "*Scoprirete che gli uomini, come i minerali d'oro e d'argento, sono di diversa estrazione. I più nobili prima dell'Islam sono i più nobili nell'Islam una volta compresi i suoi insegnamenti. E scoprirete che i più adatti alla leadership sono i più riluttanti a ottenerla. E scoprirete che il peggiore degli esseri è l'uomo bifronte, quello che arriva a vedere alcuni con una faccia e altri con un'altra*". [Al-Bukhārī e Muslim].

1541. Muhammad ibn Zayd ha raccontato che alcune persone confidarono a suo nonno 'Abdullah Ibn 'Umar: "Quando siamo in presenza dei nostri governanti, non parliamo loro nello stesso modo di quando li lasciamo". 'Abdullah disse: "All'epoca del Messaggero di Allah, lo consideravamo un'ipocrisia". [Al-Bukhārī]

260. Il divieto di mentire

Allah, l'Altissimo, dice:

Non dire nulla di cui non sei sicuro (17:36).

Infatti, non pronuncia una parola senza che un angelo al suo fianco sia pronto a registrarla (50:18).

1542. Secondo Ibn Mas'ud, il Profeta ﷺ disse: "*La veridicità porta alla virtù e la virtù porta al Paradiso. Un uomo non manca mai di dire la verità finché non viene registrato da Allah come un uomo veritiero. Al contrario, la menzogna porta al vizio e il vizio porta all'inferno. Un uomo non smette mai di mentire finché non viene registrato da Allah come bugiardo*". [Al-Bukhārī e Muslim].

1543. Secondo 'Abdullah ibn 'Amr ibn Al-'As, il Messaggero di Allah ﷺ disse: "*Quattro caratteristiche fanno di chi le possiede tutte un perfetto ipocrita. E chi possiede una sola di esse nasconde una delle caratteristiche dell'ipocrisia finché non se ne separa: quando gli viene affidato qualcosa, tradisce la fiducia riposta in lui, quando parla, mente, quando si impegna, viene meno alla parola data, e quando discute, lancia false accuse*". [Al-Bukhārī e Muslim].

1544. Secondo Ibn 'Abbās, il Profeta ﷺ disse: "*Chiunque affermi di aver visto in sogno ciò che in realtà non ha visto, nel Giorno della Resurrezione dovrà legare due chicchi d'orzo, cosa che non potrà fare. Chiunque ascolti le persone in conversazione contro la loro volontà, avrà piombo fuso nelle orecchie. E chi disegna o scolpisce esseri viventi sarà punito con l'obbligo di infondere un'anima nei suoi disegni e nelle sue incisioni, cosa che non potrà fare*". [Al-Bukhārī]

1545. Secondo Ibn 'Umar, il Messaggero di Allah ﷺ disse: "*La peggiore bugia è che un uomo affermi di aver visto in sogno ciò che in realtà non ha visto*". [Al-Bukhārī]

1546. Samurah ibn Jundub racconta questo lungo resoconto: Il Profeta ﷺ chiedeva spesso ai suoi compagni se avessero visto qualcosa in sogno e se glielo avessero raccontato. Una mattina ci ha detto: *"Ieri notte ho visto in sogno due persone che venivano verso di me e mi dicevano:* "Vieni! *Così li ho seguiti e siamo arrivati a un uomo che era sdraiato e un altro uomo era in piedi accanto a lui e gli colpiva la testa con una grossa pietra. Poi andò a raccogliere la pietra che stava rotolando via. Appena tornato, la testa aveva ripreso la sua forma originale. Poi ha ricominciato ad applicare la stessa prova. Dissi ai miei due compagni:* "Gloria ad Allah, chi sono questi due uomini?

Mi risposero: "Vieni! Risposero: "Venite!" *Continuammo il nostro cammino e arrivammo a un uomo disteso sulla schiena. Un altro uomo era in piedi accanto a lui con un uncino in mano, con il quale gli ha lacerato un lato del viso, dall'angolo della bocca alla nuca, poi dal naso al collo e infine dall'occhio al collo. Poi ha proceduto allo stesso modo sull'altro lato del viso. Non appena aveva finito con un lato del viso, l'altro tornava alla sua forma originale, e poi ricominciava ad applicare lo stesso tormento. Dissi:* "Gloria ad Allah, chi sono questi due uomini?

Risposero: "Venite! Risposero: "Venite!" *Continuammo il cammino e arrivammo a una specie di fornace* (il narratore ritiene che il Profeta ﷺ **abbia**aggiunto: "*C'erano rumori e grida confuse*").) *Abbiamo guardato nella fornace e abbiamo visto uomini e donne nudi che, quando le fiamme li hanno raggiunti dal basso, hanno gridato. Ho chiesto:* "Chi sono queste persone?

Risposero: "Venite! Risposero: "Andiamo!" *Continuammo il nostro cammino finché non arrivammo a un fiume* (il narratore ritiene che il Profeta **abbia** ﷺdetto: "*rosso come il sangue*") *dove un uomo stava nuotando mentre un altro, sulla riva, aveva raccolto un enorme mucchio di pietre davanti a sé. Dopo aver nuotato, il primo si diresse verso l'uomo che aveva raccolto le pietre e aprì la bocca davanti a lui. Quest'ultimo mise una pietra e l'altro tornò indietro a nuoto. Ogni volta che tornava a riva, si vedeva mettere in bocca una pietra. Dissi:* "Chi sono questi due uomini?

Mi risposero: "Vieni! Vieni! *Continuammo il nostro cammino fino a quando non incontrammo un uomo dall'aspetto orribile (o: l'uomo più orribile che abbiate mai visto) che stava accendendo un fuoco e correva intorno ad esso. Ho chiesto loro:* "Chi è?

Essi dissero: "Venite! Ci hanno detto: "Andiamo!" Abbiamo proseguito *fino ad arrivare a un giardino verde con tutti i colori della primavera, al centro del quale si trovava un uomo così alto che riuscivo a malapena a vedere la sua testa nel cielo. Intorno a lui c'erano più bambini di quanti ne avessi mai visti. Ho chiesto:* "Chi è quest'uomo e chi sono questi bambini?

Hanno detto: "Andiamo! Ci hanno detto: "Andiamo!" *Abbiamo proseguito finché non siamo arrivati a un albero più grande e più bello di tutti quelli che avevo visto prima.*

Mi dissero: "Sali". *Salimmo fino ad arrivare a una città i cui mattoni erano fatti d'oro e d'argento. Quando siamo arrivati alla porta della città, abbiamo chiesto che ci venisse aperta e ci è stata aperta. Una volta entrati, abbiamo incontrato uomini i cui corpi erano per metà di aspetto bellissimo e per metà di aspetto ignobile. I miei due compagni ordinarono loro di entrare in un fiume che attraversava la città e le cui acque erano bianche come il latte. Vi si immersero e, quando tornarono, l'aspetto ignobile dei loro corpi era scomparso. Ora erano belli come non mai.*

I miei due compagni mi dissero: "Questo è il Giardino dell'Eden e questa è la tua casa. *Poi ho alzato lo sguardo e ho visto un palazzo come una nuvola bianca. Mi dissero:* "Questa è la tua dimora. Dissi: *"Che Allah vi benedica, fatemi entrare". Gli dissero:* "Il tempo non è ancora giunto, ma un giorno vi entrerete. Ho detto: "Ho visto cose strane ieri sera, di cosa si tratta?". Dissero: "Ora ti informeremo: la prima persona che hai incontrato il cui cranio è stato schiacciato con una pietra è un uomo che ha abbandonato il Corano dopo averlo imparato e non si è alzato per eseguire le preghiere obbligatorie.

Quanto alla persona che avete incontrato, il cui volto è stato lacerato dalla bocca al collo, poi dal naso al collo e infine dall'occhio al collo, si tratta di un uomo che è uscito di casa al mattino per dire bugie che poi si sono diffuse da tutte le parti. Gli uomini e le donne nudi che si trovavano in quello che sembra un forno sono i fornicatori e le fornicatrici. E l'uomo che avete visto nuotare nel fiume e ingoiare pietre è un uomo che praticava l'usura. L'uomo dall'aspetto brutto che accendeva il fuoco e vi correva intorno è Mālik, il guardiano dell'inferno. L'uomo molto alto in piedi in un giardino è Abramo e i bambini intorno a lui sono i neonati morti secondo la religione naturale (nella versione di al-Barqāni si legge: "nati secondo la religione naturale").

Alcuni musulmani chiesero al Profeta ﷺ: "O Messaggero di Allah, che ne è dei figli dei politeisti? Il Profeta ﷺ rispose: "*I figli dei politeisti sono tra loro*". I due uomini continuarono: "Per quanto riguarda gli individui la cui metà del corpo aveva l'aspetto più bello e l'altra metà l'aspetto peggiore, si tratta di persone che hanno compiuto sia azioni buone che cattive e che Allah ha perdonato". [Al-Bukhārī]

Secondo un'altra versione di Al-Bukhārī, il Profeta ﷺ disse: "Questa notte *ho visto due uomini che mi hanno portato in una terra sacra*. Poi raccontò il resto del sogno con queste aggiunte: "*Continuammo il nostro viaggio finché non arrivammo a una cavità simile a una fornace con una parte superiore stretta e una inferiore larga, sotto la quale ardeva un fuoco. Ogni volta che le fiamme si alzavano, gli uomini e le donne nudi che vi si trovavano salivano così in alto che stavano per saltare. Quando il fuoco è diminuito d'intensità, sono caduti di nuovo a terra.*

Dice anche: "Finché non *giunsero a un fiume rosso come il sangue* (il narratore è sicuro di averlo sentito questa volta) *in mezzo al quale c'era un uomo in piedi mentre un altro stava sulla riva con un mucchio di pietre davanti a lui. Il primo uomo si avvicinò alla riva per uscire dal fiume, ma il secondo gli mise una pietra in bocca, ricacciandolo in acqua. Ogni volta che cercava di uscire, l'altro uomo lo fermava mettendogli una pietra in bocca.* Aggiunse anche: "*Mi fecero salire sull'albero ed entrare in una dimora più bella di qualsiasi altra che avessi mai visto prima, dove c'erano vecchi e giovani*".

Dice anche: "Quanto a colui al quale è stata tagliata la guancia, è un bugiardo che ha detto menzogne che poi sono state diffuse in lungo e in largo. Subirà la punizione di cui siete stati testimoni fino al Giorno della Resurrezione. Questa versione dice anche: "Quanto a colui la cui testa è stata schiacciata da una pietra, è un uomo al quale Allah ha permesso di memorizzare il Corano, ma che dormiva di notte e lo trascurava e non lo applicava di giorno. Quindi soffrirà questi tormenti fino al Giorno della Resurrezione. La prima dimora in cui siete entrati è la dimora dei credenti comuni, e questa è la dimora dei martiri. Io sono l'Angelo Gabriele e lui è Michele. Ora alzate gli occhi. *Alzai la testa e vidi sopra di me una nuvola.* "Questa è la tua casa", *hanno detto.* "*Lasciami entrare*", chiesi, "Hai tempo per vivere. Quando l'avrete completato, potrete entrare nella vostra casa", *hanno concluso.* [Al-Bukhārī]

261. Casi in cui è lecito mentire

È importante sapere che la menzogna, vietata in linea di principio, è consentita in alcuni casi e a determinate condizioni che abbiamo illustrato nel nostro libro intitolato *Al-Adhkār e che* qui riassumo brevemente: le parole sono mezzi per un fine. Ora, finché un obiettivo lodevole può essere raggiunto senza mentire, la menzogna è illecita.

Al contrario, se questo scopo può essere raggiunto solo con la menzogna, quest'ultima diventa lecita. In questo caso, se lo scopo è qualcosa di lecito, allora la menzogna è lecita, mentre se lo scopo è qualcosa di obbligatorio, la menzogna diventa obbligatoria.

Prendiamo il caso, ad esempio, di un musulmano che si nasconde da un tiranno che vuole ucciderlo o prendergli i soldi. Chiunque sia interrogato da questo tiranno su dove si sia nascosto questo musulmano o dove sia il suo denaro, deve mentirgli per nasconderlo. Lo stesso vale se un tiranno intende impadronirsi di un deposito affidato a una persona.

La cosa migliore, però, in questo caso è dare una risposta equivoca: cioè vera dal punto di vista dell'interrogato, ma falsa dal punto di vista della comprensione del tiranno. In ogni caso, è perfettamente lecito mentire chiaramente senza ricorrere a una risposta equivoca.

Gli studiosi dell'Islam ammettono la menzogna sulla base dell'hadith di Umm Kulthum che racconta di aver sentito il Messaggero di Allah dire: "*Non è un bugiardo chi cerca di riconciliare le persone attribuendo ad alcune parole buone su altre*". [Al-Bukhārī e Muslim].

Nella versione di Muslim, troviamo questa aggiunta: "L'ho sentito permettere la menzogna solo in tre casi: in guerra, nella riconciliazione di persone in conflitto e nelle confidenze che un uomo fa a sua moglie o che lei fa a suo marito".

262. Assicurarsi di ciò che viene detto e riferito

Allah, l'Altissimo, dice:

Non dire nulla di cui non sei sicuro (17:36).

Infatti, non pronuncia una parola senza che un angelo al suo fianco sia pronto a registrarla (50:18).

1547. Secondo Abū Hurairah, il Profeta ﷺ disse: "Per *mentire è sufficiente riferire ciò che si sente*". [Muslim]

1548. Secondo Samurah, il Messaggero di Allah ﷺ disse: "*Chiunque riporti consapevolmente un detto che mi è stato falsamente attribuito è, insieme a colui o coloro che lo hanno trasmesso prima di lui, un bugiardo*". [Muslim]

1549. Secondo Asmā', che Allah si compiaccia di lei, una donna disse al Profeta ﷺ: "O Messaggero di Allah, ho una compagna, è forse un peccato farle credere che mio marito ha una certa considerazione di me? Rispose: "*Chi pretende di ottenere favori che non ha mai ricevuto è come uno che si traveste per spacciarsi per quello che in realtà non è*". [Al-Bukhārī e Muslim].

263. Il divieto formale di falsa testimonianza

Allah, l'Altissimo, dice:

Fuggire da ogni parola falsa (22:30).

Non dire nulla di cui non sei sicuro (17:36).

Infatti, non pronuncia una parola senza che un angelo al suo fianco sia pronto a registrarla (50:18).

Il tuo Signore osserva gli uomini con attenzione (89:14).

Non rendono mai falsa testimonianza (25:72).

1550. Secondo Abū Bakrah, il Messaggero di Allah ﷺ disse: "*Volete sapere quali sono i peccati più gravi?*" "Sì, Messaggero di Allah", risposero. Disse: "*Dare partner ad Allah e provocare l'ira dei padri*". Poi, mentre si sedeva, aggiunse: "*Ma anche mentire e testimoniare il falso*". Lo ripeteva al punto che ci dicevamo l'un l'altro: "Se solo stesse zitto!". [Al-Bukhārī e Muslim].

264. Divieto di maledire una persona o un particolare animale

1551. Secondo Abū Zayd Thābit ibn Ad-Dahhāk Al-Ansāri, uno dei compagni che parteciparono all'alleanza di Ridwān, il Messaggero di Allah ﷺ disse: "*Chiunque giuri falsamente che, se tale e tale è falso[1], lascia l'Islam per un'altra religione, non è più un musulmano, se questa era la sua intenzione". Chi si suicida con qualsiasi mezzo sarà torturato con lo stesso mezzo nel Giorno della Resurrezione. Inoltre, l'uomo non è obbligato a fare un voto che non può adempiere. Infine, maledire un credente equivale a ucciderlo*". [Al-Bukhārī e Muslim].

1552. Secondo Abū Hurairah, il Messaggero di Allah ﷺ disse: "*Non si addice a un uomo sincero prendere l'abitudine di maledire gli altri*". [Muslim]

1553. Secondo Abū Ad-Dardā', il Messaggero di Allah ﷺ disse: "*Coloro che hanno l'abitudine di maledire gli altri non potranno intercedere o testimoniare nel Giorno della Resurrezione*". [Muslim]

1554. Samurah ibn Jundub ha raccontato che il Messaggero di Allah ﷺ disse: "*Che alcuni non chiamino la disgrazia su altri invocando contro di loro la maledizione di Allah, la Sua ira o il fuoco dell'inferno*". [Abū Dawūd e At-Tirmidhī: "*hadith hasan sahīh*"].

1555. Secondo Ibn Mas'ūd, il Messaggero di Allah ﷺ disse: "*Il vero credente non ha l'abitudine di denigrare o maledire gli altri, né è indecente o maleducato*". [At-Tirmidhī, secondo cui l'hadith è autentico (*hasan*)].

1556. Secondo Abū Ad-Dardā', il Messaggero di Allah ﷺ disse: "*Quando il servo di Allah maledice qualcuno o qualcosa, la sua maledizione sale al cielo, ma le porte del cielo sono chiuse davanti ad essa. Poi scende sulla terra, dove anche le porte si chiudono davanti a lui. Poi gira a destra e a sinistra*

---

[1] Oppure: se fa una cosa del genere, oppure: se non fa una cosa del genere.

e, se non trova una via d'uscita, torna dalla persona o dalla cosa che è stata maledetta. Se la persona o la cosa meritano la maledizione, sono effettivamente maledette; se non lo sono, la maledizione ritorna a chi l'ha lanciata". [Abū Dawūd]

1557.   'Imran ibn Al-Husayn raccontò quanto segue: Mentre il Messaggero di Allah ﷺ era in viaggio, una donna tra gli Ansar, esasperata dai movimenti del suo cammello, cominciò a maledirlo. Quando il Profeta ﷺ la sentì, ordinò ai suoi compagni: "*Congedatela e lasciatela, perché è maledetta*". 'Imrān aggiunse: "È come se avesse visto il cammello avanzare di nuovo in mezzo ai musulmani senza che nessuno osasse avvicinarsi". [Muslim]

1558.   Abū Barzah Nadlah ibn 'Ubayd Al-Aslami disse: Mentre una giovane ragazza cavalcava un cammello portando anche dei bagagli, vide il Profeta ﷺ ma non riuscì a raggiungerlo a causa della ristrettezza del passo di montagna. La giovane donna esclamò al cammello: "Vai! " E ha aggiunto: "O Allah, che tu sia maledetto!". Il Profeta ﷺ disse allora: "*Un cammello maledetto non può accompagnarci*". [Muslim]

Questo hadith, il cui significato può essere sfuggito ad alcuni, è in realtà semplice da capire. Il divieto si riferisce solo al cammello che accompagna il gruppo e non al fatto che venga, ad esempio, venduto, macellato o anche cavalcato in assenza del Profeta ﷺ. Tutto questo era lecito prima di questo episodio e rimane tale anche dopo, tranne ciò che è stato esplicitamente proibito. Ma Allah lo sa bene.

265. L'autorità di maledire i peccatori in generale, senza nominare nessuno in particolare

Allah, l'Altissimo, dice:

Che la maledizione di Allah perseguiti i malvagi (11:18).

Allora si leverà una voce in mezzo a loro: "Che la maledizione di Allah perseguiti i malvagi". (7:44)

Nelle raccolte autentiche è riportato con sicurezza che il Messaggero di Allah ﷺ disse: "*Che Allah maledica le donne che si applicano i capelli posticci e quelle che se li fanno applicare*". Disse anche: "*Che Allah maledica chi pratica l'usura*". Ha anche maledetto designer e scultori. Ha anche detto: "*Che Allah maledica chi cambia i confini di una proprietà*", "*Che la maledizione di Allah perseguiti chi ruba un uovo*" e "*Che Allah maledica chi maledice i propri genitori*".

Disse anche: "*Che la maledizione di Allah perseguiti chiunque sacrifichi un animale all'infuori di Allah*" e "*Chiunque introduca un'innovazione a Madinah o ospiti un innovatore sarà maledetto da Allah, dagli angeli e da tutti gli uomini*". Disse anche: "O *Allah, maledici Ri'lan, Dhakwān e 'Usayyah, perché hanno disobbedito ad Allah e al Suo Messaggero*". Ri'lan, Dhakwan e Usayyah erano tribù arabe.

E ancora: "*Che la maledizione di Allah perseguiti gli ebrei, perché hanno trasformato le tombe dei loro profeti in luoghi di culto*". "*E maledisse gli uomini che imitano le donne e le donne che imitano gli uomini*.

Tutti questi detti si trovano in una o nell'altra o addirittura in entrambe le raccolte autentiche. Ho annotato qui solo alcuni di questi hadith, la maggior parte dei quali saranno citati nei rispettivi capitoli, se Allah vuole.

266. Il divieto di insultare ingiustamente un musulmano

Allah, l'Altissimo, dice:

Coloro che accusano ingiustamente uomini e donne credenti, imputando loro ciò di cui sono innocenti, si macchiano di una calunnia infame e di un peccato flagrante (33:58).

1559. Secondo Ibn Mas'ud, il Messaggero di Allah ﷺ disse: "*Insultare il musulmano è una forma di disobbedienza e combattere contro di lui è una forma di miscredenza* ". [Al-Bukhārī e Muslim].

1560. Abū Dharr racconta di aver sentito il Messaggero di Allah ﷺ dire: "*Nessuno accusa un altro di disobbedienza o di miscredenza senza che questa accusa, se infondata, ricada su di lui*". [Al-Bukhārī]

1561. Secondo Abū Hurairah, il Messaggero di Allah ﷺ disse: "*Quando due uomini si scambiano insulti, il peccato ricade su colui che ha iniziato, purché la sua vittima non superi i limiti[1]* ". [Muslim]

1562. Secondo Abū Hurairah, un uomo che aveva bevuto alcolici fu portato davanti al Profeta ﷺ che ordinò di picchiarlo. Abū Hurairah raccontò: "Alcuni lo picchiarono con le mani, altri con i sandali e altri ancora con i vestiti. Quando se ne andò, alcuni di loro gli gridarono: "Che Allah ti umili!". Il Profeta ﷺ rispose: "*Non dire così, non aiutare Satana contro di lui*". [Al-Bukhārī]

1563. Abū Hurairah raccontò di aver sentito il Messaggero di Allah ﷺ dire: "*Chiunque accusi ingiustamente la propria schiava di aver commesso fornicazione, riceverà la punizione legittima nel Giorno della Resurrezione*". [Al-Bukhārī e Muslim].

---

[1] Insultandola ancora di più di quanto fosse stata insultata.

267. Il divieto di insultare i morti senza una buona ragione

Questo motivo potrebbe essere quello di mettere in guardia dalle loro eresie e dai loro peccati. Avremmo potuto citare qui gli hadith e le ayat del capitolo precedente.

1564. Secondo 'Āishah, che Allah sia soddisfatto di lei, il Profeta disse: *"Non insultate i morti, perché hanno unito le loro azioni"*. [Al-Bukhārī]

268. Il divieto di nuocere agli altri

Allah, l'Altissimo, dice:

Coloro che accusano ingiustamente uomini e donne credenti, attribuendo loro ciò di cui sono innocenti, si macchiano di una calunnia infame e di un peccato flagrante (33:58).

1565. Secondo 'Abdullah ibn 'Amr ibn Al-'As, il Profeta disse: *"Il vero musulmano è colui che protegge gli altri musulmani dal male con la lingua e con la mano, e il vero emigrante è colui che rifugge dal peccato"*. [Al-Bukhārī e Muslim].

1566. Secondo 'Abdullah ibn 'Amr ibn Al-'As, il Profeta disse: *"Chi vuole essere salvato dall'Inferno ed entrare in Paradiso, sia, alla sua morte, tra coloro che credono in Allah e nell'Ultimo Giorno, e tratti gli altri come vorrebbe essere trattato lui stesso"*. [Muslim]

269. Il divieto di odiare, evitare e voltare le spalle

Allah, l'Altissimo, dice:

I credenti sono infatti fratelli (49:10).

Sono umili e misericordiosi con i credenti, orgogliosi e spietati con i non credenti (5:54).

Maometto è il Messaggero di Allah. I suoi compagni sono spietati verso i malvagi, pieni di compassione verso di loro (48:29).

1567. Secondo Anas, il Messaggero di Allah ﷺ disse: "*Non odiatevi, non invidiatevi, non fuggite gli uni dagli altri, non rompete i vostri legami, ma siate, o servi di Allah, fratelli. Non è permesso a un musulmano fuggire dal fratello per più di tre giorni*". [Al-Bukhārī e Muslim].

1568. Secondo Abū Hurairah, il Messaggero di Allah ﷺ disse: "*Le porte del Paradiso sono aperte il lunedì e il giovedì. Allah perdona ogni servo che non si associa a Lui, eccetto due credenti che sono in conflitto e per i quali è detto: "Fate aspettare questi due finché non si riconciliano". Fate aspettare questi due finché non si riconciliano.* [Muslim]

Un'altra versione di Muslim inizia: "*Le opere sono presentate il lunedì e il giovedì*".

270. Il divieto di invidiare gli altri

L'invidia consiste nel desiderare i benefici di cui una persona gode, siano essi religiosi o temporali.

Allah, l'Altissimo, dice:

Invidiano forse la gente per i favori che Allah ha concesso loro? (4:54)

Si potrebbe citare qui l'hadith [n. 1567] riferito da Anas nel capitolo precedente.

1569. Secondo Abū Hurairah, il Profeta ﷺ disse: "*Guardatevi dall'invidia, perché consuma le buone azioni come il fuoco consuma la legna (o l'erba)*". [Abū Dawūd]

271. Divieto di origliare o di origliare una persona che non desidera essere ascoltata

Allah, l'Altissimo, dice:

Non spiatevi a vicenda (49:12).

Coloro che accusano ingiustamente uomini e donne credenti, imputando loro ciò di cui sono innocenti, si macchiano di una calunnia infame e di un peccato flagrante (33:58).

1570. Secondo Abū Hurairah, il Messaggero di Allah ﷺ disse: "*Guardatevi dal sospetto, perché non c'è nulla di più ingannevole del sospetto, quindi non spiatevi l'un l'altro, non fatevi concorrenza e non invidiatevi l'un l'altro. Non odiatevi né evitate gli uni gli altri, ma siate fratelli, servi di Allah, come Egli vi ha ordinato. Il musulmano è il fratello del musulmano. Non gli fa del male, non lo abbandona e non lo disprezza. La misericordia è qui! La misericordia è qui!* (E indicò il petto) *Al musulmano basta commettere un peccato per disprezzare il fratello. Tutto ciò che è musulmano è sacro per gli altri musulmani: il suo sangue, il suo onore e la sua proprietà. Allah non guarda i vostri corpi e il vostro aspetto, ma guarda i vostri cuori e le vostre azioni.*

In un'altra versione: "Non *invidiatevi, non odiatevi, non spiatevi, non aumentate artificialmente i prezzi per danneggiare i veri acquirenti, ma siate, servi di Allah, fratelli*".

Un'altra versione dice: "*Non rompete i vostri legami, non fuggite gli uni dagli altri, non odiatevi, non invidiatevi, ma siate, voi servi di Allah, fratelli*".

In un'altra versione, "*Non evitatevi l'un l'altro e non rubate ai clienti dell'altro*". [Muslim e Al-Bukhārī - per la maggior parte di queste versioni].

1571. Mu'āwiyah raccontò di aver sentito il Messaggero di Allah ﷺ dire: "*Se cercate di scoprire i vizi dei musulmani, li pervertirete (o correrete il rischio di pervertirli)*". [Abū Dawūd tramite una catena di trasmissione autentica].

1572. Ibn Mas'ud racconta che alcuni musulmani gli presentarono un uomo e gli dissero: "La barba di quest'uomo è grondante di vino". Ibn Mas'ud disse: "Ci è stato proibito di spiare le persone, ma se vediamo qualche malefatta, agiamo di conseguenza". [Abū Dawūd attraverso una catena di trasmissione conforme alle condizioni di Al-Bukhārī e Muslim].

272. Il divieto di sospettare dei musulmani senza un valido motivo

Allah, l'Altissimo, dice:

Che cosa ne pensate? Evitare di essere troppo sospettosi, perché alcuni sospetti sono veri e propri peccati (49:12).

1573. Secondo Abū Hurairah, il Messaggero di Allah ﷺ disse: *"Guardatevi dal sospetto, perché nulla è più ingannevole del sospetto"*. [Al-Bukhārī e Muslim].

273. Il divieto di disprezzare i musulmani

Allah, l'Altissimo, dice:

Che cosa ne pensate? Che alcuni non si prendano gioco di altri che potrebbero essere migliori di loro. E che le donne non si prendano gioco di altri che potrebbero essere migliori di loro. Non denigrate i vostri compagni e non insultateli. Che comportamento odioso quello di uomini e donne che hanno abbracciato la fede e di cui solo gli ingiusti rifiutano di pentirsi (49,11).

Guai a ogni calunniatore che non smette di calunniare (104:1).

1574. Secondo Abū Hurairah, il Messaggero di Allah ﷺ disse: "*È sufficiente che un musulmano commetta un peccato per disprezzare suo fratello*". [Muslim]

1575. Secondo 'Abdullah ibn Mas'ud, il Profeta ﷺ disse: "*Chiunque abbia la minima traccia di orgoglio nel cuore non entrerà in Paradiso*". Un uomo chiese: "Ma alla gente piace indossare bei vestiti e sandali?". Il Messaggero di Allah ﷺ disse: "*Allah è bello e ama i belli. Anzi, l'orgoglio è la negazione della verità e il disprezzo per gli altri*". [Muslim]

1576. Yundūb ibn 'Abdullah ha riferito che il Messaggero di Allah ﷺ disse: "*Un uomo giurò*: "Per Allah, Allah non perdonerà mai questo o quell'altro". *Allah Onnipotente ha detto:* "Chi osa giurare su di Me che non perdonerò così e così?" Bene! Lo perdono e annullo le tue azioni ". [Muslim]

274. Il divieto di rallegrarsi apertamente delle disgrazie dei musulmani

Allah, l'Altissimo, dice:

I credenti sono infatti fratelli (49:10).

Coloro che amano diffondere il vizio tra i credenti subiranno un castigo doloroso qui e nell'altra vita (24:19).

1577. Secondo Wāthilah ibn Al-Asqa', il Messaggero di Allah ﷺ disse: " *Non gioire apertamente delle disgrazie di tuo fratello. È possibile che Allah gli mostri misericordia e lo metta alla prova a sua volta* ". [At-Tirmidhī, secondo cui l'hadith è autentico (*hasan*)].

Si potrebbe citare qui l'hadith [n. 1570] riferito da Abū Hurairah nel capitolo sul divieto di spionaggio, che afferma, tra l'altro, che "*ciò che è in un musulmano è sacro per gli altri musulmani*".

275. Il divieto di contestare una filiazione ben consolidata

Allah, l'Altissimo, dice:

Coloro che accusano ingiustamente uomini e donne credenti, imputando loro ciò di cui sono innocenti, si macchiano di vile calunnia e di peccato flagrante (33:58).

1578. Secondo Abū Hurairah, il Messaggero di Allah ﷺ disse: "*Ci sono due comportamenti che sono forme di miscredenza ereditate dal periodo pre-islamico: mettere in dubbio la discendenza di una persona e lamentarsi dei morti*". [Muslim]

276. Divieto di truffa e inganno

Allah, l'Altissimo, dice:

Coloro che accusano ingiustamente uomini e donne credenti, attribuendo loro ciò di cui sono innocenti, si macchiano di una vile calunnia e di un peccato flagrante (33:58).

1579. Secondo Abū Hurairah, il Messaggero di Allah ﷺ disse: "*Chi prende le armi contro di noi non è dei nostri, né lo è chi ci inganna*". [Muslim]

Secondo un'altra versione di Muslim, il Messaggero di Allah **una volta passò** accanto a un mucchio di grano e vi mise la mano. Le sue dita sono uscite bagnate. Egli disse al venditore: "*Che cosa significa?*" E lui rispose: "La pioggia l'ha bagnato, Messaggero di Allah. Mi disse: "*Perché non hai messo la parte bagnata in modo che la gente potesse vederla? Chi ci inganna non è uno di noi.*

1580. Secondo Abū Hurairah, il Messaggero di Allah ﷺ disse: "*Non aumentate i prezzi artificialmente per non danneggiare i veri acquirenti*". [Al-Bukhārī e Muslim].

1581. Secondo Ibn 'Umar, il Profeta ﷺ proibì di aumentare artificialmente le offerte per danneggiare i veri acquirenti. [Al-Bukhārī e Muslim].

1582. Secondo Ibn 'Umar, un uomo si lamentò con il Messaggero di Allah **che** ﷺ le persone lo imbrogliavano nelle loro transazioni commerciali. Il Messaggero di Allah ﷺ: "*Di' a colui con cui fai affari: "Non imbrogliare!"*" [Al-Bukhārī e Muslim].

1583. Secondo Abū Hurairah, il Profeta ﷺ disse: "*Chiunque metta una moglie contro suo marito o uno schiavo contro il suo padrone non è dei nostri*". [Abū Dawūd]

277. Il divieto di tradimento

Allah, l'Altissimo, dice:

Che cosa ne pensate? Rispettare gli impegni presi (5:1).

Siate fedeli ai vostri impegni, perché dovrete risponderne (17:34).

1584. Secondo 'Abdullah ibn 'Amr ibn Al-'As, il Messaggero di Allah ﷺ disse: "*Quattro caratteristiche rendono colui che le possiede un perfetto ipocrita. E chi possiede una sola di esse nasconde una delle caratteristiche dell'ipocrisia finché non se ne separa: quando gli viene affidato qualcosa, tradisce la fiducia riposta in lui, quando parla, mente, quando si impegna, viene meno alla parola data, e quando discute, lancia false accuse*". [Al-Bukhārī e Muslim].

1585. Secondo Ibn Mas'ud, Ibn 'Umar e Anas, il Profeta ﷺ disse: "*Chi tradisce sarà esposto nel Giorno della Resurrezione per mezzo di uno stendardo di cui si dirà: "Questo è il tradimento di così e così".* " [Al-Bukhārī e Muslim].

1586. Secondo Abū Sa'īd Al-Khudri, il Messaggero di Allah ﷺ disse: "*Chi tradisce sarà esposto nel Giorno della Resurrezione con un vessillo vicino alla schiena, che sarà innalzato a seconda della gravità del suo tradimento. E sappiate che non c'è tradimento peggiore di quello di un governante nei confronti della sua nazione*". [Muslim]

1587. Secondo Abū Hurairah, il Profeta ﷺ disse: "*Allah, l'Altissimo, dice: 'Nel Giorno della Resurrezione, entrerò in disputa con tre tipi di persone: colui che, in Mio nome, ha fatto una promessa che non ha mantenuto, colui che ha venduto un uomo libero e ha consumato il denaro così ottenuto, e colui che ha impiegato un lavoratore che ha eseguito il suo compito, ma si è rifiutato di pagargli il salario concordato'*". [Al-Bukhārī]

278. Il divieto di ricordare agli altri i nostri favori

Allah, l'Altissimo, dice:

Che cosa credi! Non annullare la tua elemosina con un richiamo sprezzante o con parole offensive (2:264).

Coloro che offrono i loro beni in obbedienza ad Allah, senza far seguire ai loro doni un richiamo sprezzante o parole offensive, otterranno la loro ricompensa dal loro Signore (2:262).

1588. Secondo Abū Dharr, il Profeta ﷺ ripeté per tre volte le seguenti parole: "Ci sono *tre tipi di persone a cui Allah non parlerà nel Giorno della Resurrezione, che non guarderà, che non purificherà e che subiranno un castigo doloroso*". Abū Dharr allora disse: "Si sono persi! Chi sono, Messaggero di Allah?" Egli rispose: *"Quelli che lasciano i loro vestiti in giro, quelli che ricordano agli altri i loro favori nei loro confronti e quelli che giurano falsamente per vendere i loro beni"*. [Muslim]

Secondo un'altra versione di Muslim: "*Coloro che lasciano i loro Izar in giro*. In altre parole: chi lascia che la sua veste o il suo Izār si trascini sotto la caviglia per orgoglio.

279. Il divieto di vanagloria e di ingiustizia

Allah, l'Altissimo, dice:

Non vantatevi dei vostri meriti. Egli sa perfettamente chi lo teme veramente (53:32).

Solo chi attacca gli altri per primo e ingiustamente può essere punito. Questi sono destinati a un castigo doloroso (42:42).

1589. Secondo 'Iyād ibn Himār, il Messaggero di Allah ﷺ disse: "*Allah mi ha rivelato che dovete essere umili gli uni verso gli altri, affinché nessuno pretenda di essere superiore agli altri o li tratti ingiustamente*". [Muslim]

1590. Secondo Abū Hurairah, il Messaggero di Allah ﷺ disse: "*Quando qualcuno dice: "Il popolo è perduto", in realtà è il più perduto di tutti*". [Muslim]

Si riferisce alla persona che pronuncia queste parole con vanità, per sminuire le persone e mostrare la propria superiorità, il che è proibito. Tuttavia, non è fuori luogo dirlo con tristezza, a causa delle carenze religiose delle persone. È così che studiosi come Mālik ibn Anas, Al-Khattābi o Al-Hūmaydi hanno interpretato questo hadith. L'ho dimostrato chiaramente nel mio libro intitolato *Al-Adhkār*.

280. Vietare ai musulmani di evitarsi l'un l'altro per più di tre giorni, tranne nel caso di una persona che ha introdotto una novità nella religione o che si abbandona apertamente al peccato.

Allah, l'Altissimo, dice:

In realtà, i credenti sono fratelli, quindi riconciliate i vostri fratelli (49:10).

Non aiutatevi a vicenda a peccare e a trasgredire (5:2).

1591. Secondo Anas, il Messaggero di Allah ﷺ disse: "*Non rompete i vostri legami, non fuggite gli uni dagli altri, non odiatevi, non invidiatevi, ma siate, voi servi di Allah, fratelli. Non è permesso a un musulmano fuggire dal fratello per più di tre giorni*". [Al-Bukhārī e Muslim].

1592. Secondo Abū Ayyub, il Messaggero di Allah ﷺ disse: "*Non è lecito per un musulmano fuggire da suo fratello per più di tre giorni, entrambi distogliendo lo sguardo l'uno dall'altro quando si incontrano. Il migliore dei due è quindi colui che saluta per primo l'altro*". [Al-Bukhārī e Muslim].

1593. Secondo Abū Hurairah, il Messaggero di Allah ﷺ disse: "*Le azioni vengono presentate il lunedì e il giovedì. Allah perdona ogni uomo che non gli dà un partner, tranne che per due credenti che sono in conflitto e per i quali dice: "Fate aspettare questi due finché non si riconciliano"*. "Musulmano]

1594. Jābir ha raccontato di aver sentito il Messaggero di Allah ﷺ dire: "*Satana ha perso ogni speranza di essere adorato dai credenti nella Penisola Arabica, ma non di seminare discordia tra loro*". [Muslim]

1595. Secondo Abū Hurairah, il Messaggero di Allah ﷺ disse: "*Non è permesso a un musulmano fuggire da suo fratello per più di tre giorni di seguito.*

Chi muore fuggendo da suo fratello per più di tre giorni, andrà all'inferno". [Abū Dawūd, attraverso una catena di trasmissione conforme ai criteri di al-Bukhārī e Muslim].

1596. Abū Khirash Hadrad ibn Abi Hadrad Al-Aslami, uno dei compagni, ha raccontato di aver sentito il Profeta ﷺ dire: "*Allontanarsi dal fratello musulmano per un anno intero è come versare il suo sangue*". [Abū Dawūd, attraverso una catena di trasmissione autentica].

1597. Secondo Abū Hurairah, il Messaggero di Allah ﷺ disse: "*Non è permesso a un credente evitare un altro credente per più di tre giorni. Al termine dei tre giorni, deve andargli incontro e salutarlo. Se l'altro risponde al suo saluto, si associa alla ricompensa, ma se non risponde, è solo lui a portare il peccato. Quanto a colui che ha preso l'iniziativa di salutare, non è più considerato come uno che evita un credente*". [Abū Dawūd, attraverso una catena di trasmissione autentica (*hasan*) con il commento: "Questo hadith non si riferisce a chi evita un altro per obbedienza ad Allah Altissimo"].

281. Non si applica il divieto per due persone di parlare fianco a fianco o in una lingua straniera in presenza di una terza persona, se non con il suo permesso o per necessità.

Allah, l'Altissimo, dice:

Le discussioni segrete sono semplicemente ispirate da Satana (58:10).

1598. Secondo Ibn 'Umar, il Messaggero di Allah ﷺ disse: "*Quando tre persone sono insieme, che due di loro non parlino separatamente, lasciando da parte il terzo*". [Al-Bukhārī e Muslim].

Nella sua versione, Abū Dawūd aggiunge che Abū Sālih chiese a Ibn 'Umar: "E se ci sono quattro persone?" "In questo caso, non c'è alcun danno", rispose.

L'Imam Malik lo riporta anche in *Al-Muwatta'*, secondo 'Abdullah ibn Dinar che disse: "Ibn 'Umar e io eravamo vicini alla casa di Kahlid ibn 'Uqbah nel mercato. Un uomo venne a chiedere di parlare con Ibn 'Umar in privato. Ma non c'era nessuno a parte me. Così chiamò un altro uomo, in modo che fossimo in quattro. Poi disse a me e all'uomo che aveva interpellato: "Andate via per un po' di tempo". Poi aggiunse: "Ho sentito il Messaggero di Allah ﷺ dire: *"Non lasciate che due persone separate parlino in presenza di una terza"*.

1599. Secondo Ibn Mas'ud, il Messaggero di Allah ﷺ disse: " *Due persone non dovrebbero parlare separatamente in presenza di un terzo, che potrebbe offendersi, ma aspettare che altri si uniscano a loro* ". [Al-Bukhārī e Muslim].

282. Divieto di causare sofferenze a schiavi, animali, donne e bambini senza una giusta causa.

Allah, l'Altissimo, dice:

Tratta bene tuo padre e tua madre, i tuoi parenti stretti, gli orfani, i bisognosi, i tuoi vicini, vicini e lontani, i tuoi compagni, i viaggiatori bisognosi e i tuoi schiavi. Allah non ama i superbi e i presuntuosi (4:36).

1600. Secondo Ibn 'Umar, il Messaggero di Allah ﷺ disse: *"Una donna è condannata alla punizione a causa di un gatto che ha rinchiuso e lasciato morire di fame. Così ha meritato di entrare nell'Inferno perché non le ha dato da mangiare e da bere quando l'ha rinchiusa, né l'ha lasciata libera di mangiare gli insetti della terra"*. [Al-Bukhārī e Muslim].

1601. Ibn 'Umar racconta che una volta si imbatté in un gruppo di giovani Qurayshiti che stavano cacciando un uccello. Ogni volta che mancavano il bersaglio, la freccia tornava al proprietario dell'animale. Quando videro Ibn 'Umar arrivare, si dispersero. Esclamò: "Chi ha fatto questo? Che Allah lo maledica. Il Messaggero di Allah **ha** ﷺ maledetto chi prende come bersaglio un essere vivente". [Al-Bukhārī e Muslim].

1602. Secondo Anas, il Messaggero di Allah ﷺ proibì di legare gli animali per ucciderli. [Al-Bukhārī e Muslim].

1603. Abū 'Ali Suwayd ibn Muqarrin racconta questo episodio: "Ero uno dei sette figli di Muqarrin e avevamo un solo schiavo che un giorno il più giovane di noi schiaffeggiò. Il Messaggero di Allah ﷺ ci ordinò allora di liberarla". [Muslim]

1604. Abū Mas'ud Al-Badri racconta quanto segue: Stavo picchiando il mio schiavo con la frusta quando sentii una voce dietro di me che diceva: *"Sai, Abū Mas'ud..."*. La rabbia che mi prese mi impedì di riconoscere la voce. Ma quando si avvicinò a me, capii che era il Messaggero di Allah ﷺ che mi diceva: "*Sappi, Abū Mas'ud, che Allah ha più potere su di te di quanto tu ne abbia su questo schiavo*". Così mi impegnai a non picchiare mai più uno schiavo.

In un'altra versione: "La frusta mi è caduta di mano per la paura e il rispetto che mi ispirava.

In una terza versione: "Messaggero di Allah, è libero, l'ho liberato per amore di Allah Altissimo". Disse: "*Se non l'aveste fatto, sareste stati bruciati (o toccati) dal fuoco dell'inferno*". [Muslim]

1605. Secondo Ibn 'Umar, il Profeta ﷺ disse: "*Chiunque picchi uno schiavo o lo schiaffeggi in adempimento della Legge, per una colpa che non ha commesso, deve lasciarlo libero per espiazione*". [Muslim]

1606. Hishām ibn Hakīm ibn Hizām racconta di essersi imbattuto, mentre si trovava nello Sham, in alcuni contadini che erano stati costretti a stare al sole dopo che era stato versato dell'olio sulle loro teste. Chiese: "Qual è il significato di questo? Gli dissero che erano stati puniti per non aver pagato le tasse.

Hisham allora esclamò: "Porto testimonianza di aver sentito il Profeta ﷺ dire: '*Allah punirà coloro che fanno soffrire gli uomini qui*'". Andò quindi a dirlo al governatore musulmano, che ordinò di rilasciarli. [Muslim]

1607. Secondo Ibn 'Abbas, il Messaggero di Allah ﷺ vide un asino marchiato sul viso e condannò questa pratica. Ibn 'Abbas giurò: "Per Allah, d'ora in poi marcherò i miei animali solo sulla parte più lontana del viso". Per questo motivo fece marchiare il suo asino sulla groppa e fu il primo a istituire questa pratica. [Muslim]

1608. Secondo Ibn 'Abbās, un asino marchiato sul muso passò davanti al Profeta ﷺ che, vedendolo, disse: "*Che Allah maledica chi lo ha marchiato*". [Muslim]

Secondo un'altra versione di Muslim, il Messaggero di Allah ﷺ proibì di picchiare o segnare il viso.

283. Il divieto di torturare con il fuoco qualsiasi animale, compresa una formica o un animale delle stesse dimensioni.

1609. Abū Hurairah racconta che il Messaggero di Allah ﷺ lo inviò in spedizione con altri compagni dicendo: "*Se incontrate così e così - due uomini di Quraysh - bruciateli*". Ma quando furono in cammino, disse loro: "*Vi ho ordinato di bruciare così e così*". *Ma solo Allah punisce con il fuoco. Quindi, se li trovate, uccideteli*. [Al-Bukhārī]

1610. Ibn Mas'ud racconta: "Eravamo in viaggio con il Messaggero di Allah ﷺ quando si allontanò per fare i suoi bisogni. Abbiamo visto un uccello con i suoi due pulcini che abbiamo raccolto. La madre volava sopra di noi e sbatteva le ali. Quando tornammo, il Profeta ﷺ ci chiese: "*Chi ha afflitto questo uccello portandogli via i suoi piccoli? Ridatele a lei*. Ha anche visto un formicaio che avevamo appena bruciato. *Chi l'ha bruciata?*", esclamò. Gli abbiamo risposto di sì. Disse: '*Solo il Maestro del Fuoco può punire con il fuoco*'". [Abū Dawūd, tramite catena di trasmissione autentica].

284. Divieto per un debitore che ha i mezzi per farlo di ritardare il rimborso di un debito a un creditore che reclama quanto gli è dovuto

Allah, l'Altissimo, dice:

Allah vi ordina di restituire i depositi ai loro legittimi proprietari (4:58).

Se il creditore ha fiducia nel suo debitore, non tradisca la fiducia riposta in lui (2:283).

1611. Secondo Abū Hurairah, il Messaggero di Allah ﷺ disse: " *Il debitore che ritarda a pagare il suo debito, anche se è in grado di pagarlo, commette ingiustizia . E se il debitore chiede che il suo debito venga trasferito a una persona che ha i mezzi per pagarlo, il suo creditore è obbligato ad accettare*". [Al-Bukhārī e Muslim].

285. Dove è detestabile ritornare ad un impegno di donazione

1612. Secondo Ibn 'Abbās, il Messaggero di Allah ﷺ disse: "*Chi ritorna su un dono è come il cane che ritorna sul suo vomito*". [Al-Bukhārī e Muslim].

In un'altra versione, "Chi *torna a chiedere l'elemosina è come il cane che vomita, poi torna al suo vomito per mangiarlo*".

In un'altra versione: "Chi *torna a un regalo è come chi torna al suo vomito*".

1613. 'Umar ibn Al-Jattāb racconta quanto segue: Ho dato un cavallo per amore di Allah, ma l'uomo che l'ha ricevuto non sapeva come prendersene cura. Così ho voluto ricomprarla pensando che me l'avrebbe venduta a un buon prezzo. Informai il Profeta ﷺ della mia intenzione ed egli mi disse: "*Non ricomprarlo, non tornare indietro sulla tua elemosina anche se te lo vende per un pezzo d'argento, perché chi torna indietro sulla sua elemosina è come uno che torna indietro sul suo vomito*". [Al-Bukhārī e Muslim].

286. Divieto formale di toccare i beni degli orfani

Allah, l'Altissimo, dice:

Chi mangia ingiustamente i beni dell'orfano di padre si riempie il ventre di fuoco. Bruceranno nel fuoco dell'inferno come prezzo del loro peccato (4:10).

Utilizzare i beni dell'orfano solo nel suo interesse (6:152).

Gli viene chiesto anche degli orfani. Dite: "È meglio agire nel loro interesse. E poiché sono vostri fratelli nella fede, potete mescolare i vostri beni con i loro. Allah fa una chiara distinzione tra coloro che lavorano a loro danno e coloro che lavorano a loro vantaggio (2:220).

1614. Secondo Abū Hurairah, il Profeta ﷺ disse: "*Evita i sette peccati che portano alla perdizione*". I compagni dissero: "Quali sono, Messaggero di Allah?" Egli rispose: "*L'idolatria, la stregoneria, l'omicidio colposo, l'usura, il saccheggio dell'orfano, la fuga dal campo di battaglia e la diffamazione delle donne credenti caste e innocenti*". [Al-Bukhārī e Muslim].

287. Il divieto formale di usura

Allah, l'Altissimo, dice:

Quanto a coloro che si nutrono di usura[1] , nel Giorno della Resurrezione risorgeranno dalle loro tombe in uno stato paragonabile a quello dell'uomo posseduto dal demonio. Questo perché hanno affermato che il commercio e l'usura sono perfettamente identici, mentre Allah ha permesso il commercio e vietato l'usura. Chi rinuncia all'usura per volere del suo Signore, non dovrà rispondere dei guadagni usurari fatti in passato, né dovrà ripagarli. Il suo destino dipenderà da Allah. Coloro che osano recidivare sono condannati al fuoco dell'inferno, dove dimoreranno per l'eternità. Allah fa sempre diminuire i benefici dell'usura e fa fiorire l'elemosina. Allah non può amare un miscredente incallito che vive nel peccato. Coloro che credono, compiono buone azioni, osservano la preghiera e fanno l'elemosina, otterranno la ricompensa dal loro Signore e saranno preservati da ogni paura e afflizione. Voi che credete! Temete Allah e rinunciate, se avete veramente fede, a ciò che resta dei proventi dell'usura". (2:275-278)

Gli hadith autentici su questo argomento sono numerosi e ben noti, come il [n. 1614] riferito da Abū Hurairah nel capitolo precedente.

1615. Secondo Ibn Mas'ud, il Messaggero di Allah ﷺ maledisse il prestatore e il mutuatario con l'usura. [Muslim].

At-Tirmidhī, tra gli altri, riporta questo con l'aggiunta: *"... così come i due testimoni della transazione e colui che la mette per iscritto"*.

---

[1] Qualsiasi interesse maturato su una somma di denaro.

288. Il divieto di ostentazione

Allah, l'Altissimo, dice:

A loro è stato semplicemente ordinato di adorare Allah con un culto esclusivo e sincero (98:5).

Non annullare la tua elemosina con un richiamo sprezzante o con parole offensive, come chi offre con ostentazione i propri beni (2:264).

Eseguono la preghiera in modo ostentato. Non si ricordano quasi mai di Allah (4:142).

1616. Abū Hurairah raccontò di aver sentito il Messaggero di Allah ﷺ dire: "*Allah, l'Altissimo, dice: "Io sono Colui che non ha partner". Perciò chi mi associa a un altro in una qualsiasi delle sue opere, sappia che io abbandono lui e la sua opera*". [Muslim]

1617. Abū Hurairah raccontò di aver sentito il Messaggero di Allah ﷺ dire: "*Tre categorie di uomini saranno i primi a essere giudicati nel Giorno della Resurrezione. In primo luogo, un uomo che è morto da martire sarà portato davanti ad Allah. Gli ricorderà le Sue benedizioni nei suoi confronti, che Egli riconoscerà e gli chiederà: "Che cosa hai fatto per gratitudine? "Risponderà: "Ho combattuto per la vostra causa fino al martirio.*

Allah dirà: "Tu menti! In effetti, avete combattuto perché la gente lodasse il vostro coraggio, e così è stato. Allora vi sarà ordinato di essere trascinati sulla faccia e gettati all'inferno. Poi un uomo che aveva imparato la religione prima di insegnarla agli altri recitò il Corano. Sarà portato davanti ad Allah, che gli ricorderà le Sue benedizioni, che egli riconoscerà. Allah gli dirà: "Che cosa hai fatto per gratitudine? "Risponderà: "Ho imparato la religione prima di insegnarla agli altri e ho recitato il Corano per Te.

Allah gli dirà: "Stai mentendo! Hai insegnato a te stesso affinché si possa dire che sei un saggio e hai recitato il Corano affinché si possa dire che conosci il

Corano, e tutto questo è stato detto davvero. Allora vi sarà ordinato di essere trascinati sulla faccia e gettati all'inferno. Infine, un uomo che Allah aveva ricoperto di ogni tipo di ricchezza. Sarà portato davanti ad Allah, che gli ricorderà le Sue benedizioni, che egli riconoscerà.

Allah gli dirà: "Che cosa hai fatto per gratitudine?" "Non ho trascurato nessuno dei modi in cui Ti piace essere speso, senza spendere nessuna delle mie ricchezze per Te", risponderà.

Allah gli dirà: "Tu menti! In effetti, avete speso le vostre ricchezze affinché la gente lodasse la vostra generosità, cosa che hanno fatto. Allora si ordinerà che venga trascinato sulla faccia e gettato all'inferno". [Muslim]

1618. Si narra che alcune persone confidarono a Ibn 'Umar: "Quando siamo in presenza dei nostri governanti, non parliamo loro nello stesso modo di quando li lasciamo". Disse: "All'epoca del Messaggero di Allah ﷺ, lo consideravamo un'ipocrisia". [Al-Bukhārī]

1619. Secondo Jundub ibn 'Abdillah ibn Sufyan, il Profeta ﷺ disse: " *Chi lavora per essere lodato dalla gente sappia che Allah rivelerà le sue vere intenzioni e chi lavora per essere visto dalla gente sappia che Allah rivelerà le sue vere intenzioni* ". [Al-Bukhārī e Muslim].

1620. Secondo Abū Hurairah, il Profeta ﷺ disse: "*Chi acquisisce la conoscenza, che si dovrebbe acquisire per compiacere Allah Onnipotente, per uno scopo puramente mondano, non sentirà l'odore del Paradiso nel Giorno della Resurrezione*". [Abū Dawūd, attraverso una catena di trasmissione autentica].

289. Alcune cose che vengono erroneamente prese per ostentazione

1621. Secondo Abū Dharr, qualcuno chiese al Messaggero di Allah ﷺ: "Che cosa si dice di un uomo di cui la gente loda le buone azioni?" Egli rispose: *"Questa è una buona notizia che il credente riceve anche adesso"*. [Muslim]

290. Il divieto di guardare le donne e gli uomini belli e senza barba senza una buona ragione.

Allah, l'Altissimo, dice:

Dite ai credenti di abbassare lo sguardo (24:30).

Dell'udito, della vista e del cuore, ognuno deve rispondere (17:36).

Allah conosce sia gli sguardi segreti che il segreto del cuore (40:19).

Il tuo Signore veglia sugli uomini con grande attenzione (89,14).

1622. Secondo Abū Hurairah, il Profeta ﷺ disse: "*Per ogni uomo c'è una parte di fornicazione che deve necessariamente commettere: la fornicazione degli occhi è nel guardare, la fornicazione delle orecchie è nell'udire, la fornicazione della lingua è nelle parole, la fornicazione della mano è nel toccare e la fornicazione dei piedi è nei passi. Il cuore si trova quindi di fronte alla tentazione e al desiderio, ma è il sesso a soccombere o meno*". [Muslim, e Al-Bukhārī la cui versione è più breve].

1623. Secondo Abū Sa'īd Al-Judri, il Profeta ﷺ disse:

- *Non sedetevi sul ciglio della strada.*

- Messaggero di Allah, dobbiamo sederci e parlare", dissero i compagni.

- *Se non avete scelta, date alla strada i suoi diritti*", dice.

- E quali sono i diritti della via, o Messaggero di Allah? Dicono.

- *Abbassando lo sguardo, astenendosi dal danneggiare le persone, restituendo la salvezza, incitando alla virtù e condannando il vizio*, rispose. [Al-Bukhārī e Muslim].

1624. Abū Talhah Zayd ibn Sahl racconta quanto segue: Eravamo seduti davanti a una delle nostre case, nel bel mezzo di una discussione, quando il Messaggero di Allah ﷺ si fermò davanti a noi e disse: "*Cosa fate seduti sul ciglio della strada? Evitate di farlo*. Abbiamo risposto: "Non siamo seduti con cattive intenzioni, stiamo solo parlando". E disse: "*Se non avete scelta, date alla strada i suoi diritti: abbassate lo sguardo, ricambiate il saluto e parlate solo con parole buone*". [Muslim]

1625. Jarīr raccontò di aver chiesto al Messaggero di Allah ﷺ dello sguardo che cade inavvertitamente su una donna. Lui rispose: "*Distogliete immediatamente lo sguardo*". [Muslim]

1626. Umm Salamah ha raccontato quanto segue Mi trovavo nella casa del Messaggero di Allah ﷺ, insieme a Maymunah, quando Ibn Umm Maktūm venne da me dopo la rivelazione dell'aayah che ordina alle donne di indossare l'hijab. Il Profeta ﷺ ci ha comandato: "*Copritevi con il vostro hijab*. Gli chiedemmo: "O Messaggero di Allah, non sei forse cieco e quindi non puoi vederci o riconoscerci?" Egli rispose: "*Anche tu sei cieco, non vedi?* " [Abū Dawūd e At-Tirmidhī specificano: "*hadith hasan sahīh*"]. [1]

1627. Secondo Abū Sa'īd, il Messaggero di Allah ﷺ disse: "*Un uomo non dovrebbe guardare le parti intime di un altro uomo, né una donna dovrebbe guardare le parti intime di un'altra donna. Non è neppure permesso a due uomini o a due donne di giacere sotto un lenzuolo*". [Muslim]

---

[1] Molti studiosi considerano questo hadith infondato.

291. Il divieto per un uomo di isolarsi con una donna che ha il permesso di sposare

Allah, l'Altissimo, dice:

Quando chiedete qualcosa alle mogli del Profeta, lasciate che un velo vi separi da loro (33:53).

1628. Secondo 'Uqbah ibn 'Āmir, il Messaggero di Allah ﷺ disse: *"Guardatevi dall'entrare nelle case delle donne!"*. Un uomo degli Ansar chiese: "Messaggero di Allah, e se si trattasse di un parente del marito[1] ? Rispose: *"Questo è ancora peggio!"* [Al-Bukhārī e Muslim].

1629. Secondo Ibn 'Abbās, il Messaggero di Allah ﷺ disse: *"Nessuno di voi resti da solo con una donna che non sia accompagnata da uno dei suoi mahram[2] "*. [Al-Bukhārī e Muslim].

1630. Secondo Būraydah, il Messaggero di Allah ﷺ disse: *"Le mogli di coloro che combattono per la causa di Allah sono vietate a coloro che rimangono come le loro stesse madri. Chiunque rimanga indietro e si occupi della famiglia di un combattente e lo imbrogli in questa carica, farà sì che quel combattente si trovi davanti a lui nel Giorno della Resurrezione e gli sottragga dalle sue buone azioni anche la soddisfazione"*. Il Messaggero di Allah ﷺ si rivolse allora ai suoi compagni e disse: *"Cosa pensate che farà? "* [Muslim]

---

[1] Come fratello, nipote o cugino.

[2] Come vostro marito, vostro figlio, vostro padre, vostro fratello, vostro zio o vostro nipote.

292. Vietare agli uomini di imitare le donne e alle donne di imitare gli uomini, soprattutto nel modo di vestire e nei modi di fare.

1631. Secondo Ibn 'Abbās, il Messaggero di Allah ﷺ maledisse gli uomini che si comportano come donne e le donne che si comportano come uomini.

In un'altra versione, il Messaggero di Allah ﷺ maledice gli uomini che imitano le donne e le donne che imitano gli uomini. [Al-Bukhārī]

1632. Secondo Abū Hurairah, il Messaggero di Allah ﷺ maledisse gli uomini che indossavano abiti da donna e le donne che indossavano abiti da uomo. [Abū Dawūd, attraverso una catena di trasmissione autentica].

1633. Secondo Abū Hurairah, il Messaggero di Allah ﷺ disse: "Ci sono due categorie di dannati nell'Inferno che non sono ancora apparsi: uomini con fruste come code di mucca con cui picchiano altri uomini e donne, nude anche se vestite, che si pavoneggiano per le strade, con i loro copricapi alti come le gobbe dei cammelli. Non entreranno in Paradiso e non ne sentiranno nemmeno l'odore, anche se è percepibile a grande distanza". [Muslim]

293. Il divieto di imitare satana e i miscredenti

1634. Secondo Jabir, il Messaggero di Allah ﷺ disse: "*Non mangiate con la mano sinistra, perché Satana mangia e beve con la mano sinistra*". [Muslim]

1635. Secondo Ibn 'Umar, il Messaggero di Allah ﷺ disse: "*Che nessuno mangi o beva con la mano sinistra, perché Satana mangia e beve con quella mano*". [Muslim]

1636. Secondo Abū Hurairah, il Messaggero di Allah ﷺ disse: *"Gli ebrei e i cristiani non si tingono, quindi distinguetevi da loro facendo così*". [Al-Bukhārī e Muslim].

Si tratta di tingere i peli bianchi della barba e i capelli bianchi di giallo o rosso. Per quanto riguarda la tintura nera, essa è proibita, come vedremo, se Allah vuole, nel prossimo capitolo.

294. Il divieto per uomini e donne di tingersi i capelli di nero

1637. Jābir ha riferito che il giorno della conquista di Makkah, Abū Qufah, padre di Abū Bakr As-Siddīq, fu presentato al Messaggero di Allah ﷺ. I suoi capelli e la sua barba erano bianchi come la neve. Il Messaggero di Allah ﷺ disse: "*Cambia questo colore per lui! Ma evitate la tintura nera*". [Muslim]

295. Il divieto di radere solo una parte della testa e l'autorizzazione, solo per gli uomini, a radere tutta la testa.

1638. Secondo Ibn 'Umar, il Messaggero di Allah ﷺ vietò di radere solo una parte della testa (*Qaza'*). [Al-Bukhārī e Muslim].

1639. Secondo Ibn 'Umar, il Messaggero di Allah ﷺ vide un ragazzo la cui testa era stata rasata solo parzialmente. Lo ha difeso dicendo: "*O ti radi o lasci tutto*". [Abū Dawūd, attraverso una catena di trasmissione autentica secondo Al-Bukhārī e Muslim].

1640. Secondo 'Abdullah, figlio di Ja'far, il Profeta ﷺ concesse tre giorni di lutto alla famiglia di suo cugino Ja'far dopo il suo martirio prima di visitarli e dire loro: "*Non piangete mio fratello da oggi*". Poi aggiunse: "*Mandate a chiamare i suoi figli*". 'Abdullah continuò: "Una volta che ci riunimmo davanti a lui come se fossimo dei pulcini, mandò a chiamare un barbiere e gli ordinò di rasarci la testa". [Abū Dawūd, attraverso una catena di trasmissione autentica secondo al-Bukhārī e Muslim].

1641. Secondo 'Ali, il Messaggero di Allah ﷺ proibì alle donne di radersi la testa. [An-Nasā'ī]

296. Divieto di portare capelli finti, di tatuarsi e di limare i denti per distanziarli.

Allah, l'Altissimo, dice:

Che cosa adorano, oltre a Lui, se non idoli con nomi femminili? Che cosa adorano se non un diavolo ribelle? Maledetto da Allah, dice: "Certamente sedurrò una parte dei Tuoi servi. Li farò deviare dalla retta via e li fuorvierò. Li indurrò a spaccare le orecchie del bestiame e li indurrò a cambiare la creazione di Allah". (4:117-119)

1642. Secondo Asmā', che Allah sia soddisfatto di lei, una donna chiese al Profeta ﷺ: "Messaggero di Allah, mia figlia aveva il morbillo e aveva perso i capelli. Ora che l'ho data in sposa, posso applicarle dei capelli finti? Il Messaggero di Allah ﷺ rispose: "*Allah ha maledetto la donna che si applica i capelli falsi e la donna a cui li applica*". [Al-Bukhārī e Muslim].

In un'altra versione: "... *La donna che applica i capelli finti e quella che li fa applicare*".

'Āishah, che Allah sia soddisfatto di lei, racconta un hadith simile. [Al-Bukhārī e Muslim].

1643. Humayd ibn 'Abd Ar-Rahman ha raccontato di aver sentito Mu'āwiyah dire durante il periodo dell'Hajj, dal suo pulpito, mentre teneva in mano una ciocca di capelli consegnatagli da una delle sue guardie: "O gente di Medina, dove sono i vostri uomini di cultura? Ho sentito il Profeta proibire questo e dire: '*I figli di Israele non si sono persi finché le loro mogli non si sono applicate i capelli posticci*'". [Al-Bukhārī e Muslim].

1644. Secondo Ibn 'Umar, il Messaggero di Allah ﷺ maledisse la donna che si applica i capelli finti e quella che se li fa applicare, così come quella che si fa tatuare e quella che se li fa applicare. [Al-Bukhārī e Muslim].

1645. Ibn Mas'ud disse una volta: "Che Allah maledica le donne che si tatuano e quelle che si tatuano, quelle che si strappano le sopracciglia e i peli del viso, quelle che si fanno lo spazio tra i denti per abbellirsi, tutte quelle che alterano la creazione di Allah", cosa che una donna gli rimproverò? Rispose: "Perché non dovrei maledire coloro che sono stati maledetti dal Messaggero di Allah? Il Libro di Allah dice: '**Accettate ciò che il Messaggero vi ordina e astenetevi da ciò che vi proibisce**'" (59:7) [Al-Bukhārī e Muslim].

297. Divieto di strappare i peli bianchi della barba, in particolare i peli bianchi e la peluria di un bambino ancora in fasce.

1646. Secondo 'Amr ibn Shu'ayb, secondo suo padre, che a sua volta lo ricevette da suo nonno, il Profeta ﷺ disse: "*Non strappate i vostri capelli e i vostri capelli bianchi, perché saranno la luce del musulmano nel Giorno della Resurrezione.*" [Abū Dawūd, At-Tirmidhī e An-Nasā'ī, attraverso catene di trasmissione autentiche (*hasan*)].

1647. Secondo 'Āishah, che Allah si compiaccia di lei, il Messaggero di Allah ﷺ disse: "*Chiunque compia un atto non conforme alla nostra religione, il suo atto sarà respinto*". [Muslim]

298. Dove è detestabile, senza una buona ragione, lavarsi le parti intime o toccare il proprio sesso con la mano destra.

1648. Secondo Abū Qatādah, il Profeta ﷺ disse: "*Quando uno di voi urina, non si tocchi il sesso con la mano destra e non si pulisca con la mano destra. E quando beve, non respiri nel recipiente*". [Al-Bukhārī e Muslim].

299. Dove è detestabile camminare con un solo sandalo e stare in piedi senza una buona ragione.

1649. Secondo Abū Hurairah, il Messaggero di Allah ﷺ disse: "*Non camminare con un solo sandalo. Cammina con entrambi i sandali ai piedi o toglili entrambi*". [Al-Bukhārī e Muslim].

1650. Abū Hurairah ha riferito di aver sentito il Messaggero di Allah ﷺ dire: "*Se il cinturino di uno dei vostri sandali si rompe, non camminate con l'altro, ma aspettate che il primo sia riparato*". [Muslim]

1651. Secondo Jabir, il Messaggero di Allah ﷺ proibì le calzature. [Abū Dawūd, attraverso una catena di trasmissione autentica (*hasan*)].

300. Il divieto di lasciare un fuoco acceso in casa durante il sonno, anche se si tratta di una lampada.

1652. Secondo Ibn 'Umar, il Profeta ﷺ disse: "*Non lasciate il fuoco acceso nelle vostre case quando andate a dormire*". [Al-Bukhārī e Muslim].

1653. Secondo Abū Musa, una notte un incendio scoppiò in una delle case di Madinah, bruciando i suoi occupanti. Informato del suo destino, il Messaggero di Allah ﷺ disse: "*Il fuoco è un nemico, quindi spegnilo prima di andare a dormire*". [Al-Bukhārī e Muslim].

1654. Secondo Jabir, il Messaggero di Allah ﷺ disse: "*Coprite i vostri vasi, sigillate i vostri otri, chiudete le vostre porte e spegnete le vostre lampade*". *Infatti, Satana non può stappare gli otri, né aprire le porte, né scoperchiare i vasi. Se trovate solo un pezzo di legno per coprire i vostri vasi, mettetelo sopra e pronunciate il nome di Allah. E sappiate che un topo può bruciare una casa con i suoi occupanti*". [Muslim]

301. Il divieto di obbligarsi inutilmente a fare o dire qualcosa.

Allah, l'Altissimo, dice:

Di' loro: "Non vi chiedo alcuna retribuzione in cambio, né ho inventato nulla di ciò che vi ho trasmesso della Rivelazione". (38:86)

1655. Ibn 'Umar disse: "Ci è stato proibito di parlare senza sapere". [Al-Bukhārī]

1656. Masruq racconta quanto segue: Andammo a trovare 'Abdullah ibn Mas'ud ed egli ci consigliò: "Ascoltatemi bene! Chi sa parli e chi non sa dica: "Allah sa meglio di me". Infatti è un segno di conoscenza dire, quando non si sa, "Allah sa meglio di me". Allah, l'Altissimo, disse al Suo Profeta: **"Di' loro: "Non vi chiedo alcun pagamento e non ho inventato nulla di ciò che vi ho trasmesso dalla Rivelazione""** (38:86).

302. Il divieto di piangere i morti, di picchiarsi il viso, di strapparsi le vesti, di strapparsi i capelli o di rasarsi e di invocare la sfortuna.

1657. Secondo 'Umar ibn Al-Khattab, il Profeta ﷺ disse: "*Il morto è tormentato nella sua tomba a causa di coloro che lo piangono*". [Al-Bukhārī e Muslim].

In un'altra versione: "*... finché saranno in lutto per lui*".

1658. Secondo Ibn Mas'ud, il Messaggero di Allah ﷺ disse: "*Non è dei nostri chi si picchia la faccia, si strappa le vesti, piange per i morti e invoca la disgrazia come nell'era pre-islamica*". [Al-Bukhārī e Muslim].

1659. Abū Burdah racconta questo episodio: un giorno Abū Musa provò un dolore tale da svenire, con la testa in grembo a una delle sue mogli. Cominciò a piangere, ma Abū Musa non ebbe la forza di fermarla. Quando riprese conoscenza, le disse: "Ripudio coloro che il Messaggero di Allah ﷺ stesso ha ripudiato: la donna che piange forte, quella che si rade i capelli e quella che si strappa i vestiti". [Al-Bukhārī e Muslim].

1660. Al-Mughirah ibn Shu'bah ha raccontato di aver sentito il Messaggero di Allah ﷺ dire: "*I morti per i quali ci si lamenta saranno tormentati a causa di questi lamenti nel Giorno della Resurrezione*". [Al-Bukhārī e Muslim].

1661. Umm 'Atiyyah Nusaybah disse: "Il Messaggero di Allah ﷺ ci fece promettere nel nostro giuramento di fedeltà che non avremmo mai pianto i nostri morti". [Al-Bukhārī e Muslim].

1662. Secondo An-Nu'mān ibn Bashir, 'Abdullah ibn Rawahah un giorno svenne di fronte alla sorella che iniziò a piangere e a lodarlo. Quando riprese conoscenza, disse: "Non mi hai dato alcun merito senza che ti sia stato chiesto in tono di rimprovero: "Hai davvero questo merito?". "[Al-Bukhārī].

1663. Secondo Ibn 'Umar, il Messaggero di Allah ﷺ, accompagnato da 'Abd Ar-Rahman ibn 'Awf, Sa'd ibn Abi Waqqās e 'Abdullah ibn Mas'ud, si recò al capezzale di Sa'd ibn 'Ubādah, che trovò svenuto. "È morto?" Chiese. "No, Messaggero di Allah", risposero i suoi parenti. Il Messaggero di Allah ﷺ iniziò allora a piangere, facendo piangere i presenti. Disse loro: "*Ascoltate bene! Allah non punisce con le lacrime degli occhi né con il dolore del cuore, ma può punire o mostrare misericordia con le parole che escono da qui* (indicando la sua bocca)". [Al-Bukhārī e Muslim].

1664. Secondo Abū Mālik Al-Ach'ari, il Messaggero di Allah ﷺ disse: "*Se la persona in lutto non si pente prima di morire, sarà resuscitata, nell'Ultimo Giorno, con un vestito di catrame e un vestito di rogna*". [Muslim]

1665. Asid ibn Abi Asid, musulmano di seconda generazione, riferisce queste parole di una delle donne che giurarono fedeltà al Messaggero di Allah ﷺ: "Quando noi donne giurammo fedeltà al Messaggero di Allah ﷺ, una delle cose che giurammo fu che non ci saremmo grattate il viso, che non avremmo chiamato la vergogna, che non ci saremmo strappate i vestiti e che non ci saremmo strappate i capelli". [Abū Dawūd, attraverso una catena di trasmissione autentica (*hasan*)].

1666. Abū Musa raccontò che il Messaggero di Allah ﷺ disse: "*Quando qualcuno si lamenta di un morto e ne loda i meriti, Allah incarica due angeli di spingerlo violentemente e di chiedergli in tono di rimprovero*: "Eri davvero così?" [At-Tirmidhī che specifica: "*hadith hasan*"].

1667. Secondo Abū Hurairah, il Messaggero di Allah ﷺ disse: "*Ci sono due comportamenti che sono forme di miscredenza ereditate dal periodo pre-islamico: mettere in dubbio la parentela di una persona e lamentarsi dei morti*". [Muslim]

303. Il divieto di consultare cartomanti, astrologi, indovini e coloro che affermano di leggere nella sabbia, nei sassolini, nei chicchi d'orzo...

1668. Secondo 'Āishah alcune persone chiesero al Messaggero di Allah ﷺ degli indovini. "*Non hanno alcun potere.*" Messaggero di Allah, a volte le cose accadono come previsto", dissero. "*Questa non è che una parola vera che il jinn coglie e soffia nell'orecchio del suo servo, l'indovino, che poi la mescola con cento bugie*", rispose. [Al-Bukhārī e Muslim].

Secondo un'altra versione di Al-Bukhārī, 'Āishah raccontò di aver sentito il Messaggero di Allah ﷺ dire: "*Gli angeli scendono sulle nuvole e menzionano una cosa decretata in cielo. Il diavolo allora lo ascolta di nascosto e lo soffia all'indovino, che lo mescola con cento bugie sue*".

1669. Safiyyah bint Abi 'Ubayd ha riferito da una delle mogli del Profeta ﷺ che il Profeta ﷺ disse: "*Chiunque vada da un veggente e lo interroghi e creda in ciò che dice, vedrà rifiutate le sue preghiere per quaranta giorni*". [Muslim]

1670. Qabīsah ibn Al-Mūkhāriq racconta di aver sentito il Messaggero di Allah ﷺ dire: "*La geomanzia, i presagi e l'ornitomanzia sono forme di stregoneria e idolatria*". [Abū Dawūd, attraverso una catena di trasmissione autentica (*hasan*)].

1671. Secondo Ibn 'Abbās, il Messaggero di Allah ﷺ disse: "*Chiunque usi l'astrologia sta in realtà usando uno dei rami della stregoneria, più la usa e più affonda nella stregoneria*". [Abū Dawūd, attraverso una catena di trasmissione autentica].

1672. Mu'āwiyah ibn Al-Hakam raccontò di aver detto al Profeta ﷺ: "Messaggero di Allah, ho appena abbracciato l'Islam. Allah ci ha portato l'Islam, ma ci sono ancora persone tra noi che consultano gli indovini". Egli disse: "*Tu, non consultarli*". Ho aggiunto: "Ci sono ancora persone tra noi che credono ai cattivi presagi. *Sono solo impressioni che non devono impedire di agire*. C'è anche chi traccia linee nella sabbia per leggere il futuro. Rispose: "*C'è stato un profeta che ha tracciato anche lui delle linee nella sabbia. Chiunque sia in grado di tracciare lo stesso tipo di linee può impegnarsi in questa pratica*". [Muslim] [1]

1673. Abū Mas'ud Al-Badri ha riferito che il Messaggero di Allah ﷺ vietò il prezzo della vendita del cane, il salario della prostituta e il compenso dell'indovino. [Al-Bukhārī e Muslim].

---

[1] L'imam An-Nawāwi, nella sua spiegazione di *Saḥīḥ Muslim*, afferma che gli studiosi considerano unanimemente proibita la divinazione che consiste nel tracciare linee nella sabbia (geomanzia), poiché, secondo le parole del Profeta, nessuno oggi è in grado di sapere come il Profeta in questione abbia tracciato le sue linee.

304. Il divieto di credere e consultare i presagi

Avremmo potuto includere in questo capitolo le tradizioni citate nel capitolo precedente.

1674. Secondo Anas, il Profeta ﷺ disse: *"Il contagio non ha alcun effetto in sé, così come non ne ha l'auspicio. D'altra parte, io amo Fa'l"*. I compagni dissero: "Che cos'è il Fa'l?" Egli rispose: *"Parole buone che rallegrano il cuore"*. [Al-Bukhārī e Muslim].

1675. Secondo Ibn 'Umar, il Messaggero di Allah ﷺ disse: *"Il contagio non ha effetto in sé, né il presagio ha realtà. E se un cattivo presagio dovesse essere tratto da qualcosa, sarebbe da una casa, da una donna o da un cavallo"*. [Al-Bukhārī e Muslim].

1676. Secondo Buraydah, il Profeta ﷺ non ha mai tratto da nulla un cattivo presagio. [Abū Dawūd, attraverso una catena di trasmissione autentica].

1677. Secondo 'Uruwah ibn 'Amir, il presagio fu menzionato in presenza del Messaggero di Allah ﷺ, che disse: "*I migliori presagi sono le buone parole, ma in ogni caso i presagi non dovrebbero mai dissuadere un musulmano dal procedere. Quando qualcuno di voi vede qualcosa di spiacevole, dica: "O Allah, Tu solo porti il bene e Tu solo respingi il male". Non c'è forza e non c'è cambiamento se non attraverso Te*". [Abū Dawūd, attraverso una catena di trasmissione autentica].

305. Il divieto di raffigurare animali su tappeti, tende, cuscini, vestiti, pietre o monete, e di ricoprire pareti o soffitti con dipinti, e l'ordine di distruggere le immagini.

1678. Secondo Ibn 'Umar, il Messaggero di Allah ﷺ disse: "*Coloro che disegnano o scolpiscono esseri viventi saranno puniti nel Giorno della Resurrezione*". *Verranno comandati: Dai vita a ciò che hai creato*". [Al-Bukhārī e Muslim].

1679. Il Messaggero di Allah ﷺ, di ritorno da un viaggio, vide un disegno su una tenda che aveva appeso davanti a un buco nel muro per riporre le cose. Il suo volto cambiò colore e disse: "*Āishah! Le persone che subiranno il peggior castigo nel Giorno della Resurrezione sono quelle che cercano di imitare la creazione di Allah*. Poi lo tagliamo per farne uno o due cuscini. [Al-Bukhārī e Muslim].

1680. Ibn 'Abbās ha raccontato di aver sentito il Messaggero di Allah ﷺ dire: "*Chi disegna o scolpisce esseri viventi entrerà nell'Inferno, dove sarà tormentato per ogni suo disegno e incisione che sarà alitato con un'anima*." Ibn 'Abbās aggiunse: "Se proprio devi disegnare qualcosa, che sia un essere inanimato, come gli alberi". [Al-Bukhārī e Muslim].

1681. Ibn 'Abbās ha riferito di aver sentito il Messaggero di Allah ﷺ dire: "*Chiunque abbia disegnato o scolpito esseri viventi qui sulla terra sarà responsabile di infondere loro la vita nel Giorno della Resurrezione, ma senza poterlo fare*." [Al-Bukhārī e Muslim].

1682. Ibn Mas'ud ha riferito di aver sentito il Messaggero di Allah ﷺ dire: "*Gli uomini che subiranno la punizione più terribile nel Giorno della Resurrezione sono i disegnatori e gli scultori*". [Al-Bukhārī e Muslim].

1683. Abū Hurairah raccontò di aver sentito il Messaggero di Allah ﷺ dire: "*Allah, l'Altissimo, dice: "Chi è più ingiusto di colui che pretende di creare come io credo! Che creino un granello di polvere, un seme o un chicco d'orzo*". [Al-Bukhārī e Muslim].

1684. Secondo Abū Talhah, il Messaggero di Allah ﷺ disse: "*Gli angeli non entrano in una casa dove c'è un cane o un'immagine*". [Al-Bukhārī e Muslim].

1685. Ibn 'Umar raccontò che Gabriele promise al Messaggero di Allah ﷺ di fargli visita. Tuttavia, l'angelo tardava ad arrivare e il Profeta ﷺ si angosciò. Uscito dalla sua casa, incontra finalmente l'angelo Gabriele, con il quale si lamenta del suo ritardo. L'angelo rispose: "Non entriamo in una casa dove c'è un cane o un'immagine". [Al-Bukhārī]

1686. Secondo 'Āishah l'angelo Gabriele promise al Messaggero di Allah ﷺ che lo avrebbe visitato, ma al momento stabilito Gabriele non era venuto. Il Messaggero di Allah ﷺ gettò il bastone che aveva in mano e disse: "*Né Allah né i Suoi messaggeri vengono meno alla loro promessa.* Poi girò la testa e vide un cucciolo sotto il letto: "*Quando è arrivato questo cane?*". Chiese. "Per Allah, non lo so", rispose 'Āishah. Ordinò di toglierlo e Gabriel si avvicinò. Il Messaggero di Allah ﷺ gli disse: "*Mi hai promesso di venire. Così ti ho aspettato, ma invano.* Gabriele spiegò: "Ciò che mi ha impedito è stato il cane in casa tua, perché non entriamo in una casa dove c'è un cane o un'immagine"". [Muslim]

1687. Secondo Abū Al-Hayyāj Hayyān ibn Husayn, 'Ali ibn Abi Tālib gli disse un giorno: "Vuoi che ti assegni un compito che il Messaggero di Allah ﷺ mi aveva assegnato? Non lasciare alcuna immagine senza distruggerla, né alcuna tomba innalzata senza spianarla ". [Muslim]

306. Divieto di possedere un cane, tranne che per la caccia o la guardia del bestiame o dei campi.

1688. Ibn 'Umar ha raccontato di aver sentito il Messaggero di Allah ﷺ dire: "*Chiunque possieda un cane ha la sua ricompensa ridotta ogni giorno di uno (o due) Qirat, tranne se si tratta di un cane da caccia o da pastore*". [Al-Bukhārī e Muslim].

1689. Secondo Abū Hurairah, il Messaggero di Allah ﷺ disse: "*Chiunque possieda un cane, le sue buone azioni vengono ridotte di una Qirat al giorno, a meno che non sia un cane destinato alla guardia dei campi o del bestiame*". [Al-Bukhārī e Muslim].

Secondo un'altra versione di Muslim, il Messaggero di Allah ﷺ disse: "*Chiunque possieda un cane, le sue buone azioni sono ridotte di due Qirat ogni giorno, tranne se si tratta di un cane da caccia, da pastore o da guardia*".

307. Dove è detestabile mettere sonagli al collo degli animali e viaggiare con loro o con i cani

1690. Secondo Abū Hurairah, il Messaggero di Allah ﷺ disse: "*Gli angeli non accompagnano un gruppo di viaggiatori dove c'è un cane o una campana*". [Muslim]

1691. Secondo Abū Hurairah, il Profeta ﷺ disse: "*La campana è lo strumento di Satana*". [Muslim]

308. Dove è detestabile prendere per cavalcatura un cammello che si nutre di escrementi fino a quando non consuma cibo puro che rende la sua carne commestibile.

1692. Secondo Ibn 'Umar, il Messaggero di Allah ﷺ proibì di prendere come cavalcatura un cammello nutrito di sterco. [Abū Dawūd, attraverso una catena di trasmissione autentica].

309. Il divieto di sputare nella moschea e l'ordine di rimuovere lo sputo e di mantenere la moschea libera dallo sporco.

1693. Secondo Anas, il Profeta ﷺ disse: "*Sputare nella moschea è una colpa a cui si rimedia seppellendo lo sputo*". [Al-Bukhārī e Muslim].

La saliva deve essere sotterrata se il pavimento della moschea è fatto di terra o sabbia. Abū Al-Mahāsin Ar-Rūyāni, della scuola dell'Imām Shāfi', ha scritto nel suo libro *Al-Bahr*: "Alcuni hanno spiegato che l'espressione "seppellire lo sputo" significa in realtà che lo sputo deve essere rimosso dalla moschea". D'altra parte, se il pavimento della moschea è coperto di piastrelle o di intonaco e si strofina la saliva sul pavimento, ad esempio con le scarpe, come fanno molti ignoranti, ciò non fa che aggravare il difetto e diffondere la sporcizia nella moschea. In questo caso, quindi, la saliva deve essere eliminata, ad esempio con un indumento o con la mano, oppure deve essere lavata con acqua.

1694. Secondo 'Āishah, il Messaggero di Allah ﷺ vide del moccio (o saliva o muco) sulla parete della Qiblah che rimosse grattando. [Al-Bukhārī e Muslim].

1695. Secondo Anas, il Messaggero di Allah ﷺ disse: "*L'urina e la sporcizia non sono adatte alle nostre moschee, che dovrebbero essere dedicate solo all'invocazione del nome di Allah, l'Altissimo, e alla recita del Corano*". [Muslim]

310. Dove è detestabile litigare, alzare la voce, interrogare le persone per trovare una bestia o un oggetto smarrito, vendere, comprare o affittare, in moschea

1696. Abū Hurairah ha riferito di aver sentito il Messaggero di Allah ﷺ dire: "*Chiunque senta un uomo che interroga la gente nella moschea su un animale o un oggetto che ha smarrito, gli dica: 'Che Allah non te lo restituisca mai', perché le moschee non sono state costruite per questo*". [Muslim]

1697. Secondo Abū Hurairah, il Messaggero di Allah ﷺ disse: "*Se vedete qualcuno che vende o compra nella moschea, dite: 'Che Allah non faccia prosperare il vostro commercio', e se vedete qualcuno che interroga la gente nella moschea su una bestia o un oggetto che ha smarrito, dite: 'Che Allah non ve lo restituisca mai'*" [At-Tirmidhī, secondo il quale il hadith è autentico (*hasan*)].

1698. Secondo Buraydah, un uomo interrogò i fedeli nella moschea dicendo: "Chi ha trovato un cammello rosso?" Il Messaggero di Allah ﷺ disse: "*Che non lo troviate mai! Le moschee sono state costruite per altri motivi*". [Muslim]

1699. 'Amr ibn Shu'ayb ha riferito, secondo suo padre che l'aveva ricevuto da suo nonno, che il Messaggero di Allah ﷺ proibì di comprare o vendere nella moschea, di interrogare la gente su una bestia o un oggetto vagante o di recitare poesie in quel luogo. [Abū Dawūd e At-Tirmidhī: "*hadith hasan*"].

1700. As-Sāib ibn Yazīd, uno dei compagni, racconta quanto segue Mentre mi trovavo nella moschea, qualcuno mi lanciò una pietra. Mi guardai intorno e vidi che era stato lanciato da 'Umar ibn Al-Khattab ed egli mi disse: "Vai e portami questi due uomini". Li portai da 'Umar, che chiese loro: "Da dove venite? Da Tāïf", risposero.

Ha detto: "Se foste persone di questa città, avreste pagato dolorosamente per il vostro comportamento. Osi alzare la voce nella moschea del Messaggero di Allah". [Al-Bukhārī]

311. Il divieto di entrare in moschea, salvo in caso di necessità, dopo aver mangiato aglio, cipolla, porro o qualsiasi cosa che emani un cattivo odore, finché l'odore non scompare.

1701. Secondo Ibn 'Umar, il Profeta ﷺ disse: *"Che nessuno che abbia mangiato questa pianta* - cioè l'aglio - *si avvicini alla nostra moschea"*. [Al-Bukhārī e Muslim].

In versione musulmana: *"dalle nostre moschee"*.

1702. Anas racconta che il Profeta ﷺ disse: *"Chiunque abbia mangiato di questa pianta, non si avvicini a pregare accanto a noi"*. [Al-Bukhārī e Muslim].

1703. Secondo Jabir, il Profeta ﷺ disse: *"Si allontani da noi (o dalla nostra moschea) chi ha mangiato aglio o cipolla"*. [Al-Bukhārī e Muslim].

In un'altra versione di Muslim: *"Che nessuno che abbia mangiato cipolla, aglio o porro si avvicini alla nostra moschea, perché ciò che dà fastidio agli uomini dà fastidio anche agli angeli"*. [Muslim]

1704. Si narra che 'Umar ibn Al-Khattab ﷺ disse in un sermone del venerdì: "Mangiate due piante disgustose: la cipolla e l'aglio. Ho visto il Messaggero di Allah ﷺ mandare l'uomo che li annusava fuori dalla moschea al cimitero di Baqi'. Quindi chi vuole mangiare di queste due piante le faccia cuocere per togliere il loro odore". [Muslim]

312. Dove è detestabile sedersi con le gambe contro lo stomaco, con l'aiuto di un indumento o delle braccia, durante il sermone del venerdì, per evitare di assopirsi e quindi di saltare le abluzioni.

1705. Secondo Mu'ādh ibn Anas Al-Juhani, il Profeta ﷺ proibì di sedersi con le gambe contro lo stomaco durante il sermone del venerdì. [Abū Dawūd e At-Tirmidhī, secondo i quali il hadith è autentico (*ḥasan*)].

313. Il divieto per una persona che intende macellare un animale nel giorno di Eid di tagliarsi i capelli o le unghie durante i primi dieci giorni del mese di Dhu'l-Hijjah fino alla macellazione.

1706. Secondo Umm Salamah, il Messaggero di Allah ﷺ disse: "*Chiunque intenda sacrificare un animale nel giorno di Eid, non si tagli i capelli o le unghie, dal primo giorno di Dhu Al-Hijjah e fino a quando non compie il sacrificio*". [Muslim]

314. Il divieto di giurare su un elemento della creazione come il profeta, la ka'bah, gli angeli, il cielo, gli antenati o la vita, e il divieto formale di giurare su al-amānah.

1707. Secondo Ibn 'Umar, il Profeta ﷺ disse: "*Allah, l'Altissimo, vi proibisce di giurare sui vostri antenati. Chi vuole giurare, giuri su Allah o taccia*". [Al-Bukhārī e Muslim].

1708. Secondo 'Abd Ar-Rahmān ibn Samurah, il Messaggero di Allah ﷺ disse: "*Non giurate sugli idoli o sui vostri antenati*". [Muslim]

1709. Secondo Buraydah, il Messaggero di Allah ﷺ disse: "*Chi giura su Al-Amānah non è dei nostri*". [Abū Dawūd, attraverso una catena di trasmissione autentica].

1710. Būraydah ha riportato queste parole del Messaggero di Allah ﷺ: "*Chi giura di rinnegare l'Islam se mente, non è più musulmano se ha davvero mentito. E se ha detto la verità, non tornerà indenne all'Islam*". [Abū Dawūd]

1711. Si narra che Ibn 'Umar sentì un uomo giurare: "No, per la Ka'bah" e gli disse: "Non giurare per nessun altro all'infuori di Allah, perché ho sentito il Messaggero di Allah ﷺ dire: '*Chi giura per qualcun altro all'infuori di Allah è caduto nella miscredenza o nel politeismo*'". [At-Tirmidhī: "*hadith hasan*"].

Alcuni studiosi dell'Islam hanno spiegato che le parole del Profeta ﷺ, "*è caduto nella miscredenza o nel politeismo*", hanno solo lo scopo di mostrare la gravità dell'atto in questione, come in quest'altro hadith, "*L'ostentazione è una forma di politeismo*".

315. Il divieto formale di prestare volontariamente giuramenti falsi

1712. Secondo Ibn Mas'ud, il Profeta ﷺ disse: "*Chiunque si appropri della proprietà di un musulmano per mezzo di un falso giuramento, subirà l'ira di Allah nel giorno in cui Lo incontrerà*". Allora il Messaggero di Allah ﷺ recitò, a sostegno di ciò che aveva detto, questa ayah del Libro di Allah:

"Coloro che, in cambio di qualche guadagno terreno, violano i loro impegni verso Allah e i loro giuramenti non avranno parte alla vita eterna". Allah non può parlare con loro o guardarli nel Giorno della Resurrezione, né può purificarli dai loro peccati. Quindi sono condannati a una punizione dolorosa". (3:77) [Al-Bukhārī e Muslim].

1713. Secondo Abū Umāmah Iyass ibn Tha'labah Al-Hārithi, il Messaggero di Allah ﷺ disse: "*Chiunque usurpi i diritti di un musulmano con un falso giuramento è condannato all'Inferno da Allah che gli ha vietato di entrare in Paradiso*". Un uomo chiese: "Messaggero di Allah, anche se si tratta di una cosa banale?" Rispose: "*Anche se si tratta di un semplice bastoncino di Arāk*". [Muslim]

1714. Secondo 'Abdullah ibn 'Amr ibn Al-'As, il Profeta ﷺ disse: "*Questi sono i peccati più gravi: dare partner ad Allah, provocare la collera dei genitori, l'omicidio e il giuramento falso*". [Al-Bukhārī]

In un'altra versione, si racconta che un beduino si avvicinò al Profeta ﷺ e gli chiese: "O Messaggero di Allah, quali sono i peccati principali?" Egli rispose: "*Dare partner ad Allah*". L'uomo ha aggiunto: "E poi? Disse: "*Il falso giuramento (Al-Jamīn Al-Ghamūs)*". "Che cos'è il falso giuramento?" Chiese. Il Messaggero di Allah ﷺ rispose: "*Quello che permette di prendere la proprietà di un musulmano*".

316. Quando si raccomanda che una persona che ha giurato di fare qualcosa e poi si rende conto di avere un'opzione migliore, dovrebbe optare per quell'opzione e poi liberarsi dal giuramento con un atto di espiazione.

1715. Secondo Abd Ar-Rahman ibn Samurah, il Messaggero di Allah ﷺ gli disse: "*Se giuri di compiere un'azione, ma in seguito ti sembra che sia più meritorio rompere il giuramento, non esitare a farlo e poi liberati dal giuramento con un'azione espiatoria*". [Al-Bukhārī e Muslim].

1716. Secondo Abū Hurairah, il Messaggero di Allah ﷺ disse: "*Chiunque faccia un giuramento per compiere un'azione, ma poi scopre che è più meritorio rompere il giuramento, dovrebbe romperlo e poi liberarsi dal giuramento con un'azione espiatoria*". [Muslim]

1717. Secondo Abū Musa, il Messaggero di Allah ﷺ disse: "*Per Allah e per volontà di Allah, ogni volta che giuro di compiere un'azione e mi rendo conto in seguito che è più meritorio rompere il mio giuramento, rompo il mio giuramento dal quale mi libero con un atto espiatorio*". [Al-Bukhārī e Muslim].

1718. Secondo Abū Hurairah, il Messaggero di Allah ﷺ disse: "Chi *persiste nel mantenere un giuramento che danneggia la sua famiglia commette un peccato più grave al cospetto di Allah l'Eccelso che se decidesse di liberarsi da quel giuramento e di espiarlo come Allah gli ha ordinato*". [Al-Bukhārī e Muslim].

317. Il credente non è responsabile dei suoi giuramenti casuali - che non richiedono espiazione - come dire abitualmente "No, per Allah!" o "Sì, per Allah!

Allah, l'Altissimo, dice:

Allah non vi ritiene responsabili per i giuramenti fatti alla leggera, ma solo per quelli fatti deliberatamente. Chiunque violi questo giuramento deve, per espiazione, sfamare dieci persone bisognose con ciò che sfama abitualmente la sua famiglia o vestirle o liberare uno schiavo. Chi non può permetterselo, digiuni per tre giorni. Questo è il modo per espiare i giuramenti infranti. Ma sforzatevi di mantenere i vostri giuramenti (5:89).

1719. Secondo 'Āishah, il versetto "Allah non vi ritiene responsabili dei vostri giuramenti fatti alla leggera". " è stato rivelato su coloro che dicono, ad esempio, "No, per Allah!" o "Sì, per Allah!" [Al-Bukhārī].

318. Dove è abominevole giurare, anche in tutta sincerità, durante una vendita

1720.   Abū Hurairah ha riferito di aver sentito il Messaggero di Allah ﷺ dire: "*Se il giuramento permette di vendere la merce, diminuisce la benedizione e i benefici.* " [Al-Bukhārī e Muslim].

1721.   Abū Qatādah raccontò di aver sentito il Messaggero di Allah ﷺ dire: "*Attenti! Non moltiplicare i giuramenti durante le vendite. Perché se da un lato aiutano a vendere la merce, dall'altro diminuiscono la benedizione e il profitto*". [Muslim]

319. Dove è detestabile chiedere il volto di Allah all'infuori del paradiso ed è detestabile respingere chi chiede o intercede in nome di Allah.

1722.   Secondo Jābir, il Profeta **ha** ﷺ detto: "*Non c'è implorazione, per il Volto di Allah, più del Paradiso*". [Abū Dawūd]

1723.   Secondo Ibn 'Umar, il Messaggero di Allah ﷺ disse: "*Concedi protezione a chi la implora in nome di Allah, dai a chi la chiede in nome di Allah, accetta l'invito di chi ti invita e ricambia bene per bene*". *Se non sei in grado di farlo, allora invoca Allah a nome di tuo benefattore fino a quando non riterrai di averlo ringraziato abbastanza .*" [Abū Dawūd e An-Nasā'ī, attraverso catene di trasmissione autentiche].

320. Il divieto di dare al sovrano o a qualsiasi altra persona il titolo di "re dei re", che è appropriato solo per Allah.

1724. Secondo Abū Hurairah, il Profeta ﷺ disse: "*Il più spregevole degli uomini, agli occhi di Allah Onnipotente, è colui che si definisce "re dei re"*" [Al-Bukhārī e Muslim].

321. Il divieto di dire "signore", "maestro" o "capo" a chiunque si abbandoni al peccato o introduca una novità nella religione

1725. Secondo Buraydah, il Messaggero di Allah ﷺ disse: "*Non dite 'padrone' o 'sovrano' all'ipocrita, perché se lo ritenete, incorrerete nell'ira del vostro Signore Onnipotente*". [Abū Dawūd, attraverso una catena di trasmissione autentica].

322. Dove è detestabile insultare la febbre

1726. Jābir raccontò che una volta il Messaggero di Allah ﷺ visitò Umm As-Sāib e le chiese: "*Perché tremi?*" "È questa febbre maledetta", rispose lei. Egli rispose: "*Non insultare la febbre, perché essa libera l'uomo dai suoi peccati come il fabbro, con l'aiuto del suo mantice, libera il ferro dalle sue impurità*". [Muslim]

323. Il divieto di insultare il vento e ciò che si dice quando soffia

1727. Secondo Abū Al-Mūndhir Ubayy ibn Ka'b, il Messaggero di Allah ﷺ disse: "*Non insultate il vento, ma quando vi spaventa, dite: "O Allah, ti chiediamo le benedizioni di questo vento, le benedizioni che contiene e le benedizioni per cui è stato mandato, e cerchiamo rifugio in Te dai mali di questo vento, i mali che contiene e i mali per cui è stato mandato*." [At-Tirmidhī: "*hadith hasan sahīh*"].

1728. Abū Hurairah raccontò di aver sentito il Messaggero di Allah ﷺ dire: "*Il vento fa parte della misericordia di Allah a favore dei credenti. Ma se da un lato porta misericordia, dall'altro porta anche punizione. Quindi, quando soffia, non insultatelo, ma chiedete ad Allah di concedervi le sue benedizioni e di proteggervi dai suoi mali*. [Abū Dawūd, attraverso una catena di trasmissione autentica (*hasan*)].

1729. Secondo 'Āishah, che Allah si compiaccia di lei, quando il vento infuriava, il Profeta ﷺ disse: "O *Allah, ti chiedo le benedizioni di questo vento, le benedizioni che sono in esso e le benedizioni con cui è stato inviato, e cerco rifugio presso di Te dal male di questo vento, dal male che è in esso e dal male con cui è stato inviato* ". [Muslim]

324. Dove è detestabile insultare il gallo

1730. Zayd ibn Jālid Al-Jūhani raccontò che il Messaggero di Allah ﷺ disse: "*Non insultate il gallo, perché vi sveglia per la preghiera*". [Abū Dawūd, attraverso una catena di trasmissione autentica].

325. Il divieto di attribuire la pioggia alle stelle

1731. Zayd ibn Jālid racconta che il Profeta ﷺ guidò la preghiera dell'alba ad al-Hudaybiyah dopo una notte di pioggia. Al termine della preghiera, si rivolse ai fedeli chiedendo loro: "*Sapete cosa ha detto il vostro Signore?*". "Allah e il Suo Messaggero lo sanno bene", risposero i compagni.

E continuò: "*Allah ha detto: "Alcuni dei Miei schiavi si sono alzati questa mattina credenti e altri miscredenti". Chi afferma che ha piovuto per grazia e misericordia di Allah crede in Me e nega l'influenza delle stelle. Quanto a chi sostiene che la pioggia è caduta in seguito alla posizione di questa o quella stella, non crede in Me, ma nell'influenza delle stelle*". [Al-Bukhārī e Muslim].

326. Il divieto di chiamare un musulmano miscredente

1732. Secondo Ibn 'Umar, il Messaggero di Allah ﷺ disse: "*Quando un uomo chiama miscredente il suo fratello musulmano, uno dei due merita l'insulto. O l'offeso se lo è meritato, o l'insulto si ritorce contro chi lo ha lanciato*". [Al-Bukhārī e Muslim].

1733. Abū Dharr raccontò di aver sentito il Messaggero di Allah ﷺ dire: "*Chiunque chiami ingiustamente un uomo un miscredente o un nemico di Allah si vedrà restituire l'insulto in faccia*". [Al-Bukhārī e Muslim].

327. Il divieto di indecenza e maleducazione

1734. Secondo Ibn Mas'ūd, il Messaggero di Allah ﷺ disse: "*Il vero credente non ha l'abitudine di denigrare o maledire gli altri, né è indecente o maleducato*". [At-Tirmidhī, secondo cui l'hadith è autentico (*hasan*)].

1735. Anas racconta che il Messaggero di Allah ﷺ disse: "L'*indecenza non si trova in una cosa senza renderla brutta e il pudore non si trova in una cosa senza renderla bella*". [At-Tirmidhī, secondo cui l'hadith è autentico (*hasan*)].

328. Laddove è detestabile parlare con l'angolo della bocca, con enfasi e magniloquenza, e utilizzare un linguaggio prezioso nel rivolgersi all'uomo comune

1736. Secondo Ibn Mas'ud, il Profeta ﷺ disse: "*Gli estremisti stanno correndo verso il loro destino*", ripetendo queste parole tre volte. [Muslim]

1737. Secondo 'Abdullah ibn 'Amr ibn Al-'As, il Messaggero di Allah ﷺ disse: "*Allah odia colui che si affanna nell'eloquenza, facendo girare le parole nella sua bocca come la mucca fa girare l'erba nel suo muso*". [Abū Dawūd e At-Tirmidhī: "*hadith hasan*"].

1738. Secondo Jabir, il Messaggero di Allah ﷺ disse: "*Coloro che hanno il carattere più nobile sono tra coloro che mi sono più cari e mi saranno più vicini nel Giorno della Resurrezione. Quanto a coloro per i quali nutro la massima antipatia e che saranno più lontani da me nel Giorno della Resurrezione, essi sono i chiacchieroni, i magniloquenti e gli arroganti*". [At-Tirmidhī che specifica: "*hadith hasan*"].

329. Dove è detestabile dire: "La mia anima è cattiva".

1739. Secondo 'Āishah, il Profeta ﷺ disse: "*Che nessuno di voi dica: "La mia anima è malvagia", ma che dica, ad esempio, "La mia anima è incline al male'*" [Al-Bukhārī e Muslim].

330. Dove è disgustoso chiamare la vite "karm".

1740. Secondo Abū Hurairah, il Messaggero di Allah ﷺ disse: "*Non usate il termine 'Karm' per la vite, perché è il musulmano che è generoso*[1] ". [Al-Bukhārī, e Muslim da cui questa versione].

Un'altra versione dice: "*Perché il cuore del credente è generoso.*

In un'altra versione di Al-Bukhārī e Muslim: "*La gente si riferisce alla vite con il termine "Karm", mentre è il cuore del credente a essere generoso*".

1741. Secondo Wāïl ibn Hūjr, il Profeta ﷺ disse: "*Non dire 'Karm' per la vite, ma usa i termini 'Inab o Habalah*". [Muslim]

---

[1] Gli arabi chiamavano la vite "Karm" per la generosità di questa pianta. Tuttavia, questo termine è formato dalla stessa radice dell'arabo "Karīm" che significa "generoso" o "nobile", attributi più adatti al musulmano o al cuore musulmano che alla vite, da cui il divieto.

331. Divieto di descrivere il fascino di una donna a un uomo senza un motivo valido, come il matrimonio.

1742. Secondo Ibn Mas'ud, il Messaggero di Allah ﷺ disse: "*La moglie non deve toccare e guardare il corpo di un'altra donna e poi andare a descriverla al marito come se fosse davanti a lui*". [Al-Bukhārī e Muslim].

332. È detestabile dire: "O Allah, perdonami se vuoi", ma bisogna chiedere perdono con determinazione.

1743. Secondo Abū Hurairah, il Messaggero di Allah ﷺ disse: "*Che nessuno dica: "O Allah, perdonami se vuoi" o "O Allah, abbi pietà di me se vuoi", ma che chieda con decisione, perché nessuno può costringere Allah* ". [Al-Bukhārī e Muslim].

Secondo un'altra versione di Muslim: "*Sia risoluto e invochi Allah senza imporsi limiti, perché nulla è troppo grande per Allah*".

1744. Secondo Anas, il Profeta ﷺ disse: "*Quando uno di voi rivolge una preghiera ad Allah, lo faccia con decisione, senza aggiungere: "O Allah, esaudisci la mia richiesta se vuoi", perché nessuno può costringere Allah* ". [Al-Bukhārī e Muslim].

333. Dove è detestabile dire: "per volontà di Allah e così e così".

1745. Secondo Hudhayfah ibn Al-Yamān, il Profeta ﷺ disse: "*Non dire: "Questo è accaduto per volontà di Allah e così via", ma dì: "Questo è accaduto per volontà di Allah e poi per volontà di così via'*" [Abū Dawūd, attraverso una catena di trasmissione autentica].

334. Dove è detestabile discutere dopo la preghiera notturna

Si tratta di discussioni consentite in un altro momento della giornata. Per quanto riguarda le conversazioni vietate o disapprovate in un altro momento, il divieto e la disapprovazione sono ancora più formali dopo la preghiera notturna. Per quanto riguarda i discorsi proficui, come gli insegnamenti religiosi, le storie di uomini giusti, le conversazioni con gli ospiti o con chi viene a chiedere un servizio, non sono detestabili, né lo sono le discussioni che si svolgono per motivi validi. Al contrario, tutti questi tipi di discussioni sono lodevoli, come dimostrano le tradizioni profetiche autentiche.

1746. Secondo Abū Barzah, il Messaggero di Allah ﷺ odiava dormire prima della preghiera notturna e parlare dopo. [Al-Bukhārī e Muslim].

1747. Ibn 'Umar racconta che il Profeta ﷺ, alla fine della sua vita, pronunciò queste parole dopo aver guidato la preghiera della notte: "*Vedete questa notte, bene! Sappiate che tra cento anni nessuno di coloro che oggi sono sulla faccia della terra sarà vivo*". [Al-Bukhārī e Muslim].

1748. Anas racconta che un giorno i compagni aspettavano il Profeta ﷺ ed egli non condusse la preghiera notturna fino a mezzanotte. Poi si rivolse a loro e disse: "*Sappiate che tutta la gente si è addormentata dopo aver eseguito la preghiera, mentre voi non avete smesso di pregare finché la preghiera vi ha trattenuto*". [Al-Bukhārī]

335. Il divieto per la moglie di rifiutare il marito senza una buona ragione

1749. Secondo Abū Hurairah, il Messaggero di Allah ﷺ disse: *"Quando un uomo chiama la moglie a letto e lei rifiuta di accettarlo, così lui passa la notte arrabbiato con lei, gli angeli la maledicono fino al mattino (o: fino al suo ritorno)"*. [Al-Bukhārī e Muslim].

336. Divieto per una donna di digiunare in presenza del marito senza il suo permesso

1750. Secondo Abū Hurairah, il Messaggero di Allah ﷺ disse: *"Non è lecito per una donna digiunare in presenza del marito senza il suo permesso, né è lecito per lei permettere a qualcuno di entrare in casa sua senza il suo permesso"*. [Al-Bukhārī e Muslim].

337. Il divieto di alzarsi davanti all'imam per inchinarsi o prostrarsi.

1751. Secondo Abū Hurairah, il Profeta ﷺ disse: *"Quando uno di voi alza la testa davanti all'Imam, non teme forse che Allah la trasformi in una testa d'asino o che Egli stesso la trasformi in un asino?"* [Al-Bukhārī e Muslim].

338. dove è detestabile mettere le mani sui fianchi durante la preghiera

1752. Abū Hurairah disse: "Ci è stato proibito di mettere le mani sui fianchi durante la preghiera". [Al-Bukhārī e Muslim].

339. Dove è detestabile pregare quando il pasto è servito e si è pressati dall'invidia, o se si sente il desiderio impellente di sollevarsi

1753. 'Āishah, che Allah si compiaccia di lei, ha riferito di aver sentito il Profeta ﷺ dire: "*Non è corretto pregare se viene servito del cibo o se ci si astiene dal sollevarsi*". [Muslim]

340. Il divieto di guardare il cielo durante la preghiera

1754. Secondo Anas ibn Mālik, il Messaggero di Allah ﷺ disse: "*Qual è lo scopo di alcuni fedeli che guardano il cielo durante la preghiera?*" Poi ha avuto parole molto dure per loro, prima di aggiungere: "*Se non cessano, la loro vista sarà certamente tolta loro*". [Al-Bukhārī]

341. Dove è detestabile allontanarsi senza un buon motivo durante la preghiera

1755. 'Āishah, che Allah sia soddisfatto di lei, raccontò che quando chiese al Messaggero di Allah ﷺ dell'usanza di alcune persone di girarsi a destra e a sinistra durante la preghiera, egli rispose: "*In questo modo Satana ruba una parte della preghiera all'adoratore*". [Al-Bukhārī]

1756. Anas ha raccontato che il Messaggero di Allah **una volta** ﷺ gli disse: "*Guardati dal voltarti durante la preghiera, perché potrebbe farti perdere la strada. Se è assolutamente necessario farlo, che sia nella preghiera volontaria, non in quella obbligatoria*". [At-Tirmidhī: "*hadith hasan sahīh*"].¹

342. Il divieto di pregare le tombe

1757. Abū Marthad Kannāz ibn Al-Husayn ha raccontato di aver sentito il Messaggero di Allah ﷺ dire: "*Non pregate verso le tombe e non sedetevi su di esse*". [Muslim]

---

¹ Questo hadith è considerato infondato da alcuni studiosi, come Ibn Qayyim Al-Jawziyah.

343. Divieto di sorpassare un fedele in preghiera

1758. Secondo Abū Al-Juhaym 'Abdullah ibn Al-Harith ibn As-Simmah Al-Ansari, il Messaggero di Allah ﷺ disse: "*Se colui che passa accanto a un fedele in preghiera conoscesse la gravità della sua azione, preferirebbe aspettarne quaranta (...) piuttosto che passare*". Il narratore dell'hadith ha aggiunto: "Non so se il Profeta abbia detto quaranta giorni, quaranta mesi o quaranta anni". [Al-Bukhārī e Muslim].

344. È detestabile iniziare una preghiera volontaria mentre il muezzin sta annunciando l'inizio della preghiera obbligatoria, sia che questa preghiera volontaria sia collegata alla preghiera obbligatoria o meno.

1759. Secondo Abū Hurairah, il Messaggero di Allah ﷺ disse: "*Quando il muezzin annuncia l'inizio della preghiera (Iqāmah), non si deve iniziare nessuna preghiera oltre a quella obbligatoria*". [Muslim]

345. Dove è detestabile digiunare in particolare il giorno di venerdì, o rimanere svegli soprattutto nella notte tra giovedì e venerdì in preghiera.

1760. Secondo Abū Hurairah, il Profeta ﷺ disse: *"Non scegliete in particolare la notte dal giovedì al venerdì per le vostre preghiere notturne, né il venerdì per il digiuno, a meno che non coincida con un periodo di digiuno regolare"*. [Muslim]

1761. Abū Hurairah racconta di aver sentito il Messaggero di Allah ﷺ dire: *"Non digiunate il venerdì se non lo precedete o lo seguite con un giorno di digiuno"*. [Al-Bukhārī e Muslim].

1762. Muhammad ibn Abbas raccontò di aver chiesto a Jabir: "Il Profeta ha proibito il digiuno di venerdì?" Jābir rispose affermativamente. [Al-Bukhārī e Muslim].

1763. Jawariyah bint Al-Harith, moglie del Profeta ﷺ, ha raccontato che il Profeta ﷺ le fece visita un venerdì mentre era a digiuno e le chiese:

- *Avete fatto colazione ieri?*

- No", ha risposto.

- *Avete intenzione di digiunare domani?*

- No", ha detto.

- *Allora rompi il digiuno"*, ordinò. [Al-Bukhārī]

346. Il divieto di digiunare giorno e notte per più giorni consecutivi

1764. Secondo Abū Hurairah e 'Āishah, che Allah si compiaccia di loro, il Profeta ﷺ vietò di digiunare giorno e notte per più giorni di seguito. [Al-Bukhārī e Muslim].

1765. Secondo Ibn 'Umar, il Messaggero di Allah ﷺ proibì di digiunare giorno e notte per più giorni di seguito. Disse: "O Messaggero di Allah, stai digiunando senza interruzioni", dissero i suoi compagni. *"Io non sono come voi*, mi danno da *mangiare e da bere*", rispose. [Al-Bukhārī - da cui proviene questa versione - e Muslim].

347. Divieto di sedersi sulle tombe

1766. Secondo Abū Hurairah, il Messaggero di Allah ﷺ disse: "*È meglio sedersi su un tizzone, che brucia i vestiti e poi raggiunge la pelle, che sedersi su una tomba*". [Muslim]

348. Divieto di erigere un monumento sulle tombe o di coprirle con il gesso

1767. Secondo Jabir, il Messaggero di Allah ﷺ proibì di coprire le tombe con il gesso, di erigere un monumento su di esse e di sedersi su di esse. [Muslim]

349. Divieto formale di fuga degli schiavi dai loro padroni

1768. Secondo Jarīr ibn Abdillah, il Messaggero di Allah ﷺ disse: "Lo *schiavo che scappa dal suo padrone non ha alcuna protezione*". [Muslim]

1769. Jarīr raccontò che il Messaggero di Allah ﷺ disse: "*La preghiera di uno schiavo fuggiasco non è accettata*". [Muslim]

In un'altra versione: "*Lo schiavo fuggitivo è caduto nell'incredulità*".

350. Il divieto di intercessione per ottenere l'annullamento di una sentenza del tribunale

Allah, l'Altissimo, dice:

Infliggi cento frustate a qualsiasi uomo o donna che commetta fornicazione. E non abbandonate la legge di Allah per pietà verso i colpevoli, se credete in Allah e nell'Ultimo Giorno. (24:2)

1770. Secondo 'Āishah, le tribù di Quraysh erano preoccupate per la sorte della donna dei Bani Makhzum che aveva commesso un furto. Si chiesero: "Chi potrebbe affrontare il suo caso davanti al Messaggero di Allah?". Poi dissero: "Chi può osare parlare con lei se non Usamah ibn Zayd, l'amato del Messaggero di Allah?". Allora Usamah menzionò il suo caso al Profeta ﷺ che gli disse: "Il Profeta ﷺ disse: *Intercedi per lui quando si tratta di un castigo prescritto da Allah l'Altissimo?* Poi si alzò e si rivolse ai musulmani dicendo: *Ciò che perdevano coloro che vivevano prima di voi era che quando un notabile tra loro commetteva un furto, lo lasciavano libero, ma se un debole commetteva lo stesso reato, gli infliggevano la punizione legittima. Per Allah, se Fatima, la figlia di Maometto, commettesse un furto, le farei tagliare la mano.* [Al-Bukhārī e Muslim].

Secondo un'altra versione, il volto del Messaggero di Allah ﷺ cambiò colore e disse: "*Intercedi per lui quando è una punizione prescritta da Allah?*" Usamah disse: "Chiedi perdono ad Allah per me, Messaggero di Allah". Poi ordinò di tagliare la mano alla donna.

351. Il divieto di fare i bisogni sulla pubblica via, all'ombra utile alle persone o vicino ai loro abbeveratoi.

Allah, l'Altissimo, dice:

Chi offende ingiustamente uomini e donne credenti è colpevole di vile calunnia e di peccato flagrante (33:58).

1771. Secondo Abū Hurairah, il Messaggero di Allah ﷺ disse: "*Evita due comportamenti che ti faranno guadagnare la maledizione della gente*". "Cosa sono?", chiesero i compagni. "*Rilassarsi in pubblico o all'ombra è utile alle persone*", ha risposto. [Muslim]

352. Divieto di lavarsi in acqua stagnante

1772. Secondo Jabir, il Messaggero di Allah ﷺ proibì di urinare nell'acqua stagnante. [Muslim]

353. Dove è detestabile favorire alcuni bambini con doni.

1773. An-Nu'mān ibn Bashīr raccontò che suo padre lo portò dal Messaggero di Allah ﷺ al quale disse:

- Ho offerto uno dei miei schiavi a mio figlio, che è qui.

- *Avete dato lo stesso dono a ciascuno dei vostri figli?"* chiese il Messaggero di Allah ﷺ.

- No", ha risposto. - *Quindi restituiscilo"*, ordinò.

Secondo un'altra versione, il Messaggero di Allah ﷺ disse:

- *Lo avete fatto con tutti i vostri figli?*

- No", ha risposto.

- *Temete Allah, siate giusti con i vostri figli"*, disse il Profeta. Il padre se ne andò e portò con sé il suo regalo.

Secondo un'altra versione, il Messaggero di Allah ﷺ chiese:

- *Bashir! Ha altri figli oltre a questo?*

- Sì", rispose.

- *Hai fatto a ciascuno di loro lo stesso regalo*, ha chiesto.

- No, ha ammesso.

- *Quindi non prendetemi come testimone, perché non posso essere testimone dell'ingiustizia.*

Secondo un'altra narrazione, il Messaggero di Allah ﷺ disse: "*Prendi un'altra persona come testimone"*, prima di aggiungere:

- *Non vorreste che tutti vi mostrassero la stessa pietà filiale?*

- Sì", ha risposto Bachir.

- *Allora non farlo*", disse il Profeta. [Al-Bukhārī e Muslim].

354. Divieto per una donna di fare il lutto per più di tre giorni, tranne che per il marito, il cui lutto dura quattro mesi e dieci giorni.

1774. Zaynab bint Abū Salamah ha raccontato quanto segue Ho visitato Ummm Habibah, la moglie del Profeta, quando morì suo padre Abū Sufyan ibn Harb. Umm Habibah chiese del profumo giallo che applicò a una schiava e poi lo strofinò sulle sue guance. Poi disse: "Per Allah, non desidero indossare profumi, ma ho sentito il Messaggero di Allah ﷺ dire dal suo minbar: *'Non è permesso a una donna che crede in Allah e nell'Ultimo Giorno piangere per più di tre giorni, tranne che per suo marito, il cui lutto dura quattro mesi e dieci giorni'*".

Zaynab continuò: In seguito, andai da Zaynab bint Jahsh quando morì suo fratello. Chiese che le venisse portato del profumo e se lo applicò addosso dicendo: "Per Allah, non ho alcun desiderio di profumarmi, ma ho sentito il Messaggero di Allah ﷺ dire nel minbar: *'Non è permesso a una donna che crede in Allah e nell'Ultimo Giorno piangere per più di tre giorni, tranne che per il marito il cui lutto dura quattro mesi e dieci giorni'*". [Al-Bukhārī e Muslim].

355. Il divieto per il cittadino di vendere per il contadino, di andare incontro alle carovane prima del loro arrivo ai mercati, il divieto di rubare ai clienti del vicino o alla donna che ha chiesto in sposa, a meno che lei non lo autorizzi a farlo o la sua richiesta non venga respinta.

1775. Secondo Anas ibn Mālik, il Messaggero di Allah ﷺ proibì all'abitante della città di vendere per conto del contadino, anche se questi è suo fratello di sangue. [Al-Bukhārī e Muslim].

1776. Secondo Ibn 'Umar, il Messaggero di Allah ﷺ disse: "*Non andate incontro alle merci finché non raggiungono i mercati*". [Al-Bukhārī e Muslim].

1777. Secondo Ibn 'Abbās, il Messaggero di Allah ﷺ disse: "*Non andate incontro alle carovane finché non raggiungono i mercati. E che il cittadino non venda per conto del contadino*". Tāūūs chiese a Ibn 'Abbās: "Che cosa significa: 'E che il cittadino non venda per conto del contadino'?" "Non deve fare da intermediario per lui", rispose. [Al-Bukhārī e Muslim].

1778. Secondo Abū Hurairah, il Messaggero di Allah ﷺ vietò all'abitante della città di vendere per conto del contadino. Proibì inoltre ai musulmani di aumentare artificialmente i prezzi a scapito dei veri acquirenti e di derubare i clienti altrui offrendo loro un prezzo migliore dopo che era stato raggiunto un accordo. Ha anche proibito a un uomo di chiedere a una donna a cui è già stato chiesto di sposarlo e a una donna di chiedere a un uomo di ripudiare la propria moglie per prendere il suo posto.

Secondo un'altra versione, il Messaggero di Allah ﷺ vietò agli abitanti delle città di andare incontro alle carovane prima che raggiungessero i mercati e di vendere per conto dei contadini. Proibì anche che una donna ponesse come condizione per il suo matrimonio il ripudio della sorella musulmana e che un uomo si offrisse di comprare da un venditore a un prezzo migliore un bene sul quale era già stato fatto un accordo. Proibiva inoltre di aumentare artificialmente i prezzi e di far accumulare deliberatamente il latte nelle mammelle di un animale prima della sua vendita per ingannare l'acquirente. [Al-Bukhārī e Muslim].

1779. Secondo Ibn 'Umar, il Messaggero di Allah ﷺ disse: *"Non rubare le donne clienti di altri e non chiedere in sposa una moglie già cercata dal tuo fratello musulmano se non con il suo permesso"*. [Al-Bukhārī e Muslim, la cui versione è questa].

1780. 'Uqbah ibn 'Āmir riferì che il Messaggero di Allah ﷺ disse: *"Il credente è il fratello del credente, quindi non è lecito per lui rubare ai suoi clienti, né chiedere una moglie che ha richiesto in matrimonio, a meno che non vi rinunci definitivamente"*.

356. Il divieto di rifiuti

1781. Secondo Abū Hurairah, il Messaggero di Allah ﷺ disse: " *Allah, l'Altissimo, vi approva in tre cose e vi disapprova in tre cose. Egli approva che voi Lo adoriate senza associarVi a Lui, che tutti Voi vi atteniate alla Sua religione e che evitiate le divisioni. E disapprova le chiacchiere, il fare troppe domande e lo spreco di denaro* ". [Muslim]

1782. Secondo Warrād, lo scriba di Al-Mughīrah ibn Shu'bah, Al-Mughīrah dettò una lettera a Mu'āwiyah in cui menzionava che il Profeta ﷺ, dopo ogni preghiera obbligatoria, diceva: "*Non c'è dio che abbia il diritto di essere adorato se non Allah, unico e senza partner, Egli regna come padrone assoluto sulla Creazione, merita ogni lode e ha potere su tutto. O Allah, nessuno può trattenere ciò che Tu dai, né concedere ciò che Tu neghi. E la loro ricchezza non può proteggere i ricchi dal Tuo castigo.*

Aggiunse poi che il Profeta proibì i pettegolezzi, gli sprechi e le domande eccessive, oltre a vietare loro di provocare l'ira delle madri, di seppellire vive le loro figlie e di rifiutarsi di adempiere ai loro obblighi reclamando ciò che non gli spettava di diritto. [Al-Bukhārī e Muslim].

357. Il divieto di brandire un'arma contro un musulmano, anche per scherzo, e di brandire una spada sguainata

1783. Secondo Abū Hurairah, il Messaggero di Allah ﷺ disse: "*Non brandire mai la tua arma contro il tuo fratello musulmano, perché Satana potrebbe indurti a sferrargli un colpo, affrettandoti così verso l'Inferno*". [Al-Bukhārī e Muslim].

Ed ecco un'altra versione del musulmano: "*Chiunque brandisca un'arma contro il proprio fratello è maledetto dagli angeli finché non lo colpisca, anche se è suo fratello di sangue*".

1784. Secondo Jabir, il Messaggero di Allah ﷺ proibì di raggiungere o afferrare una spada sguainata. [Abū Dawūd e At-Tirmidhī affermano che il hadith è autentico (*hasan*)].

358. Dove è detestabile lasciare la moschea tra l'appello alla preghiera e la preghiera, tranne che per un motivo valido.

1785.   Abū Ash-Cha'thā' racconta il seguente episodio: Eravamo seduti con Abū Hurairah nella moschea quando il muezzin chiamò alla preghiera. Un uomo si alzò e si diresse verso la porta. Abū Hurairah lo seguì con gli occhi finché non uscì dalla moschea e poi disse: 'Quest'uomo ha disobbedito ad Abū Al-Qasim'". [Muslim]

359. Dove è detestabile rifiutare, se non per un motivo valido, la pianta odorosa che ci viene offerta.

1786.   Secondo Abū Hurairah, il Messaggero di Allah ﷺ disse: "*Chiunque riceva una pianta aromatica non deve rifiutarla. È infatti leggero da trasportare e ha un odore gradevole*". [Muslim]

1787.   Secondo Anas ibn Mālik, il Profeta ﷺ non rifiutò mai il profumo che gli veniva offerto. [Al-Bukhārī]

360. Dove è detestabile elogiare una persona in sua presenza se si temono le conseguenze dannose, come l'orgoglio

1788. Secondo Abū Musa al-Ashari, il Messaggero di Allah ﷺ sentì un uomo che lodava eccessivamente una persona. Gli disse: "*Lo stai conducendo alla sua rovina*". [Al-Bukhārī e Muslim].

1789. Secondo Abū Bakrah, qualcuno lodò i meriti di un uomo davanti al Profeta ﷺ che gli disse: "*Disgraziato! Avete sgozzato il vostro compagno*. Ripeté queste parole più volte prima di aggiungere: "*Se qualcuno di voi dovesse lodare un altro, dica: "Lo considero tale - se davvero lo considera tale - ma è Allah il suo unico giudice", perché solo Allah sa chi è degno di lode*"". [Al-Bukhārī e Muslim].

1790. Hammām ibn Al-Hārith racconta che un uomo iniziò a lodare 'Uthman davanti ad Al-Miqdād, che si inginocchiò e gli tirò delle pietre in faccia. 'Uthman gli disse: "Che cosa hai?" Egli rispose: "Il Messaggero di Allah ha detto: '*Quando vedi gli adulatori, getta loro la terra in faccia*'". [Muslim]

Queste tradizioni vietano di lodare una persona in sua presenza, ma molte altre, altrettanto autentiche, lo permettono. I saggi hanno riconciliato questi diversi hadith affermando che se colui che viene lodato ha una fede completa, non è fuorviato dai complimenti e il suo ego non gli gioca brutti scherzi, allora lodare i suoi meriti non è né proibito né detestabile. Se invece si teme una di queste conseguenze dannose per lui, allora è altamente sconsigliato lodarlo in sua presenza.

Tra gli hadith che indicano che è lecito lodare una persona c'è questo in cui il Profeta disse ad Abū Bakr: "*Spero che tu sia uno di loro*", cioè uno di quelli che saranno chiamati da tutte le porte del Paradiso, o questo: "*Non sei uno di quelli che fanno questo per orgoglio*", cioè uno di quelli che lasciano i loro vestiti in giro per orgoglio. Il Profeta disse a 'Umar: "*Satana non vede che prendi una strada senza prenderne un'altra*. Ne abbiamo citati diversi nel nostro libro *Al-Adhkār*.

361. Dove è detestabile fuggire da un paese colpito da un'epidemia o recarsi in esso

Allah, l'Altissimo, dice:

Ovunque ci si trovi, non si può sfuggire alla morte, anche se si è in torri inespugnabili (4,78).

Non correre verso la morte (2:195).

1791. Ibn 'Abbās racconta che 'Umar ibn Al-Jattāb, mentre si recava a Sham, incontrò a Sargh i governatori delle metropoli di quella provincia, Abū 'Ubaydah ibn Al-Jarrah e i suoi compagni, che lo informarono che la peste stava imperversando nella regione. Ibn 'Abbās aggiunse: "Umar mi chiese allora di portare i primi emigranti. Una volta riuniti intorno a lui, li consultò sull'epidemia che stava devastando la palude, ma avevano opinioni diverse. Alcuni hanno detto: "Sono usciti con una missione da compiere. Altri dissero: "Non pensiamo che il resto dei compagni del Messaggero di Allah debba essere esposto a questa piaga".

'Umar li invitò allora a ritirarsi e mi chiese di chiamare gli Ansar, che consultò anche lui, ma non furono d'accordo con lui. Li invitò anche a ritirarsi e poi mi chiese di chiamare gli anziani di Quraysh che erano emigrati prima della conquista di Makkah. 'Umar li consultò senza che ci fosse il minimo disaccordo tra loro. Dissero: "Pensiamo che sia meglio tornare dai vostri uomini, che non dovreste esporre a questa epidemia". 'Umar allora disse: "Ho intenzione di tornare e voglio che tu faccia lo stesso".

Abū 'Ubaydah ibn Al-Jarrāh allora disse: "Vuoi fuggire dal decreto di Allah?" 'Umar rispose: "Se solo qualcuno diverso da te avesse pronunciato queste parole, Abū 'Ubaydah!". Allora 'Umar, che odiava essere contraddetto, rispose: "In effetti, siamo fuggiti dal decreto di Allah al decreto di Allah. Immaginate di avere dei cammelli con i quali scendete in una valle con due lati, uno verde e l'altro secco. Se lasciate che i vostri animali pascolino sul lato verde, non state facendo ciò che Allah ha decretato? E se li lasciate pascolare all'asciutto, non state forse facendo lo stesso secondo il decreto di Allah?

Poi arrivò 'Abd Ar-Rahman ibn 'Awf che era in viaggio d'affari. E ha detto: "Io ne so qualcosa". Ho sentito il Messaggero di Allah ﷺ dire: *'Se sentite che un'epidemia sta devastando una zona, non andateci e se vi trovate in una zona devastata da un'epidemia, non fuggite da essa'''*. Allora 'Umar ﷺ lodò Allah, l'Altissimo, e tornò indietro. [Al-Bukhārī e Muslim].

1792. Secondo Usama ibn Zayd, il Messaggero di Allah ﷺ disse: *"Se sentite che la peste sta devastando una zona, non andateci, e se vi trovate in una zona colpita dalla peste, non lasciatela"*. [Al-Bukhārī e Muslim].

362. Divieto assoluto di stregoneria

Allah, l'Altissimo, dice:

Salomone non rinnegò la fede, a differenza dei demoni che insegnano agli uomini la stregoneria (2:102).

1793. Secondo Abū Hurairah, il Profeta ﷺ disse: "*Evita i sette peccati che portano alla perdizione*". I compagni dissero: "Quali sono, Messaggero di Allah?" Egli rispose: "*L'idolatria, la stregoneria, l'omicidio colposo, l'usura, il saccheggio dell'orfano, la fuga dal campo di battaglia e la diffamazione delle donne credenti caste e innocenti*". [Al-Bukhārī e Muslim].

363. Divieto di portare il Corano in un Paese non musulmano se si teme che possa cadere nelle loro mani.

1794. Secondo Ibn 'Umar, il Messaggero di Allah ﷺ vietò di viaggiare con il Corano in territorio nemico. [Al-Bukhārī e Muslim].

364. Divieto di utilizzare recipienti d'oro o d'argento per mangiare, bere o fare abluzioni.

1795. Secondo Umm Salamah, il Messaggero di Allah ﷺ disse: "*Chi beve da un recipiente d'argento non fa altro che riempirsi il ventre con il Fuoco dell'Inferno*". [Al-Bukhārī e Muslim].

Secondo un'altra versione di Muslim: "*Chiunque mangi o beva da un recipiente d'oro o d'argento....* ".

1796. Secondo Hudhayfah, il Profeta ﷺ proibì ai musulmani di indossare seta e di bere da recipienti d'oro o d'argento, dicendo: "*Questo è riservato ai miscredenti qui e a voi nell'Aldilà*". [Al-Bukhārī e Muslim].

Hudhayfah, sempre secondo Al-Bukhārī e Muslim, racconta di aver sentito il Messaggero di Allah ﷺ dire: "*Non indossate seta, non bevete da recipienti d'oro o d'argento e non mangiate da piatti d'oro o d'argento*".

1797. Anas ibn Sīrīn racconta che si trovava con Anas ibn Mālik in casa dei Mazdei quando gli portarono un vaso d'argento contenente un dolce che Anas rifiutò di mangiare. È stata quindi presentata una richiesta di sostituzione del contenitore. Il dolce fu poi servito su un grande piatto di legno e questa volta Anas lo mangiò [al-Bayhaqi, attraverso una catena di trasmissione autentica (*hasan*)].

365. Il divieto per gli uomini di indossare abiti color zafferano

1798. Secondo Anas, il Messaggero di Allah ﷺ proibì agli uomini di indossare abiti tinti di zafferano. [Al-Bukhārī e Muslim].

1799. 'Abdullah ibn 'Amr ibn Al-'As racconta quanto segue: Quando il Profeta vide su di me due indumenti tinti con il cartamo, mi chiese: "*Tua madre* ti ha *ordinato di indossarli?* ". Chiesi: "Devo lavarli?" Mi ordinò *invece* di *bruciarli*.

In un'altra versione: "*Sono abiti indossati dai miscredenti, non indossateli*". [Muslim]

366. Il divieto di rimanere in silenzio tutto il giorno

1800. 'Ali disse: "Ho ricordato queste parole del Messaggero di Allah ﷺ: '*Nessuno è considerato orfano dopo la pubertà e non è lecito rimanere in silenzio tutto il giorno*'". [Abū Dawūd, attraverso una catena di trasmissione autentica (*hasan*)].

Commentando questo hadith, Al-Khattabi afferma: "In epoca pagana, gli arabi facevano voto di silenzio. Questa pratica fu loro vietata con l'avvento dell'Islam, che ordinò di invocare il nome di Allah e di pronunciare parole buone".

1801. Qays ibn Abi Hāzim racconta che una volta Abū Bakr As-Siddīq entrò in casa di una donna della tribù degli Ahmadi di nome Zaynab che rimase in silenzio. Chiese: "Che cosa le succede se non parla?". "Ha fatto voto di compiere il pellegrinaggio in silenzio", spiegano i presenti. Gli ordinò: "Parla! Il voto di silenzio, infatti, è una pratica proibita ereditata dai tempi pre-islamici. Così ha rotto il suo silenzio. [Al-Bukhārī]

367. Il divieto di falsa attribuzione di paternità

1802. Secondo Sa'd ibn Abi Waqqās, il Profeta ﷺ disse: "*Chiunque dichiari consapevolmente una falsa paternità sarà escluso dal Paradiso*". [Al-Bukhārī e Muslim].

1803. Secondo Abū Hurairah, il Profeta ﷺ disse: "*Non rinnegate i vostri padri, perché rinnegare vostro padre è una forma di miscredenza[1]*". [Al-Bukhārī e Muslim].

1804. Yazid ibn Sharīk ibn Tarīq raccontò di aver sentito 'Ali ﷺ pronunciare un sermone dal minbar in cui disse: "Per Allah, non abbiamo altro libro che quello di Allah e ciò che è scritto su questo foglio". Poi ha srotolato il foglio in questione che indicava l'età dei cammelli dati come moneta di sangue e altre regole relative alla legge della ritorsione.

Disse anche: "Il Messaggero di Allah disse: '*La terra di Madinah è sacra tra il monte 'Ayr e il monte Thawr'. Chiunque vi introduca l'eresia o dia rifugio a un eretico è maledetto da Allah, dagli angeli e da tutti gli uomini. Inoltre, Allah non accetterà da lui alcun lavoro, obbligatorio o volontario, nel Giorno della Resurrezione. La protezione data a un miscredente da un singolo musulmano, per quanto debole possa essere, deve essere rispettata da tutti i credenti. Chi tradisce un musulmano, attaccando un miscredente sotto la sua protezione, sarà maledetto da Allah, dagli angeli e dal mondo intero. Inoltre, Allah non accetterà da lui alcun lavoro, obbligatorio o volontario, nel Giorno della Resurrezione. Chiunque rivendichi una falsa paternità o suggerisca di essere stato liberato da qualcuno che non sia il suo precedente padrone sarà maledetto da Allah, dagli angeli e dal mondo intero. Inoltre, Allah non accetterà*

---

[1] Oppure: un segno di ingratitudine. "Negare il padre" qui significa: attribuirsi un altro padre.

da lui alcun lavoro, obbligatorio o volontario, nel Giorno della Resurrezione". [Al-Bukhārī e Muslim].

1805. Abū Dharr raccontò di aver sentito il Messaggero di Allah ﷺ dire: "Nessuno si attribuisce consapevolmente una *falsa paternità senza cadere nella miscredenza. Chiunque si attribuisca una cosa o una qualità che non ha, non è dei nostri e si è guadagnato un posto all'inferno. Chiunque chiami ingiustamente un uomo un miscredente o un nemico di Allah, l'insulto gli si ritorcerà contro*". [Al-Bukhārī, e Muslim da cui questa versione].

368. L'ammonimento contro la trasgressione dei comandamenti di Allah e del Suo Messaggero

Allah, l'Altissimo, dice:

Chi trasgredisce i suoi comandi stia attento, perché potrebbe subire una prova terribile o un castigo doloroso (24:63).

Allah vi avverte del Suo castigo (3:30).

La vendetta del tuo Signore è terribile (85,12).

Questo è il castigo che il vostro Signore infligge alle città del crimine. In verità, il Suo castigo è molto doloroso (11:102).

1806. Secondo Abū Hurairah, il Profeta ﷺ disse: "*Allah, l'Altissimo, è geloso del Suo diritto di essere obbedito, la Sua gelosia si manifesta quando l'uomo trasgredisce i Suoi divieti*". [Al-Bukhārī e Muslim].

369. Cosa deve dire e fare un trasgressore

Allah, l'Altissimo, dice:

Se Satana vi incita alla vendetta, cercate la protezione di Allah (41:36).

Quando i pii credenti sono tentati da Satana, si ricordano di Allah e diventano subito chiari (7:201).

Il Paradiso è preparato anche per coloro che, se commettono un'infamia o si fanno del male, si ricordano di Allah, di cui implorano il perdono, invece di persistere deliberatamente nelle loro azioni, sapendo che solo Allah può perdonare i peccati. Questi sono coloro che, come ricompensa per le loro azioni, otterranno il perdono del loro Signore e giardini con fiumi che scorrono, dove abiteranno per l'eternità. Degna è la ricompensa di coloro che non hanno smesso di lavorare (3:135-136).

Restituite tutto ad Allah, o credenti, nella speranza della vostra felicità e della vostra salvezza (24:31).

1807. Secondo Abū Hurairah, il Profeta ﷺ disse: "*Chi giura su Al-Lat e Al-'Uzzā*[1] *, deve dire: 'Non c'è altra divinità che abbia diritto di essere adorata all'infuori di Allah'. E chi dice al suo compagno: 'Facciamo una scommessa', deve fare l'elemosina*". [Al-Bukhārī e Muslim].

---

[1] Due idoli venerati dagli arabi prima dell'Islam.

LIBRO: HADITH SELEZIONATI

370. Hadith sul falso Messia e sui segni della fine dei tempi

1808. An-Nawwās ibn Sam'ān disse: "Il Messaggero di Allah una mattina ci parlò così a lungo del falso Messia che pensavamo fosse già nei palmeti di Medina. Quando ci siamo avvicinati a lui durante il giorno, ha visto la nostra preoccupazione sui nostri volti e ci ha chiesto: "*Che cosa vi succede?*". Rispondemmo: "Messaggero di Allah!

Questa mattina ci hai parlato così ampiamente del falso Messia che pensavamo fosse già tra le nostre palme. Disse: "*Non è il falso Messia quello che temo di più per voi, perché se apparirà durante la mia vita, saprò come proteggervi da lui, e se apparirà dopo la mia morte, allora ognuno dovrà difendersi, ma Allah prenderà il mio posto con ogni musulmano*". Poi ha aggiunto: "*È un giovane uomo con i capelli crespi e lo sguardo perso. Potrei paragonarlo ad 'Abd al-'Uzzā ibn Qatan. Chiunque sarà in questo mondo quando apparirà, dovrà leggere le prime aleyas della Surah della Caverna per proteggersi. Il falso Messia apparirà su una strada tra la Siria e l'Iraq e causerà problemi da tutte le parti. Restate dunque saldi, adoratori di Allah.* Chiediamo:

- Messaggero di Allah, quanto tempo resterai sulla terra?

- *Quaranta giorni*", *ha risposto. Un giorno è un anno, un giorno è un mese, un giorno è una settimana e il resto dei giorni è uguale a quello che conoscete.*

- Messaggero di Allah, le nostre attuali preghiere di un giorno saranno sufficienti per questo giorno equivalente a un anno?

- *No, pregate il numero di preghiere che fate di solito in un anno*", ha risposto.

- Messaggero di Allah, a che velocità ti muoverai sulla terra?

- *Alla velocità del vento, rispose. Attraverserà le terre di un popolo e lo inviterà a credere in lui, cosa che faranno. Poi comanderà alla pioggia di cadere e alla terra di crescere. Il suo bestiame tornerà dai pascoli più grasso che mai, le mammelle più piene che mai. Poi passerà per le terre di un altro popolo che inviterà a credere in lui, ma che rifiuterà. Poi li lascerà, ma la loro terra si inaridirà e i loro animali periranno. Poi passerà davanti a delle rovine a cui comanderà: "Tirate fuori i vostri tesori". I tesori sepolti lo seguiranno come uno sciame di api intorno alla regina. Poi invocherà, invano, un uomo nel fiore degli anni che lo segua. Poi lo colpirà con la spada, spaccando il suo corpo in due, e quindi chiederà al giovane di alzarsi con il sorriso sulle labbra e il volto luminoso.*

In quel momento, Allah, l'Altissimo, invierà il Messia, figlio di Maria, che scenderà vicino al minareto bianco a est di Damasco, indossando due vesti color zafferano, con le mani appoggiate sulle ali di due angeli. Quando china la testa, da essa cadono gocce d'acqua e quando la solleva, da essa sgorga acqua limpida come perle. Ogni miscredente che sente il respiro di Gesù morirà, sapendo che il suo respiro arriverà fino al suo sguardo. Inseguirà il falso Messia fino alla porta di Lūd[1] *dove lo ucciderà. Gesù andrà poi a incontrare gli uomini che Allah ha preservato dal falso Messia. Passerà la mano sui loro volti e dirà loro il rango riservato loro in Paradiso. A quel tempo, Allah, l'Altissimo, rivelerà a Gesù che porterà uomini contro i quali nessuno potrà combattere. Allah gli ordinerà di portare i Suoi fedeli in un luogo sicuro sul Monte Sinai. Allah invierà allora Gog e Magog, che emergeranno da tutte le altezze. I primi arriveranno al lago di Tiberiade e ne esauriranno l'acqua, cosicché quando i secondi lo raggiungeranno, esclameranno: "Qui un tempo c'era l'acqua".*

Il Profeta di Allah Gesù e i suoi compagni saranno allora assediati al punto che una testa di bue sarà più preziosa per loro in quel momento che cento monete d'oro per voi oggi. Allora imploreranno Allah, l'Altissimo, che manderà vermi sul collo dei loro nemici che periranno tutti come un solo uomo. Gesù e i suoi compagni scenderanno poi dal monte sulla terra, ogni parte della quale sarà

---

[1] Si trova vicino a Gerusalemme, in Palestina.

ricoperta dai loro cadaveri ed emanerà un odore pestilenziale. *Allora imploreranno Allah Altissimo, che manderà uccelli grandi come cammelli che li porteranno ovunque Allah voglia. Allah Onnipotente farà allora scendere una pioggia che ripulirà la terra da tutte le sue sporcizie. Allora si dirà alla terra: "Coltiva i tuoi frutti e restituisci le tue benedizioni".*

In quel giorno, un melograno basterà a un gruppo di uomini per sedersi all'ombra della sua buccia. Il latte sarà benedetto a tal punto che una cammella da latte basterà per una moltitudine di uomini, una mucca da latte per un'intera tribù e una pecora per un clan. Allah, l'Altissimo, invierà allora un vento benefico che passerà sotto le ascelle degli uomini e recupererà l'anima di ogni credente e di ogni musulmano. Sulla terra rimarranno solo uomini della peggior specie, che copuleranno in pubblico come asini. È su di loro che sorgerà l'Ora. [Muslim].

1809. Rib'ibn Hirash racconta quanto segue: Ho accompagnato Abū Mas'ud Al-Ansari da Hudhayfah ibn Al-Yamān. Abū Mas'ud gli disse: "Dimmi cosa hai sentito dire dal Messaggero di Allah ﷺ sul falso Messia". Hudhayfah rispose: "Quando il falso Messia apparirà, avrà con sé acqua e fuoco. Ciò che la gente prenderà per acqua sarà in realtà fuoco ardente, e ciò che prenderà per fuoco sarà in realtà acqua dolce. Chiunque sia vivo quando appare, si getti in quello che pensa sia fuoco, che in realtà è acqua dolce. Abū Mas'ud confermò: "Anch'io l'ho sentito da lui". [Al-Bukhārī e Muslim].

1810. Secondo 'Abdullah ibn 'Amr ibn Al-'As, il Messaggero di Allah ﷺ disse: "Il falso Messia apparirà nella mia nazione e vi rimarrà per quaranta (il narratore ha aggiunto: "Non so se siano giorni, mesi o anni). Allah, l'Altissimo, manderà allora Gesù, figlio di Maria, che lo inseguirà e infine lo ucciderà. I popoli vivranno allora per sette anni senza alcuna animosità tra loro. Allora Allah Onnipotente invierà un vento freddo dallo Scià che porterà via l'anima di ogni abitante della terra il cui cuore contiene la minima traccia di bene (o di fede).

Così che se uno di loro cerca rifugio nel cuore di una montagna, questo vento si precipita giù e afferra la sua anima. Allora rimarranno sulla faccia della terra solo persone della peggior specie, veloci come uccelli nel commettere il male, crudeli come bestie feroci, che non conoscono la virtù e non condannano il vizio.

Satana apparirà loro sotto forma di uomo e dirà: "Non rispondete alla mia chiamata? Diranno: "Che cosa ci ordini di fare? Comanderà loro di adorare gli idoli che porteranno loro conforto e agio fino al giorno in cui il corno sarà suonato. Nessuno sentirà il suono del corno senza tendere l'orecchio per sentirlo, il primo di loro è un uomo impegnato a tappare la mangiatoia dei suoi cammelli.

Poi un fulmine lo colpirà, seguito dagli uomini intorno a lui. Allah farà scendere una pioggia sottile che rianimerà i corpi degli uomini. Sarà soffiato una seconda volta sul Corno e i morti risorgeranno, guardando e aspettando di incontrare il loro destino. Allora saranno chiamati: "Uomini! Venite al vostro Signore. Si dirà: "Arrestateli, perché devono essere interrogati". Allora si dirà: "Portate gli uomini destinati all'inferno". "In che proporzione?", si chiederà. "Novecentonovantanove su mille", sarà la risposta. Sarà un giorno così terribile da far diventare bianchi i capelli dei bambini. In quel giorno, gli uomini saranno esposti alle pene del Giudizio". [Muslim]

1811. Secondo Anas, il Messaggero di Allah ﷺ disse: "*Non c'è terra in cui il falso Messia non metterà piede se non alla Mecca e a Medina. Non ci sarà alcun varco per entrare in una di queste due città senza che gli angeli siano schierati a distanza ravvicinata per impedirne l'accesso. Così, il falso Messia si fermerà ad As-Sabakhah, fuori Medina, che sarà scossa da tre scosse con cui Allah espellerà ogni miscredente e ipocrita dalla città*". [Muslim]

1812. Secondo Anas, il Messaggero di Allah ﷺ disse: "*Il falso Messia sarà seguito da settantamila ebrei di Isfahan che indossano scialli*". [Muslim]

1813. Umm Sharīk raccontò di aver sentito il Profeta ﷺ dire: "*Il popolo fuggirà dal falso Messia cercando rifugio sulle montagne*". [Muslim]

1814. 'Imrān ibn Husayn ha raccontato di aver sentito il Messaggero di Allah ﷺ dire: "*Dalla creazione di Adamo fino all'avvento dell'Ora, non ci sarà prova peggiore di quella del falso Messia*". [Muslim]

1815. Secondo Abū Sa'īd Al-Judri il Profeta ﷺ disse: "*Quando il falso Messia apparirà, un credente andrà ad incontrarlo ma troverà sulla sua strada uomini della sua guardia che lo interrogheranno:*

- Dove stai andando?

- A colui che è appena apparso, dirà.

- Non credete in nostro Signore?

- Conosciamo troppo bene Nostro Signore[1], risponderà il credente.

- Uccidiamolo, direbbe qualcuno.

- Il vostro Signore non vi ha forse proibito di giustiziare qualcuno senza il suo permesso? Così lo porteranno dal falso Messia. Quando il credente lo vedrà, esclamerà:

- Ascoltatemi! Questo è il falso Messia annunciato dal Messaggero di Allah.

Il falso messia gli ordinerà di essere gettato a terra a faccia in giù, e poi sarà picchiato sulla testa e sul viso. Verrà anche picchiato sulla schiena e sullo stomaco. Il falso messia glielo chiederà:

- Non credi in me?

- Tu sei il falso Messia, l'impostore", esclamò.

---

[1] Al-lah, per confonderlo con colui che pretende di essere il Signore, il falso Messia.

Poi ordinerà che il suo corpo venga tagliato in due, partendo dal centro del cranio fino alle gambe, e poi camminerà tra le due metà del corpo. Poi gli ordinerà di alzarsi, cosa che il credente farà. Poi gli dirà: "Ora credi in me?". L'uomo risponderà: "Questo mi ha aperto ancora di più gli occhi su di voi. Allora il credente griderà al popolo: "Nessuno dopo di me subirà questa sorte".

Il falso Messia lo afferrerà per sgozzarlo, ma Allah trasformerà il suo collo, fino alla clavicola, in rame, impedendo al falso Messia di ucciderlo. Poi lo afferra per le mani e i piedi e lo lancia in aria. La gente penserà che sia stato gettato all'inferno, mentre in realtà sarà gettato in paradiso.

Il Messaggero di Allah ﷺ aggiunse: "*Questo è il più grande dei martiri per il Signore dell'Universo*". [Muslim e Al-Bukhārī che riporta parte di questa narrazione in termini stringati].

1816. Al-Mughirah ibn Shu'bah disse: "Nessuno tranne me ha chiesto al Messaggero di Allah del falso Messia. Tanto che una volta mi ha chiesto: "*Perché sei così preoccupato per lui?*". Risposi: "Si dice che avrà con sé una montagna di pane e un fiume d'acqua". Disse: "*È troppo spregevole per Allah per poter ingannare i credenti con questo*". [Al-Bukhārī e Muslim].

1817. Secondo Anas, il Messaggero di Allah ﷺ disse: "*Non c'è profeta che non abbia messo in guardia la sua nazione contro il bugiardo con un occhio solo. Sappiate dunque che è guercio, mentre il vostro Signore Onnipotente non lo è. Sulla sua fronte ci sono tre lettere: k, f e r*[1]. [Al-Bukhārī e Muslim].

1818. Secondo Abū Hurairah, il Messaggero di Allah ﷺ disse: "*Ascoltatemi bene! Vi dirò del falso Messia ciò che nessun profeta ha rivelato al suo popolo. È guercio e verrà con quello che sembrerà il Paradiso e l'Inferno,*

---

[1] Lettere che formano la radice della parola araba "*kāfir*" che significa infedele.

ma quello che dirà essere il Paradiso sarà in realtà l'Inferno". [Al-Bukhārī e Muslim].

1819. Secondo Ibn 'Umar, il Messaggero di Allah ﷺ menzionò il falso Messia ai musulmani dicendo: *"Allah non è certamente guercio, mentre il falso Messia è guercio nel suo occhio destro che è prominente come un acino d'uva"*. [Al-Bukhārī e Muslim].

1820. Secondo Abū Hurairah, il Messaggero di Allah ﷺ disse: *"L'Ora non verrà finché i musulmani non combatteranno gli ebrei. La roccia o l'albero dietro cui l'ebreo si nasconde dirà: "Musulmano! C'è un ebreo dietro di me, vieni e uccidilo', tranne un albero spinoso chiamato Gharqad, perché è uno degli alberi degli ebrei"*. [Al-Bukhārī e Muslim].

1821. Secondo Abū Hurairah, il Messaggero di Allah ﷺ disse: *"Per Colui che tiene la mia anima nella Sua mano! Questo mondo non passerà finché un uomo non passerà davanti a una tomba e rotolandovi sopra dirà: "Se solo fossi al posto dell'occupante di questa tomba!" Non desidererà la morte per motivi religiosi, ma per le privazioni che subirà "*. [Al-Bukhārī e Muslim].

1822. Secondo Abū Hurairah, il Messaggero di Allah ﷺ disse: *"L'Ora non verrà finché il fiume Eufrate non rivelerà una montagna d'oro per la quale la gente si ucciderà a vicenda al punto che su cento uomini, novantanove moriranno. Ognuno dirà a se stesso:* "Forse sono l'unico rimasto".

Secondo un'altra versione: *"Non è probabile che l'Eufrate butti giù un tesoro d'oro. Che nessuno che sia vivo in quel momento ne prenda una parte"*. [Al-Bukhārī e Muslim].

1823. Abū Hurairah raccontò di aver sentito il Messaggero di Allah ﷺ dire: *"La gente lascerà Madinah quando non sarà mai stata così prospera. Solo gli uccelli rapaci e le bestie selvatiche verranno a rifugiarsi lì. Gli ultimi a essere colpiti saranno due pastori della tribù di Muzaynah che, con un grido, condurranno il loro gregge a Madinah. Quando arriveranno, Madinah sarà completamente spopolata e quando arriveranno a Thaniyyah Al-Wadā', cadranno a terra sulla loro faccia"*. [Al-Bukhārī e Muslim].

1824. Secondo Abū Sa'īd Al-Khudri, il Profeta ﷺ disse: *"Alla fine dei tempi, uno dei vostri califfi distribuirà il denaro senza contarlo"*. [Muslim]

1825. Secondo Abū Musa Al-Ash'ari, il Profeta ﷺ disse: "*Verrà un tempo in cui un uomo cercherà invano chi vuole la sua elemosina in oro e un uomo sarà ambito da quaranta donne a causa della scarsità di uomini rispetto alle donne*". [Muslim]

1826. Secondo Abū Hurairah il Profeta ﷺ disse: "*Un uomo comprò una proprietà in cui trovò un vaso pieno d'oro. Ha detto al venditore:*

- Prendete il vostro oro, perché io ho comprato solo la terra, non l'oro.

- Vi ho venduto la proprietà e quello che c'è sopra", ha *detto il venditore. Così chiesero a un terzo uomo di decidere tra loro. Il terzo uomo chiese loro:*

- Avete figli?

- Ho un figlio", ha *detto uno di loro.*

- Ho una figlia", *disse l'altro.*

- Sposatele, poi offrite loro una parte del tesoro e fate l'elemosina con il resto, *consigliò loro*". [Al-Bukhārī e Muslim].

1827. Abū Hurairah raccontò di aver sentito il Messaggero di Allah ﷺ dire: "*Due donne erano ognuna con il proprio figlio quando arrivò un lupo e portò via uno dei due neonati .*

- Il lupo ha preso tuo figlio", *esclamò il primo.*

- Invece ha preso il tuo", *ha detto la seconda donna. Portarono la loro disputa al profeta Davide, che assegnò il figlio rimanente alla donna più anziana. Poi si recarono da Salomone, figlio di Davide, per informarlo della loro disputa.*

- Portami un coltello e lo taglierò in due", *disse Solomon.*

- Che Allah abbia pietà di voi! Non fate nulla, è suo figlio", *disse la donna più giovane. Così Salomone concesse il figlio a quest'ultimo".* [Al-Bukhārī e Muslim].

1828. Secondo Mirdās Al-Aslami, il Profeta ﷺ disse: " *I giusti scompariranno uno dopo l'altro, lasciando solo i rifiuti degli uomini, come i rifiuti dell'orzo o dei datteri, ai quali Allah non attribuirà alcuna importanza* ". [Al-Bukhārī]

1829. Rifā'ah ibn Rāfi' Az-Zūraqi racconta che l'angelo Gabriele venne e chiese al Profeta ﷺ: "Come consideri gli uomini che hanno partecipato alla battaglia di Badr?" "*Sono tra i migliori musulmani*", rispose il Profeta ﷺ. "Come gli angeli che parteciparono alla battaglia di Badr", disse Gabriele. [Al-Bukhārī]

1830. Secondo Ibn 'Umar, il Messaggero di Allah ﷺ disse: "*Quando Allah, l'Altissimo, infligge il Suo castigo a un popolo, colpisce tutti coloro che ne fanno parte allo stesso modo, e poi ognuno viene innalzato secondo le sue azioni*". [Al-Bukhārī e Muslim].

1831. Jābir ha riferito: "Il Profeta ﷺ era solito appoggiarsi al tronco di una palma durante i suoi sermoni. Quando fu installato il minbar, sentimmo il tronco gemere come una cammella in procinto di partorire, così il Profeta ﷺ scese dal minbar e mise la mano sul tronco che tacque".

Secondo un'altra versione, "il venerdì il Profeta ﷺ si sedette sul minbar. La palma vicino alla quale teneva le sue prediche cominciò a gridare così forte che quasi si spezzò".

In una terza versione: Si mise a piangere come un bambino. Il Profeta ﷺ scese allora dal minbar e prese in braccio il tronco che cominciò a piangere come un bambino che viene consolato, poi il pianto cessò. Il Messaggero di Allah ﷺ disse poi: "*Ha pianto le buone parole che era solito ascoltare*". [Al-Bukhārī]

1832. Secondo Abū Tha'labah Al-Jushani Jumum ibn Nashir, il Messaggero di Allah ﷺ disse: "*Allah, l'Altissimo, vi ha imposto obblighi che non dovete trascurare, vi ha posto limiti che non dovete trasgredire e vi ha sottoposto a divieti che non dovete violare. Inoltre, ha taciuto su alcune cose per misericordia verso di voi, non per dimenticanza, quindi non chiedetele*". [Autentico (*hasan*), in particolare riportato da Ad-Dāraqūtni].

1833. 'Abdullah ibn Abi Awfā disse: "Abbiamo partecipato con il Messaggero di Allah ﷺ a sette spedizioni in cui abbiamo mangiato locuste (o: mangiato locuste con lui)". [Al-Bukhārī e Muslim].

1834. Secondo Abū Hurairah, il Profeta ﷺ disse: "*Il credente non viene mai punto due volte dallo stesso buco*". [Al-Bukhārī e Muslim].

1835. Secondo Abū Hurairah, il Messaggero di Allah ﷺ disse: "Ci sono *tre tipi di persone a cui Allah non parlerà nel Giorno della Resurrezione, che non guarderà, che non purificherà e che subiranno un castigo doloroso: Un uomo nel deserto con un'eccedenza d'acqua che nega ai viaggiatori, un uomo che, dopo la preghiera della sera, vende la sua merce a un cliente incauto, giurando falsamente su Allah di averla comprata a tale e tale prezzo, e un uomo che giura fedeltà a un sovrano solo per ottenere i beni di questo mondo: se li ottiene, gli rimane fedele, altrimenti viola la sua promessa* . "[Al-Bukhārī e Muslim]

1836. Secondo Abū Hurairah, il Profeta ﷺ disse: "*Tra i due respiri ce ne saranno quaranta*". Gli fu chiesto: "Abū Hurairah, quaranta giorni?" "Non posso dirlo", rispose. "Quarant'anni? "Non posso dirlo", ha ripetuto. "Quaranta mesi? "Non posso dirlo", ha insistito, prima di aggiungere: "*Il corpo dell'uomo scompare completamente, ad eccezione del coccige, dal quale i corpi saranno ricostituiti. Allah farà scendere dal cielo un'acqua che farà rinascere gli uomini come l'erba della terra*". [Al-Bukhārī e Muslim].

1837. Abū Hurairah riferì quanto segue: Mentre il Profeta si ﷺ rivolgeva ai compagni seduti intorno a lui, un beduino si fece avanti e disse: "Quando suonerà l'Ora?" Ma il Messaggero di Allah ﷺ continuò a parlare, il che fece dire ad alcuni: "Ha sentito, ma non ha apprezzato la domanda". Altri hanno detto: "Non ha ascoltato. Quando ha finito di parlare, ha chiesto:

- *Dov'è quello che mi ha chiesto dell'Ora?*

- Eccomi, o Messaggero di Allah, rispose il beduino.

- *Quando la lealtà scompare, aspettate l'arrivo dell'Ora*, dice il Profeta.

- Come farà a sparire? chiese l'uomo.

- '*Quando l'autorità sarà data a coloro che non ne sono degni, allora l'Ora sarà vicina*', disse il Messaggero di Allah". [Al-Bukhārī]

1838. Secondo Abū Hurairah, il Messaggero di Allah ﷺ disse: "*Se coloro che guidano la preghiera prima di voi lo fanno correttamente, sarete ricompensati per questo, mentre se sbagliano, voi avrete comunque la ricompensa e loro dovranno renderne conto*". [Al-Bukhārī]

1839. Commentando il versetto: "**Siete la migliore nazione allevata per gli uomini**" (3:110), Abū Hurairah disse: "Sono gli uomini più vantaggiosi per i loro simili, perché li fanno prigionieri e mettono loro al collo catene di trasmissione, fino al giorno in cui abbracceranno l'Islam". [Al-Bukhārī]

1840. Secondo Abū Hurairah, il Profeta ﷺ disse: "*Allah Onnipotente si stupisce degli uomini che entrano in Paradiso in catene*". [Al-Bukhārī]

In altre parole: vengono incatenati dopo essere stati fatti prigionieri e poi abbracciano l'Islam, ottenendo così il Paradiso.

1841. Secondo Abū Hurairah il Profeta ﷺ disse: "*I luoghi più amati da Allah sono le moschee e i luoghi più odiati da Allah sono i mercati*". [Muslim]

1842. Salmān Al-Fārisi ha detto: "Non siate, per quanto possibile, i primi a entrare nel mercato, né gli ultimi a lasciarlo, perché è l'arena di Satana dove egli innalza il suo vessillo". [Muslim]

Un hadith identico è riportato da Al-Barqāni nella sua *Sahīh* dopo il Salmān, secondo il quale il Messaggero di Allah ﷺ disse: "*Non siate i primi a entrare nel mercato, né gli ultimi a lasciarlo, perché Satana e i suoi servi vi hanno preso dimora*".

1843. Secondo 'Āsim Al-Ahwal, 'Abdullah ibn Sarjis riferì che disse al Profeta ﷺ: "Messaggero di Allah, che Allah ti perdoni". "*E anche tu*", rispose. 'Āsim aggiunse: "Chiesi ad 'Abdullah se il Messaggero di Allah ﷺ avesse davvero implorato il perdono di Allah per lui". "Sì, e anche per voi", rispose prima di recitare questa ayah: "Chiedete perdono per i vostri peccati e per quelli dei credenti". (47:19) [Muslim]

1844. Secondo Abū Mas'ud Al-Ansari, il Profeta ﷺ disse: "*Tra i detti ereditati dai primi profeti ci sono questi: 'Se non senti pudore, fai come ti pare'*". [Al-Bukhārī]

1845. Secondo Ibn Mas'ud, il Profeta ﷺ disse: "*I primi casi ad essere giudicati, nel Giorno della Resurrezione, saranno i crimini di sangue*". [Al-Bukhārī e Muslim].

1846. Secondo 'Āishah, che Allah si compiaccia di lei, il Profeta ﷺ disse: "*Gli angeli sono stati creati dalla luce, i jinn da una miscela di fuoco e Adamo da ciò che vi è stato indicato*[1] ". [Muslim]

---

[1] Di argilla. Per quanto riguarda l'espressione: "di una miscela di fuoco", essa significa, secondo molti commentatori: di un fuoco puro da ogni fumo.

1847. 'Āishah, che Allah sia soddisfatto di lei, disse: "Il carattere del Profeta di Allah era il Corano". [Muslim]

1848. Secondo 'Āishah, il Profeta ﷺ disse: " *Chi si compiace di incontrare Allah, sappia che Allah si compiace di incontrarlo. Chi è restio ad incontrare Allah, sappia che Allah è restio ad incontrarlo* . 'Āishah gli chiese: "O Messaggero di Allah, è forse la morte, perché tutti resistiamo alla morte?" Egli rispose: "*Non si tratta di questo. Il credente a cui è stata promessa la misericordia, il compiacimento e il paradiso di Allah quando sta per morire è contento di incontrare Allah, che è contento di incontrarlo. Quanto al miscredente a cui viene annunciato il castigo di Allah e la Sua ira, resiste all'incontro con Allah, che resiste anche all'incontro con lui*". [Muslim]

1849. Safiyyah bint Hūyayy, moglie del Messaggero di Allah ﷺ, racconta quanto segue Una notte visitai il Profeta mentre era in ritiro nella moschea. Gli ho parlato prima di alzarmi per andare a casa. Anche il Profeta si alzò per accompagnarmi. Nello stesso momento, passarono due uomini tra gli Ansar che, vedendo il Profeta, si affrettarono a salire. *"Rallenta! È solo Safiyyah bint Huyayy"*, ha detto. "Gloria ad Allah, Messaggero di Allah", esclamarono i due uomini. Il Profeta ﷺ allora disse: "*Satana si insinua nell'uomo come il sangue circola nelle sue vene, e temevo che potesse suggerirti qualche pensiero cattivo*". [Al-Bukhārī e Muslim].

1850. Abū Al-Fadl Al-'Abbās ibn 'Abd Al-Muttalib racconta quanto segue Abū Sufyan ibn Al-Harith ibn 'Abd Al-Muttalib ed io accompagnammo il Messaggero di Allah ﷺ, in sella al suo mulo bianco, in tutti i suoi spostamenti nel giorno della battaglia di Hunayn. Quando i musulmani affrontarono i pagani e voltarono loro le spalle, il Messaggero di Allah ﷺ iniziò a calciare con le gambe i fianchi del suo mulo per spingerlo verso gli infedeli. Cercai di trattenerlo afferrando le redini del suo mulo, mentre Abū Sufyan cercava di tenerlo per la staffa.

Fu allora che il Messaggero di Allah ﷺ mi chiamò: *"Abbas! Chiamate gli uomini che, sotto la Samurah, si sono impegnati a non scappare mai dalla lotta"*. Gridai più forte che potevo ('Abbās aveva una gran voce): "Dove sono gli uomini della Samurah?" Per Allah, non appena mi sentirono, tornarono dal Profeta come una mucca torna dai suoi vitelli, dicendo: "Siamo qui! Eccoci qui", e poi hanno combattuto contro gli infedeli. Gli Ansar furono quindi esortati a tornare a combattere, ma l'appello fu limitato alla tribù di Bani Al-Harith ibn Al-Khazraj.

Il Messaggero di Allah ﷺ, ancora sul suo mulo, con il corpo disteso per osservare meglio il combattimento, osservò: *"La battaglia è feroce"*. Poi raccolse una manciata di sassolini e li lanciò in faccia agli infedeli prima di annunciare: "Per il Signore di Maometto! Sono stati sconfitti, per Allah! Stavo osservando il combattimento, che non è avanzato fino a quando non ha lanciato le pietre. Poi ho visto che la loro forza stava inesorabilmente diminuendo e che la battaglia si stava gradualmente rivoltando contro di loro. [Muslim]

1851. Secondo Abū Hurairah, il Messaggero di Allah ﷺ disse: *"Ascoltatemi bene! Allah è puro e accetta solo ciò che è puro. Allah ha imposto ai credenti ciò che ha imposto ai Messaggeri. L'Altissimo disse: "Messaggeri! Scegliete i cibi più puri e fate le azioni più giuste (23:51). E disse: "O voi che credete! Nutritevi del cibo puro e salutare che vi abbiamo concesso (2:172)"*.

Poi ha menzionato l'uomo che cammina a lungo, con i capelli scompigliati, il volto coperto di polvere, e che tende le mani al cielo dicendo: "Signore, Signore! Signore!" quando il suo cibo è stato acquistato illegalmente, così come le sue bevande e i suoi vestiti, e si è nutrito di beni illegali. Come può essergli concesso? [Muslim]

1852. Secondo Abū Hurairah, il Messaggero di Allah ﷺ disse: "Ci sono *tre tipi di persone a cui Allah non parlerà nel Giorno della Resurrezione, che non guarderà, che non purificherà e che subiranno un castigo doloroso: il vecchio fornicatore, il sovrano bugiardo e il miserabile orgoglioso*". [Muslim]

1853. Secondo Abū Hurairah, il Messaggero di Allah ﷺ disse: "*Sayhān, Jayhān, Eufrate e Nilo sono fiumi del Paradiso*". [Muslim]

1854. Abū Hurairah raccontò che il Messaggero di Allah ﷺ un giorno lo prese per mano e gli disse: "*Allah ha creato la terra il sabato, ha creato le montagne la domenica, gli alberi il lunedì, il male il martedì e la luce il mercoledì. Vi sparse gli animali il giovedì e completò la Creazione creando Adamo il venerdì sera, negli ultimi istanti della giornata, tra la preghiera della sera e il tramonto*". [Muslim]

1855. Abū Sulaymān Kahlid ibn Al-Walid disse: "Nella battaglia di Mu'tah, nove spade mi si spezzarono in mano, così mi rimase solo una spada yemenita". [Al-Bukhārī]

1856. 'Amr ibn Al-'As ha raccontato di aver sentito il Messaggero di Allah ﷺ dire: "*Il giudice che, dopo aver usato tutti i mezzi necessari per arrivare a una sentenza giusta, raggiunge il suo obiettivo, è doppiamente ricompensato. Quanto a colui che, nonostante i suoi sforzi, sbaglia nel giudizio, riceve una ricompensa*". [Al-Bukhārī e Muslim].

1857. Secondo 'Āishah, che Allah si compiaccia di lei, il Profeta ﷺ disse: "*La febbre viene dal calore della Gehenna. Gettatela via con l'acqua*". [Al-Bukhārī e Muslim].

1858. Secondo 'Āishah, che Allah sia soddisfatto di lei, il Profeta ﷺ disse: "*Il parente del defunto esegua per lui i giorni di digiuno che doveva eseguire prima di morire*". [Al-Bukhārī e Muslim].

1859. Secondo 'Awf ibn Mālik ibn At-Tūfayl, 'Āishah, che Allah si compiaccia di lei, fu riferito che 'Abdullah ibn Az-Zubayr disse a proposito di una vendita - o di un dono - che aveva fatto: "Per Allah, se 'Āishah non cessa, metterò i suoi beni sotto tutela".

- Ha detto questo?" chiese 'Āishah.

- Sì", ha detto la gente.

- Per Allah, giurò che non avrebbe più parlato con Ibn Az-Zubayr. Quando questa situazione le pesò, 'Abdullah ibn Az-Zubayr chiese ad alcune persone di intercedere per lei presso 'Āishah, ma lei rispose: "Per Allah, non accetterò alcuna intercessione a suo favore e non commetterò un peccato venendo meno al mio giuramento". Questa situazione divenne per lui insopportabile, così Ibn Az-Zubayr si affidò ad Al-Miswar ibn Makhramah e ad 'Abd Ar-Rahmān ibn Al-Aswad ibn 'Abd Yaghūth ai quali disse: "Vi scongiuro, in nome di Allah, di presentarmi a 'Āishah, poiché non è lecito per lei interrompere ogni rapporto con me, suo nipote". Al-Miswar e 'Abd Ar-Rahman andarono con lui da 'Āishah e gli chiesero il permesso di entrare, dicendo: "Che la salvezza, la misericordia e le benedizioni di Allah siano su di te, possiamo entrare?".

- Entra", rispose lei.

- Tutti noi, hanno chiesto?

- Sì, tutti voi", disse, ignorando che Ibn Az-Zubayr era con loro. Una volta entrato, Ibn Az-Zubayr andò dietro la tenda che separava 'Āishah dagli uomini e prese in braccio la zia. Piangendo, iniziò a supplicarlo. Anche Al-Miswar e 'Abd Ar-Rahman lo implorarono di parlarle e di accettare le sue scuse, ricordandole che il Profeta ﷺ aveva proibito di rompere i legami di sangue e che non era lecito per un musulmano fuggire dal fratello per più di tre giorni.

Imbarazzata dalle sue esortazioni, alla fine pianse e disse: "Ho fatto un giuramento. Ma un giuramento non va preso alla leggera. Ma erano così insistenti che alla fine parlò con Ibn Az-Zubayr e, come espiazione, decise di liberare quaranta schiavi. Da allora, ogni volta che si ricordava del suo voto, piangeva fino a bagnarsi il velo. [Al-Bukhārī]

1860: 'Uqbah ibn 'Āmir raccontò che, otto anni dopo la sua morte, il Messaggero di Allah ﷺ andò a visitare le tombe dei martiri della battaglia di 'Uhud e pregò per loro come se volesse salutare i vivi e i morti. Al suo ritorno, salì sul minbar e disse: *"Ti incontrerò davanti al bacino[1] che posso vedere da qui e al quale andrò prima di te". In quel giorno testimonierò per voi. In verità, non è il politeismo che temo per voi, ma che litighiate per i beni di questo mondo"*. 'Uqbah ibn 'Āmir aggiunse: "Quella fu l'ultima volta che vidi il Messaggero di Allah". [Al-Bukhārī e Muslim].

Secondo un'altra versione: *"... Ma voi vi contendete i beni di questo mondo e vi uccidete l'un l'altro per essi, e perirete come sono periti quelli che vi hanno preceduto"*. ' Uqbah aggiunse: "Quella fu l'ultima volta che vidi il Messaggero di Allah nel minbar".

Secondo un'altra versione: *"P o Allah, vedo in questo momento la mia piscina e vi precederò. In quel giorno testimonierò per voi. Mi sono state date le chiavi dei tesori della terra. E per Allah, non è il politeismo che temo per voi quando non ci sarò più, ma che vi contenderete i beni di questo mondo"*.

1861. Abū Zayd 'Amr ibn Akhtab Al-Ansari racconta quanto segue: "Dopo aver guidato la preghiera dell'alba, il Profeta salì ﷺ sul minbar da dove tenne un sermone che durò fino alla preghiera di mezzogiorno. Scendeva dal minbar per guidare la preghiera di mezzogiorno e poi si sedeva di nuovo lì fino alla preghiera del pomeriggio. È sceso di nuovo per guidare la preghiera della sera e poi è risalito una terza volta fino al tramonto. Quel giorno ci ha informato sugli eventi passati e futuri. Erano i più dotti tra noi a memorizzare meglio le sue parole". [Muslim]

---

[1] *Hawd* (piscina) dove i musulmani berranno e che si trova nel luogo del raduno.

1862. Secondo 'Āishah, che Allah sia soddisfatto di lei, il Profeta ﷺ disse: "*Chi giura di obbedire ad Allah Lo obbedisca, ma chi giura di disobbedirGli non Lo disobbedisca*". [Al-Bukhārī]

1863. Umm Sharīk raccontò che il Messaggero di Allah ﷺ le ordinò di uccidere i gechi[1] spiegando: "*I gechi soffiavano sulla pira dove fu gettato Abramo*". [Al-Bukhārī e Muslim].

1864. Secondo Abū Hurairah, il Messaggero di Allah ﷺ disse: "*Chi uccide un geco con il primo colpo riceve una tale ricompensa, chi lo uccide con il secondo colpo riceve una ricompensa minore, e così via*".

Secondo un'altra versione, "*si registrano cento buone azioni per chi uccide un geco con il primo colpo, un numero minore per chi lo uccide con due colpi e un numero ancora minore per chi lo uccide con tre colpi*". [Muslim]

1865. Secondo Abū Hurairah, il Messaggero di Allah ﷺ disse: "*Una volta un uomo decise di fare l'elemosina. Uscì e diede la sua elemosina a un uomo che si rivelò essere un ladro. Il giorno dopo, la gente disse: "Qualcuno ha dato l'elemosina a un ladro". L'uomo disse: "O Allah, sia lode a Te, farò un'altra elemosina". Uscì e lo diede a una prostituta. Il giorno dopo, la gente diceva: "Ieri sera qualcuno ha fatto l'elemosina a una prostituta". L'uomo disse: "O Allah, lode a te, prostituta! Darò un'altra elemosina. Uscì e lo mise in mano a un uomo ricco e il giorno dopo la gente disse: "Qualcuno ha fatto l'elemosina a un uomo ricco". L'uomo disse: "O Allah, sia lode a Te, prima a un ladro, poi a una prostituta e ora a un uomo ricco". "Poi vide in sogno qualcuno che gli diceva: "La tua elemosina al ladro può impedirgli di rubare, l'elemosina alla prostituta può impedirle di prostituirsi, e chissà che l'elemosina al ricco non gli serva da lezione, incoraggiandolo a fare anch'egli l'elemosina con*

---

[1] Lucertole tropicali e subtropicali con testa larga e piatta, occhi sporgenti, dita artigliate e ventose.

una parte delle ricchezze che Allah gli ha donato"'. [Al-Bukhārī con queste parole, e Muslim con altre].

1866. Abū Hurairah riferì quanto segue: Siamo stati invitati a mangiare con il Messaggero di Allah ﷺ e gli è stata servita la paletta, una parte che gli piaceva particolarmente. Ne mangiò un pezzo e disse: "*Sarò il padrone degli uomini nel Giorno della Resurrezione". Sapete perché? Allah riunirà la prima e l'ultima generazione in una grande piazza, in modo che tutti siano perfettamente visibili e chiunque voglia rivolgersi a loro sarà ascoltato da ognuno di loro. Il sole si avvicinerà agli uomini, gettandoli in un'afflizione e in un'angoscia insopportabili. Si diranno l'un l'altro:* "Non vedete in che stato siamo e non cercate qualcuno che interceda per voi presso il Signore? *Alcuni risponderanno:* "Andiamo da nostro padre Adamo".

Si rivolgeranno a lui e diranno: "Adamo! Lei è il padre dell'umanità. Allah ti ha creato con la Sua mano, ha soffiato in te il Suo Spirito, ha ordinato agli angeli di inchinarsi a te e poi ti ha installato in Paradiso. Non puoi intercedere per noi presso il tuo Signore? Non vedi in che condizioni siamo? *Adam risponderà:* "L'ira del Mio Signore ha raggiunto oggi un livello che non ha mai raggiunto prima e non raggiungerà mai più. E mi ha proibito di mangiare del frutto dell'albero, ma io ho disobbedito. Il mio caso è sufficiente! Il mio caso è sufficiente! Il mio caso è sufficiente! Il mio caso è sufficiente per me! Vai da qualcun altro, vai da Noè.

Si rivolgeranno a lui dicendo: "Noè! Sei il primo messaggero inviato ai popoli della terra e Allah ti ha definito il "servo più riconoscente". Non vedi in che condizioni siamo? Non puoi intercedere per noi presso il tuo Signore? *Risponderà Noè:* "L'ira del Mio Signore ha raggiunto oggi un livello che non ha mai raggiunto prima e che non raggiungerà mai più. Ma Allah mi ha concesso un'invocazione che ho usato contro la mia gente: il mio caso è sufficiente, il mio caso è sufficiente, il mio caso è sufficiente, il mio caso è sufficiente! Andate da qualcuno che non sia io, andate da Abramo.

Si rivolgeranno a lui dicendo: "Abramo, tu sei il profeta di Allah e il Suo prediletto tra tutti gli uomini. Intercedi per noi presso il tuo Signore, non vedi in che condizioni siamo? *Abramo dirà loro:* "L'ira del mio Signore ha raggiunto oggi un livello che non ha mai raggiunto prima, né mai più raggiungerà. Ora ho mentito tre volte[1]. Il mio caso è sufficiente per me! Il mio caso è sufficiente! Il mio caso è sufficiente! Vai da un altro, vai da Mosè.

Andranno da lui e diranno: "Mosè! Andranno da lui e gli diranno: "Mosè, tu sei il Messaggero di Allah che ti ha favorito con il Suo messaggio e ti ha parlato. Intercedi per noi presso il tuo Signore, non vedi in che condizioni siamo? *Mosè dirà:* "L'ira del mio Signore ha raggiunto oggi un livello che non ha mai raggiunto prima e non raggiungerà mai più. Ma ho ucciso un essere umano senza essere comandato. Il mio caso è sufficiente! Il mio caso è sufficiente! Il mio caso è sufficiente! Il mio caso è sufficiente! Andate da qualcun altro, andate da Gesù.

Verranno *da lui e diranno:* "Gesù! Tu sei il Messaggero di Allah, la Sua Parola che Egli ha proiettato in Maria[2] e uno spirito che proviene da Lui e che hai pronunciato nella culla. Intercedi per noi presso il tuo Signore, non vedi in che stato siamo? *Gesù risponderà loro:* "L'ira del mio Signore ha raggiunto oggi un livello che non ha mai raggiunto prima e non raggiungerà mai più (non gli è stato attribuito alcun

---

[1] In particolare, quando disse: "Sono malato" (37:89) al suo popolo di non partecipare alla loro festa pagana. Queste parole non sono di per sé false, perché egli era davvero "malato" delle loro pratiche idolatriche.

[2] Per i musulmani, Gesù è il "Verbo di Allah" in quanto nato senza padre, dal comando divino "Sii" che ha portato alla sua nascita miracolosa.

peccato). Il mio caso mi basta, il mio caso mi basta, il mio caso mi basta! Vai da qualcuno che non sia io, vai da Maometto.

In un'altra versione: *"Verranno da me e diranno:* 'Maometto! Tu sei il Messaggero di Allah e il sigillo dei profeti. Allah vi ha perdonato i peccati passati e futuri. Intercedi per noi presso il tuo Signore, non vedi in che condizioni siamo?".

Allora passerò sotto il Trono e cadrò in prostrazione davanti al mio Signore che mi ispirerà formule di glorificazione e di lode che non ha mai ispirato a nessun essere prima di me. Allora mi diranno: "Maometto! Alzate la testa e chiedete ciò che desiderate, nulla vi sarà negato, intercedete per chiunque desideriate, vi sarà concesso. *Allora alzerò la testa e dirò:* "La mia nazione, o Signore! La mia nazione, o Signore!" Mi *diranno:* "Maometto! Lasciate che quelli della vostra nazione non spiegabile entrino attraverso la porta destra del Paradiso, ed entreranno anche attraverso le altre porte con il resto degli eletti del Paradiso".

Il Profeta ﷺ aggiunse: *"Per Colui che tiene la mia anima nella Sua mano! La distanza tra i due montanti delle porte del Paradiso è uguale alla distanza tra Makkah e Hajar o Makkah e Busra[1] .* [Al-Bukhārī e Muslim].

1867. Ibn 'Abbās ne dà un lungo resoconto: Abramo prese la madre di Ismaele,[2] , e suo figlio, che stava ancora allattando, e li sistemò sul luogo del futuro santuario, la Ka'bah, sotto un grande albero, a pochi passi dalla sorgente di Zamzam, in cima alla futura moschea. La Mecca era allora deserta e senza acqua. Allora li fece salire,

---

[1] Hajar era una città dell'Arabia orientale e Busra una città della Siria.

[2] Hadjare, seconda moglie di Abramo. Sara, invecchiata e credendosi sterile, aveva offerto la sua serva Hadjare come concubina ad Abramo per garantire la posterità del marito. Poi Sara, in età molto avanzata, diede alla luce un figlio, Isacco. Poi disse ad Abramo, secondo il racconto della Genesi: "Manda via questa fanciulla e suo figlio, perché il figlio di questa fanciulla non ereditrà con mio figlio, con Isacco".

lasciando loro un sacchetto di datteri e un otre d'acqua, e tornò indietro. La madre di Ismaele lo seguì e gli disse: "Abramo, dove vai, lasciandoci in questa valle deserta? Ripeté la domanda più volte, ma Abramo non si voltò. Infine, chiese:

- Allah vi ha forse ordinato di farlo?

- Sì", rispose.

- Allora non ci abbandonerà", concluse, prima di tornare al suo posto, mentre Abramo continuava il suo cammino. Quando raggiunse il passo da cui non poteva essere visto, si trovò di fronte al luogo della Ka'bah con le mani alzate verso il cielo e implorò Allah:

"Signore! Ho stabilito alcuni dei miei discendenti in una valle arida vicino al Tuo tempio sacro, affinché possano pregare diligentemente. Disponi i cuori di alcune persone a loro favore e dai loro ogni genere di frutti, sperando che ti siano grati (14:37).

La madre di Ismaele allattò il figlio, bevendo l'acqua che Abramo aveva lasciato per lei, ma ben presto si esaurì, cosicché si assetò e il bambino cominciò a contorcersi dal dolore davanti ai suoi occhi. Non potendo sopportare quella vista, si allontanò e salì su As-Safā, il primo tumulo che riuscì a trovare, da cui poteva vedere la valle. Non vedendo nessuno, tornò giù.

Quando raggiunse la valle, si sollevò la tunica e corse con tutte le sue forze fino all'altra estremità della valle, dove arrivò senza fiato. Poi salì sul tumulo di Al-Marwā, dalla cui cima guardò ancora, ma senza vedere anima viva. Percorse la distanza tra i due tumuli per sette volte.

Ibn 'Abbās aggiunse: Il Profeta disse: "*Per questo i pellegrini vanno e vengono tra As-Safā e Al-Marwā*".

Quando si trovò ad Al-Marwā, sentì una voce e disse a se stessa: "Taci! Poi allungò la mano e sentì di nuovo una voce. Lei disse: "Ti ho sentito, hai qualcosa da bere? Improvvisamente vide un angelo al posto di Zamzam, che sondava il terreno con il tallone (o con un'ala). Quando l'acqua è sgorgata, ha ammucchiato la terra intorno ad essa per creare una piccola piscina. Poi riempì il suo otre, l'acqua sgorgava ogni volta che lo tirava (o: mentre lo tirava).

Secondo Ibn 'Abbās, il Profeta ﷺ disse: "*Che Allah abbia pietà della madre di Ismaele! Se non avesse toccato Zamzam (o: se non avesse attinto acqua), oggi sarebbe una sorgente che sgorga in superficie*".

Così bevve e allattò il suo bambino. L'angelo le disse: "Non temere più, perché questo è il luogo della Casa di Allah che questo bambino e suo padre costruiranno". Allah non può abbandonare i suoi. Il luogo in cui doveva essere costruita la Ka'bah era elevato e quindi protetto dai torrenti che scorrevano intorno. Un gruppo di uomini della tribù di Jurum giunse dalla strada di Kadah e si accampò sotto Makkah.

Notarono un uccello che volava intorno alla sorgente e dissero: "Questo uccello sta ovviamente volando sopra uno stagno. Ma per quanto ne sappiamo, non c'è acqua in questa valle. Così mandarono uno o due uomini che alla fine trovarono l'acqua e lo dissero al resto del gruppo. Poi si avvicinarono alla sorgente vicino alla quale si trovava la madre di Ismaele. "Ci permetterete di stabilirci qui?", chiesero. Lei accettò, ma a condizione che non si occupassero della sorgente. Sono d'accordo.

Secondo Ibn 'Abbās, il Profeta ﷺ disse: "*La sua venuta ha sollevato la madre di Ismaele, che amava la compagnia della gente*".

Così si sono stabiliti e hanno portato le loro famiglie. Ismaele crebbe e imparò l'arabo con loro. Si è distinto al punto che lo guardavano con ammirazione. Così, quando raggiunse l'età adulta, gli diedero in sposa una delle loro figlie. La madre di Ismaele morì in quel periodo.

Dopo il matrimonio di Ismaele, Abramo tornò a vedere la sua discendenza. Poiché Ismaele non era presente, chiese alla moglie, che spiegò che era andato a caccia. Abraham ha poi chiesto loro della loro situazione: "Viviamo nella mancanza e nell'avversità", ha detto, lamentandosi della vita che conducono. Abramo disse: "Quando tuo marito tornerà, salutalo per me e digli di cambiare la soglia della sua porta. Al suo ritorno, Ismaele percepisce qualcosa:

- Avete ricevuto visite? chiese la moglie.

- È venuto un vecchio", rispose lei, descrivendolo. Mi ha chiesto di te e della nostra situazione. Gli ho detto che vivevamo nel bisogno e nelle avversità.

- Mi ha lasciato un messaggio? chiese.

- Sì", disse, "mi ha chiesto di salutarla e di dirle di cambiare porta.

- Quest'uomo è mio padre", disse, "e mi ordina di separarmi da te, di tornare dalla tua famiglia. Così la lasciò e prese un'altra moglie della stessa tribù. Abramo si allontanò per qualche tempo prima di tornare. Quando Ismaele non c'era, chiese alla nuova moglie di lui e lei rispose: "È andato a caccia". Abramo si informò allora sulla sua situazione:

- Viviamo nel comfort e nella tranquillità", ha risposto, lodando Allah.

- Cosa stai mangiando? chiese Abraham.

- Carne", rispose lei.

- Cosa stai bevendo?

- Acqua, ha detto.

- O Allah, benedici la carne che mangiano e l'acqua che bevono", implora Abramo.

Il Profeta ﷺ aggiunse: "A *quel tempo non avevano grano. Se lo avessero fatto, avrebbe implorato Allah di benedirli.* Il narratore commentò: "Questo è il motivo per cui nessuno, tranne gli abitanti di Makkah, può vivere di carne e acqua senza subirne gli effetti".

Secondo un'altra versione, quando Abramo arrivò chiese alla moglie:

- Dov'è Ismael?

- È andato a caccia", rispose lei, invitandolo a mangiare e bere.

- Cosa mangia e cosa beve? chiese Abramo.

- Mangiamo carne e beviamo acqua", dice.

- O Allah, benedici il loro cibo e la loro bevanda", implora Abramo.

Il Profeta ﷺ disse: "Voi *stessi vedete la benedizione dell'invocazione di Abramo*".

Quando tuo marito tornerà", disse Abramo, "salutamelo e digli di fare la guardia alla soglia della sua porta. Quando Ismaele tornò, chiese alla moglie se qualcuno era andato a trovarli. Lei rispose che in effetti un bel vecchio era arrivato mentre lui era via. Lo ha elogiato e gli ha detto che aveva chiesto di lei e della sua situazione? E ha continuato: "Gli ho detto che stavamo facendo bene.

- Mi ha lasciato un messaggio? chiese Ismael.

- Sì", rispose, "mi ha chiesto di portargli i suoi saluti e le raccomanda di sorvegliare la sua porta.

- È mio padre", disse Ismaele, "e tu sei la soglia che mi ha raccomandato. Abramo li lasciò per un po' prima di tornare. Trovò Ismaele che tagliava le frecce sotto un grande albero vicino a Zamzam. Quando lo vide, si alzò e lo accolse come un figlio accoglie suo padre, e Abramo fece lo stesso con suo figlio. Abramo gli disse:

- Ismael! Allah mi ha affidato una missione.

- Esegui il comando del tuo Signore", disse Ismaele.

- Mi aiuterai? chiese Abramo.

- Sì, ti aiuterò", disse il figlio.

- Allah mi ha ordinato di costruire un santuario qui", ha detto, indicando un tumulo che domina la zona. Poi iniziò a costruire le fondamenta del santuario. Ismaele portò le pietre e Abramo costruì la struttura. Quando l'edificio era troppo alto, Ismaele portò la famosa pietra su cui Abramo si trovava per completare la costruzione, mentre Ismaele gli porgeva le pietre, invocando entrambi Allah con queste parole: "Signore, accetta questo da parte nostra! Perché sei Tu che ascolti e conosci ogni cosa". (2:127)

Secondo un'altra versione, Abramo si mise in viaggio con Ismaele e sua madre, portando con sé un vecchio otre pieno d'acqua da cui la madre di Ismaele bevve, facendo sì che si formasse il latte per il figlio. Quando raggiunsero il luogo della Mecca, Abramo li lasciò sotto un grande albero prima di tornare dalla sua famiglia. La madre di Ismaele lo seguì e alla fine lo raggiunse a Kadah. Lei lo chiamò alle spalle: "Abramo, a chi ci affidi?" "Ad Allah", rispose lui. "Accetto Allah", ha detto, prima di allontanarsi. Ha bevuto dal sacco, che le ha permesso di allattare il suo bambino.

Ma quando l'acqua finì, si disse: "Perché non vado a dare un'occhiata? Forse posso vedere qualcuno. Salì su As-Safā, guardandosi a lungo intorno nella speranza di vedere qualcuno, ma invano. Dopo essere tornato a valle, corse verso il tumulo di Al-Marwā. Percorse più volte la distanza tra i due monti prima di dire a se stessa: "Sì, andrò a vedere cosa ne è stato di mio figlio. Lo trovò nello stesso stato, che gemeva come un moribondo.

Non poteva sopportare di vederlo in quello stato, così si disse: "Se vado a guardarmi intorno. Forse posso vedere qualcuno. Si arrampicò di nuovo su As-Safa, guardando a lungo e intensamente l'orizzonte, ma senza vedere anima viva. Percorse la distanza tra i due monti per sette volte prima di ripensarci: "Perché non vado a controllarlo? Ma all'improvviso sentì una voce e gridò: "Salvaci, se c'è del buono in te". Era l'angelo Gabriele, che scavava il suo tallone nella terra. La sorgente cominciò allora a sgorgare con grande stupore della madre di Ismaele, che cominciò ad attingere acqua". E ha citato il resto dell'hadith. [Al-Bukhārī]

1868. Sa'īd ibn Zayd raccontò di aver sentito il Messaggero di Allah ﷺ dire: *"Il tartufo è manna[1] e il suo succo un rimedio per le malattie degli occhi"*. [Al-Bukhārī e Muslim].

---

[1] Cibo miracoloso attribuito da Allah agli Ebrei nel deserto.

LIBRO: CHIEDERE PERDONO

371. L'ordine e il merito di chiedere perdono ad Allah

Allah, l'Altissimo, dice:

Chiedete perdono per i vostri peccati e per quelli degli uomini e delle donne credenti (47:19).

E chiedete perdono ad Allah, che è davvero il Misericordioso e il Compassionevole (4:106).

Lodate la gloria del vostro Signore e implorate il suo perdono. Egli accetta sempre il pentimento dei suoi servi (110:3).

Di': "Vi mostrerò qualcosa di molto più bello per voi di tutto questo: giardini con fiumi che scorrono, che coloro che temono Allah troveranno presso di Lui e dove, approvati dal loro Signore, abiteranno per l'eternità accanto a mogli purificate". Allah conosce meglio i Suoi servi che dicono: "Crediamo in Te, Signore! Ti prego, togli i nostri peccati e salvaci dal castigo dell'Inferno", che sono saldi e sinceri, pieni di devozione verso il loro Signore, offrono i loro beni in beneficenza e implorano il perdono di Allah nelle ultime ore della notte (3:15-17).

Chiunque, dopo aver fatto un torto agli altri o un'ingiustizia a se stesso, chieda il perdono di Allah, troverà Allah il più benevolo e il più misericordioso (4:110).

Allah non può punirli mentre siete in mezzo a loro, né può punirli se cercano il Suo perdono (8:33).

Il Paradiso è preparato anche per coloro che, se commettono un'azione infame o si fanno del male, si ricordano di Allah al quale chiedono perdono invece di persistere deliberatamente nelle loro azioni, sapendo che solo Allah può perdonare i peccati (3:135). (3:135).

I versetti relativi a questo capitolo sono numerosi e ben conosciuti.

1869.   Secondo Al-Agharr Al-Muzani, il Messaggero di Allah ﷺ disse: "*A volte il mio cuore è distratto. Allora chiedo perdono ad Allah cento volte in un giorno*". [Muslim]

1870.   Abū Hurairah ha riferito di aver sentito il Messaggero di Allah ﷺ dire: "*Per Allah, chiedo perdono ad Allah e torno a Lui in pentimento più di settanta volte al giorno*". [Al-Bukhārī]

1871.   Secondo Abū Hurairah, il Messaggero di Allah ﷺ disse: "*Per Colui che tiene la mia anima nella Sua mano! Se non commetteste peccati, Allah vi farebbe sparire e vi sostituirebbe con uomini che commetterebbero peccati e poi chiederebbero perdono ad Allah, l'Altissimo, che li perdonerebbe* ". [Muslim]

1872.   Ibn 'Umar disse: "Eravamo soliti sentire il Messaggero di Allah ﷺ dire fino a cento volte in una riunione: "*Possa Tu, o Signore, concedermi il Tuo perdono e accettare il mio pentimento". Tu sei il Misericordiosissimo, Colui che accetta sempre il pentimento dei Suoi servi*". [Abū Dawūd e At-Tirmidhī che specificano: "*hadith sahīh*"].

1873.   Secondo Ibn 'Abbās, il Messaggero di Allah ﷺ disse: "*Chi non smette di implorare il perdono di Allah sarà sollevato da ogni sua angoscia da Allah, che gli fornirà una via d'uscita da ogni difficoltà e provvederà ai suoi bisogni nel modo più inaspettato*". [Abū Dawūd]

1874.   Secondo Ibn Mas'ud, il Messaggero di Allah ﷺ disse: "*Chiunque dica: 'Imploro il perdono di Allah, all'infuori del quale non c'è divinità che abbia il diritto di essere adorata, il Dio vivente ed eterno, e torno a Lui pentito', avrà i suoi peccati perdonati, anche se è fuggito dal campo di battaglia*". [Abū Dawūd, At-Tirmidhī e Al-Hakim, per i quali il hadith è autentico secondo i criteri di Al-Bukhārī e Muslim].

1875. Secondo Shaddād ibn Aws, il Profeta ﷺ disse: "*Il modo migliore per chiedere perdono ad Allah è dire: "O Allah, Tu sei il mio Signore, non c'è divinità degna di culto all'infuori di Te, Tu mi hai creato e io sono il Tuo servo". Sono il più fedele possibile alla mia promessa e al mio impegno nei tuoi confronti. Imploro la tua protezione contro il male che faccio, riconosco i tuoi benefici nei miei confronti e confesso i miei peccati. Che Tu mi perdoni, perché nessuno tranne Te può perdonare i peccati (allāhūmma anta rabbī, lā ilāha illā anta, khalaqtanī wa anā 'abdūk, wa anā 'alā 'ahdika wa wa wa'dika mastata't, a'ūdhū bika min charri mā sana't, abū'ū laka bi ni'matika 'alayy, wa abū'ū bi dhanbī faghfir lī fa innahū lā yaghfirū adh-dhūnūba illā ant)*'".

"Il Profeta ﷺ aggiunse: "*A chi pronuncia sinceramente queste parole durante il giorno e poi muore prima del tramonto, è promesso il Paradiso, così come a chi le pronuncia sinceramente durante la notte e poi muore prima dell'alba.*" [Al-Bukhārī]

1876. Thawban ha raccontato che il Messaggero di Allah ﷺ, dopo aver terminato la sua preghiera, pregò tre volte per il perdono di Allah, prima di aggiungere: "O *Allah, Tu sei la pace e dai la pace". Benedetto sei Tu, il Gloriosissimo, il Generosissimo*. Ad Al-Awzā'ī, uno dei narratori dell'hadith, fu chiesto: "Come si fa a chiedere perdono ad Allah?" Egli rispose: "Dicendo: 'Chiedo perdono ad Allah, chiedo perdono ad Allah'". [Muslim]

1877. 'Āishah ha raccontato che il Messaggero di Allah ﷺ ripeteva spesso, prima di morire: "*Gloria e lode ad Allah! Chiedo perdono ad Allah e ritorno a Lui con pentimento*". [Al-Bukhārī e Muslim].

1878. Anas racconta di aver sentito il Messaggero di Allah ﷺ dire: "*Allah, l'Altissimo, dice: "O figlio di Adamo! Finché mi supplicherai nella speranza del mio perdono, ti perdonerò, qualunque siano i tuoi peccati. O figlio di Adamo! Non mi interessa se i vostri peccati raggiungono il cielo, vi perdonerò, purché imploriate il mio perdono. Figlio di Adamo! Se mi incontrerete con il contenuto della terra come peccato, ma senza associarmi nulla, vi accoglierò con il contenuto della terra nel perdono"*. [At-Tirmidhī che specifica: "*hadith hasan*"].

1879. Secondo Ibn 'Umar, il Profeta ﷺ disse: "Donne! Fate l'elemosina e chiedete spesso perdono ad Allah, perché ho visto che rappresentate la maggioranza della gente dell'Inferno".

- E perché? ha chiesto una donna.

- *Spesso bestemmiate e siete ingrate verso i vostri mariti. Nonostante la tua mancanza di discernimento e di religione, nessuno come te fa perdere la ragione all'uomo più assennato*", rispose il Profeta ﷺ.

- Che cosa significa questa mancanza di discernimento e di religione?

- *La testimonianza di due donne equivale a quella di un uomo e la donna rimane diversi giorni al mese senza pregare*, ha spiegato. [Muslim]

372. Quello che Allah ha preparato per i credenti in Paradiso

Allah, l'Altissimo, dice:

A coloro che temono il Signore sono promessi giardini con sorgenti vive, dove saranno accolti con le parole: "Entrate in pace, lì abiterete in sicurezza". Avremo rimosso dai loro cuori ogni traccia di odio, affinché si amino come fratelli, faccia a faccia in letti sontuosi. Lì non si stancheranno e non saranno scacciati da quel luogo (15,45-48).

"I miei servi! Oggi sarete preservati da ogni paura e afflizione, voi che avete creduto ai Nostri segni e avete vissuto nella sottomissione. Entra, tu e i tuoi compagni[1], nel Paradiso dove sarai colmato di gioia". Piatti e coppe d'oro saranno distribuiti tra loro. Lì troveranno tutto ciò che un'anima può desiderare e vedranno i panorami più incantevoli. "Vi abiterete per sempre. Questo è il Paradiso che avete ereditato come ricompensa per le vostre azioni passate. Lì avrete a disposizione ogni varietà di frutta da gustare. (43:68-73)

E coloro che vivono nel timore del loro Signore saranno in un luogo sicuro, tra frutteti e sorgenti vive, dove alcuni si confronteranno con sete e broccati pregiati. E così sarà. Li faremo unire agli hūris bianchi con grandi occhi neri. Riceveranno tutte le varietà di frutta che chiederanno, senza mai temere la privazione. Non conosceranno mai più la morte e saranno preservati dai tormenti del braciere dal vostro Signore, che li inonderà dei suoi favori. Questa è la felicità suprema (44:51-57).

---

[1] Oppure: voi e le vostre mogli.

Ai credenti pii sono promesse tutte le delizie. Su letti sontuosi guarderanno, mentre i loro volti brillano di felicità. Sarà servito loro un vino di purezza, accuratamente custodito, con un retrogusto muschiato - così coloro che aspirano a questa beatitudine gareggiano in pietà - e mescolato con una bevanda di Tasnīm, una sorgente da cui coloro che sono vicini a loro si dissetano (83:22-28).

I versetti relativi a questo capitolo sono numerosi e ben conosciuti.

1880. Secondo Jabir, il Messaggero di Allah ﷺ disse: "*I prescelti in Paradiso mangeranno e berranno, ma senza lavarsi e senza soffiarsi il naso. Il loro cibo sarà scaricato sotto forma di rutti profumati di muschio. Glorificheranno ed esalteranno Allah mentre respirano*". [Muslim]

1881. Secondo Abū Hurairah, il Messaggero di Allah ﷺ disse: "*Allah, l'Altissimo, dice: " ho preparato per i Miei giusti adoratori nell'Aldilà ciò che nessun occhio ha visto, nessun orecchio ha udito e nessun essere può immaginare . Recita questo versetto se vuoi: 'Nessuno sa cosa lo aspetta come ricompensa per le sue azioni, come la beatitudine'*" (32:17) [Al-Bukhārī e Muslim].

1882. Secondo Abū Hurairah, il Messaggero di Allah ﷺ disse: "*I primi uomini che entreranno in Paradiso avranno la luminosità della luna piena e quelli che li seguiranno avranno la luminosità della stella più brillante del cielo. Non dovranno fare i bisogni, sputare o soffiarsi il naso. Il loro sudore profumerà di muschio, i loro pettini saranno d'oro e i loro incensieri di legno profumato[1] . Le sue mogli saranno delle hūris con grandi occhi neri. Come il loro antenato Adamo, saranno tutti alti sessanta cubiti.* [Al-Bukhārī e Muslim].

Secondo un'altra versione di Al-Bukhārī e Muslim, il Messaggero di Allah ﷺ disse: "*I loro vasi saranno d'oro e il loro sudore profumerà di muschio.*

---

[1] *Probabilmente si tratta di legno di aloe.*

Ognuno di loro avrà due mogli così belle che il midollo dei loro stinchi traspare dalla loro carne. Saranno uniti, non conoscendo né dissenso né odio, e celebreranno la gloria di Allah mattina e sera".

1883. Secondo Al-Mughirah ibn Shu'bah, il Messaggero di Allah ﷺ disse: "*Mosè chiese al suo Signore:* "Chi degli abitanti del Paradiso occuperà il rango più basso?" *Egli rispose:* "Un uomo che verrà dopo che tutti gli eletti del Paradiso saranno stati introdotti in esso."

- Entrate in Paradiso, *diranno*.

- Signore, ti stupirai quando tutti gli eletti del Paradiso si saranno già sistemati nelle loro case e avranno ricevuto la loro parte?

- Vi accontentereste di avere un regno identico a quello dei re della terra? Vi *verrà chiesto*.

- Sarò soddisfatto, mio Signore", *risponderà*.

- Avrai questo e il suo equivalente, e il suo equivalente, e il suo equivalente, e il suo equivalente, e il suo equivalente, *dice Allah*.

- Sono soddisfatto, mio Signore", *disse dopo la quinta volta*.

- Tutto questo riceverete e dieci volte di più, Allah lo aggiungerà, così come tutto ciò che desiderate e che vi riempirà di gioia.

- Sono soddisfatto, mio Signore", *ripeté*.

Mosè chiese: "Chi godrà allora del più alto rango?" *Allah rispose*: "Coloro che ho scelto e per i quali ho preparato e nascosto delizie che nessun occhio ha visto, nessun orecchio ha udito e nessun essere può immaginare". [Muslim]

1884. Secondo Ibn Mas'ud, il Messaggero di Allah ﷺ disse: "*So che l'ultimo uomo che uscirà dall'Inferno sarà l'ultimo a entrare in Paradiso. Uscirà dall'inferno strisciando.*

- Vai ed entra in Paradiso, *Allah Onnipotente gli dirà. Se ne andrà e, immaginando erroneamente che il Paradiso sia pieno, tornerà e dirà:*

- Non c'è più posto, Signore!

- Vai ed entra in Paradiso", *ripete Allah Onnipotente. Ci andrà di nuovo e immaginerà ancora una volta che sia pieno. Poi tornerà a dire la stessa cosa:*

- Non c'è più posto, Signore!

- Vai ed entra in Paradiso", *dice Allah Onnipotente per la terza volta, prima di aggiungere:* "Lì riceverai l'equivalente del mondo inferiore e dieci volte tanto.

- Ti prendi gioco di me, Re dell'Universo? *l'uomo dirà.*

Ibn Mas'ud disse: "Ho visto il Messaggero di Allah sorridere così tanto che si potevano vedere i suoi molari e dire: "*Questo è l'uomo che occuperà il posto più basso in Paradiso*". [Al-Bukhārī e Muslim].

1885.   Secondo Abū Musa, il Profeta ﷺ disse: "C'è una *tenda in Paradiso per il credente, fatta di un'unica perla cava, alta sessanta miglia*[1] *. In esso il credente avrà delle mogli, che visiterà senza che l'una veda l'altra*". [Al-Bukhārī e Muslim].

1886.   Abū Sa'īd Al-Judri raccontò che il Profeta ﷺ disse: "C'è *un albero in Paradiso sotto il quale il cavaliere montato su un cavallo snello e veloce può cavalcare per cento anni senza passare attraverso i suoi rami*". [Al-Bukhārī e Muslim].

Ecco la versione di Abū Hurairah, riportata anche da Al-Bukhārī e Muslim: "C'è *un albero in Paradiso alla cui ombra il cavaliere può cavalcare per cento anni senza passare attraverso i suoi rami*". [Al-Bukhārī e Muslim].

1887.   Secondo Abū Sa'īd Al-Khudri, il Profeta ﷺ disse: "*Gli eletti in Paradiso vedranno gli occupanti delle dimore sopra di loro - per effetto della superiorità dell'uno sull'altro - come si vedono all'orizzonte lontano le stelle*

---

[1] Il miglio è una misura di lunghezza di circa due chilometri.

luminose che declinano a est e a ovest". "Messaggero di Allah", dissero i Compagni, "sono queste le dimore dei Profeti a cui nessun altro può accedere?" "*No, per Colui che tiene la mia anima nella Sua mano! Anche queste dimore saranno per gli uomini che hanno fede in Allah e credono nei Messaggeri*", rispose. [Al-Bukhārī e Muslim].

1888. Secondo Abū Hurairah, il Messaggero di Allah ﷺ disse: "*Il più piccolo posto in Paradiso è migliore di questo mondo nella sua interezza*". [Al-Bukhārī e Muslim].

1889. Secondo Anas, il Messaggero di Allah ﷺ disse: "*C'è un luogo in Paradiso dove gli eletti si riuniranno ogni venerdì. Il vento del nord si alzerà e soffierà sui loro volti e sui loro vestiti, aumentando il loro fascino e la loro bellezza. Poi torneranno dalle loro mogli, anch'esse diventate più belle, che diranno:* "Per Allah, sei più bella di prima". *Risponderanno:* "Per Allah, anche tu sei diventata più bella". [Muslim]

1890. Sahl ibn Sa'd raccontò che il Messaggero di Allah ﷺ disse: "*Gli eletti in Paradiso vedranno le dimore sopra di loro come si vedono le stelle nel cielo*". [Al-Bukhārī e Muslim].

1891. Sahl ibn Sa'd disse: Ero presente quando il Profeta descrisse il Paradiso. Ha concluso le sue parole con quanto segue: "*C'è in Paradiso ciò che nessun occhio ha visto, nessun orecchio ha udito e nessun essere può immaginare*". Poi ha recitato questi versi:

"Si sdraiano, pregano il loro Signore, pieni di timore e di speranza, e offrono un po' di ciò che abbiamo concesso loro in carità. Nessuno sa cosa li aspetta, come ricompensa per le loro azioni, come beatitudine". (32:16-17) [Al-Bukhārī]

1892. Secondo Abū Sa'īd e Abū Hurairah, il Messaggero di Allah ﷺ disse: "*Quando gli eletti del Paradiso vi saranno entrati, un araldo li chiamerà dicendo:* " Vivrete in eterno senza mai morire, sarete eternamente sani senza mai ammalarvi, conserverete l'eterna giovinezza senza mai raggiungere la vecchiaia e godrete dell'eterna felicità senza mai sperimentare la disgrazia ." [Muslim]

1893. Secondo Abū Hurairah, il Messaggero di Allah ﷺ disse: "A colui *che occupa il rango più basso in Paradiso verrà detto*: "Esprimi i tuoi desideri". *Quando avrà esaudito tutti i suoi desideri, gli verrà chiesto*: "Hai esaudito tutti i tuoi desideri?" "Sì", *risponderà*. "Allora riceverai tutto ciò che hai desiderato e molto di più", gli *verrà detto*. [Muslim]

1894. Secondo Abū Sa'īd Al-Khudri, il Messaggero di Allah ﷺ disse: "*Allah Onnipotente dirà agli eletti in Paradiso:*

- Scelti dal cielo!

- Al tuo comando, o Signore! Tutto il bene è nelle vostre mani.

- Siete soddisfatti?

- Come non esserlo, Signore, se ci hai concesso ciò che nessuna delle tue creature ha ricevuto?

- Volete di più?

- Cosa c'è di meglio?

- Mi compiacerò di te per sempre e ti libererò per sempre dalla mia ira". [Al-Bukhārī e Muslim].

1895. Jarīr ibn 'Abdillah racconta: Una volta eravamo in compagnia del Profeta ﷺ che alzò gli occhi verso la luna nella sua pienezza e disse: "Nel *Giorno della Resurrezione, vedrete il vostro Signore con la stessa sicurezza e facilità con cui vedete questa luna, senza che nessuno possa fermarvi*". [Al-Bukhārī e Muslim].

1896. Secondo Suhayb, il Messaggero di Allah ﷺ disse: "*Quando gli eletti del Paradiso saranno entrati in Paradiso, Allah Altissimo, che sia benedetto, dirà loro*: "Desiderate qualcos'altro? "*Risponderanno*: "Non hai illuminato i nostri volti? Non ci hai portato in Paradiso e salvato dall'Inferno?" *Allah allora solleverà il Velo e nulla sembrerà loro più sublime che poter vedere il loro Signore* "". [Muslim]

Allah, l'Altissimo, dice:

Quanto a coloro che credono e compiono buone azioni, il loro Signore li guiderà come ricompensa per la loro fede. Ai loro piedi scorreranno fiumi nei Giardini delle Delizie. Lì non cesseranno di esaltare Allah con le parole: "Gloria a Te, o Allah" e si rivolgeranno l'un l'altro con il saluto: "Pace a voi". Le loro invocazioni termineranno con le parole: "Lode ad Allah, Signore della Creazione". (10:9-10)

Lode ad Allah, che ci ha reso facile questo lavoro, che non avremmo potuto fare senza il Suo aiuto. O Allah, che tu possa lodare Maometto e la famiglia di Maometto, come hai lodato Abramo e la famiglia di Abramo, e benedire Maometto e la famiglia di Maometto, come hai benedetto Abramo e la famiglia di Abramo. Tu sei degno di lode e di gloria!

L'autore, Yahya An-Nawawi, che Allah lo perdoni, ha detto: "Ho terminato quest'opera il lunedì 4 di Ramadan dell'anno 670 AH.

Indice

Introduzione 1
   LIBRO: I SALUTI 2
     131. Il merito di salutare gli altri 2
     132. Come salutare le persone 4
     133. Regole di correttezza nei saluti 6
     134. Dove si raccomanda di tornare a salutare la persona da cui si è stati separati per un breve periodo, anche se solo per un albero. 7
     135. Dove è consigliabile salutare la famiglia al rientro a casa 8
     136. Salutare i bambini 8
     137. L'uomo deve salutare la propria moglie, le donne che gli sono proibite e qualsiasi donna che gli è estranea, se non teme la tentazione, e le donne possono salutare gli uomini a questa condizione 9
     138. Il divieto di salutare per primi gli infedeli e come ricambiare il saluto e la raccomandazione di salutare un gruppo in cui sono presenti sia musulmani che infedeli. 10
     139. Dove si raccomanda di salutare il gruppo o la persona che sta per uscire 10
     140. Come chiedere il permesso di entrare 11
     141. È tradizione che una persona che chiede il permesso di entrare si presenti con un nome o un soprannome, mentre è antipatico dire, ad esempio, "sono io". 12

142. Dove si raccomanda di dire: "Che Allah sia misericordioso con te" a chi dice: "Allah sia lodato" dopo aver starnutito, e di detestare chi non lo dice, e alcune regole riguardanti gli starnuti e gli sbadigli. 13

143. Dove si raccomanda di stringere la mano e sorridere a chi si incontra, di baciare la mano del giusto credente, di abbracciare i propri figli, di abbracciare chi è tornato da un viaggio, ma è detestabile inchinarsi agli altri 15

LIBRO: VISITA AI MALATI E FUNERALI 17

144. Vai all'intestazione 17

145. Invocazioni a favore dei malati 19

146. Quando si raccomanda di chiedere ai familiari del paziente informazioni sulla sua salute 22

147. L'invocazione del malato che ha perso ogni speranza di rimanere in vita 22

148. Dove è consigliabile raccomandare alla famiglia e a tutte le persone al servizio del paziente di essere gentili e pazienti con lui, come con coloro che devono essere presto giustiziati in applicazione della legge del taglione. 23

149. Permettere di esprimere il proprio dolore dicendo, ad esempio, "Io soffro! o "oh, la mia testa!", parole che non sono condannabili se non esprimono rabbia o fastidio. 24

150. far ripetere la shahadah al moribondo 25

151. Le parole da pronunciare dopo aver chiuso gli occhi dei morti 25

152. Parole da pronunciare in presenza dei defunti e per coloro che hanno perso una persona cara 26

153. Permesso di piangere i morti ma senza rimpianti 28

154. Il divieto di rivelare i difetti fisici dei morti 29

155. Pregare sui morti, accompagnare le loro salme e seppellirle, ad eccezione delle donne che non devono seguire la processione. 30

156. Dove si raccomanda di moltiplicare il numero di persone che partecipano all'orazione funebre e di formare almeno tre file. 31

157. Cosa si recita durante l'orazione funebre 32

158. Correre a seppellire i morti 36

159. Affrettarsi a pagare i debiti del defunto e a preparare la sua sepoltura, a meno che la morte non sia improvvisa, nel qual caso non dovrebbe seppellirlo finché non è sicuro della sua morte. 36

160. Pronunciare un sermone sulla tomba 38

161. pregare per il morto dopo la sua sepoltura, stare per qualche tempo accanto alla sua tomba per chiedere il perdono di Allah e leggere il Corano 39

162. Fare l'elemosina per i defunti e pregare per le loro anime. 40

163. Parlare bene o male dei morti 41

164. Il merito di colui che perde i figli 42

165. Piangendo umilmente mentre passavano davanti ai luoghi in cui i malvagi erano stati sepolti e decimati, temendo la loro sorte e guardandosi da qualsiasi disattenzione 43

LIBRO: LE REGOLE DI COMPORTAMENTO IN VIAGGIO 44

166. Dove è consigliabile partire il giovedì e la mattina presto. 44

167. Dove è consigliabile viaggiare in gruppo e designare un capogruppo 45

168. Le regole da osservare durante il viaggio, nell'accampamento e nel modo di dormire, la raccomandazione di avanzare di notte e di trattare bene le cavalcature e il permesso di montarle in coppia se lo sopportano. 46

169. Aiuto per il compagno di viaggio 48

170. Formula da pronunciare quando si monta a cavallo per un viaggio 49

171. Dire: "Allah è più grande" quando si sale e "Gloria ad Allah" quando si scende, ma senza alzare la voce. 51

172. Dove si raccomanda di invocare Allah durante il viaggio 53

173. L'invocazione che deve essere pronunciata da chi teme le persone o il pericolo 53

174. L'invocazione che deve essere pronunciata da colui che si ferma 54

175. raccomandare al viaggiatore di tornare a casa appena arrivato a destinazione 55

176. Se è consigliabile che il viaggiatore torni a casa di giorno, farlo di notte senza necessità è detestabile. 55

177. L'invocazione che il viaggiatore deve pronunciare al suo ritorno e in vista della sua città 56

178. Quando si raccomanda a una persona che è tornata da un viaggio di eseguire una preghiera di due unità nella moschea del quartiere. 56

179. Il divieto per le donne di viaggiare da sole 57

LIBRO: OPERE MERITORIE 58

180. Il merito della recitazione del Corano 58

181. L'ordine di leggere regolarmente il Corano e l'avvertimento di non dimenticarlo. 61

182. Dove si raccomanda di recitare il Corano con la voce migliore e di chiedere a chi ha una buona voce di recitarlo. 62

183. L'incentivo a recitare certe sure e aleyas 64

184. Dove è consigliabile incontrarsi per recitare o studiare il Corano.................. 69

185. Il merito dell'abluzione.................. 70

186. Il merito della chiamata alla preghiera.................. 73

187. Il merito della preghiera.................. 75

188. Il merito delle preghiere dell'alba e della sera.................. 77

189. I vantaggi di andare in moschea.................. 79

190. Il merito di aspettare la prossima preghiera in moschea 81

191. Il merito della preghiera comune.................. 82

192. L'incentivo a partecipare alle preghiere dell'alba e della sera alla moschea 84

193. L'ordine di eseguire assiduamente le preghiere obbligatorie e il divieto formale di trascurarle a rischio della peggiore delle punizioni. 85

194. Il merito del primo grado, l'ordine di completamento, il rafforzamento e l'allineamento dei gradi. 87

195. Merito e numero di sentenze associate a pene obbligatorie.................. 90

196. Il merito speciale delle due unità che precedono la preghiera dell'alba 91

197. Abbreviazione delle due unità che precedono la preghiera dell'alba, cosa si recita e quando 92

198. Si raccomanda di sdraiarsi sul lato destro dopo la preghiera supererogatoria dell'alba, indipendentemente dal fatto che si sia trascorsa parte della notte in preghiera o meno. 94

199. Preghiere supererogatorie associate alla preghiera del mezzogiorno 95

200. Preghiere supererogatorie associate alla preghiera della sera 96

201. Preghiere supererogatorie da eseguire prima e dopo la Preghiera del Tramonto 97

202. Preghiere supererogatorie da eseguire prima e dopo la preghiera notturna 98

203. Preghiere supererogatorie associate alla preghiera del venerdì 98

204. Dove si raccomanda di eseguire le preghiere supererogatorie a casa, indipendentemente dal fatto che siano o meno collegate alle preghiere obbligatorie, e l'ordine che chi le esegue in moschea lo faccia dopo aver cambiato posto o parlato 99

205. L'incentivo a eseguire il witr, che è altamente raccomandato, e l'indicazione del suo orario 100

206. Il merito della preghiera mattutina, il numero delle sue unità e l'incentivo a compierla assiduamente 102

207. Il permesso di eseguire la preghiera mattutina dall'alba fino a quando il sole inizia a declinare allo zenit, e la raccomandazione di eseguirla nel momento più caldo, quando il sole è alto. 103

208. L'invito a eseguire una preghiera di due unità all'ingresso in moschea in qualsiasi momento della giornata, e la riprovazione a sedersi prima di tale preghiera, è una forma di preghiera che non deve essere eseguita in qualsiasi momento della giornata. 103

209. Il merito di eseguire due unità dopo l'abluzione 104

210. Il merito del venerdì e l'obbligo di partecipare alla preghiera del venerdì dopo essersi lavati e profumati, il merito di andare presto, invocare Allah, pregare per il Profeta e invocare a lungo il nome di Allah dopo la preghiera. 105

211. Dove si raccomanda di prostrarsi in segno di ringraziamento ad Allah per una benedizione che ci ha concesso o per una disgrazia da cui ci ha risparmiato 108

212. I meriti della preghiera notturna 109

213. Il merito di trascorrere le notti del Ramadan in preghiera (tarāwih) 114

214. Il merito di aver trascorso la notte dei decreti divini in preghiera e la sua data più probabile 115

215. Il merito del siwāk e delle azioni naturali appartenenti alla tradizione dei profeti (fitrah). 117

216. L'obbligo rigoroso di pagare le elemosine legali e il loro merito 119

217. L'obbligo di digiunare in Ramadan e il merito del digiuno 123

218. Siate generosi e moltiplicate le buone azioni durante il mese di Ramadan e gli ultimi dieci giorni 126

219. Il divieto di digiunare nella seconda metà del mese di Sha'ban, a meno che non si tratti della continuazione di un

digiuno già iniziato o di una consuetudine, come il digiuno del lunedì o del giovedì. 127

220. L'invocazione da pronunciare all'avvistamento della luna nuova 128

221. Il merito di chi digiuna e prende un pasto prima dell'alba e lo ritarda il più possibile. 129

222. Il merito di rompere il digiuno in fretta, cosa mangiare in quel momento e le parole da pronunciare 130

223. L'ordine per la persona che digiuna di astenersi da tutte le parole e le azioni malvagie 132

224. Domande relative al digiuno 133

225. Il merito del digiuno nei mesi di Sha'ban, Muharram e in altri mesi sacri 134

226. Il merito di digiunare e moltiplicare le buone azioni nei primi dieci giorni del mese di dhu al-hijjah 136

227. Il merito del digiuno nel giorno di 'arafat, e quelli di 'achura e tāsu'ā'. 137

228. Dove si raccomanda di digiunare sei giorni nel mese di chawwal 138

229. Dove si raccomanda di digiunare il lunedì e il giovedì 138

230. Dove si raccomanda di digiunare tre giorni al mese... 139

231. Il merito di offrire al digiunatore qualcosa per rompere il suo digiuno, il fatto che il digiunatore inviti altri a mangiare e l'invocazione degli ospiti a nome dell'ospite. 141

LIBRO: IL RITIRO IN MOSCHEA 142

232. Ritiro dalla moschea durante il Ramadan 142

LIBRO: IL PELLEGRINAGGIO 143

233. L'obbligo e il merito di compiere il pellegrinaggio ... 143

LIBRO: COMBATTERE PER LA CAUSA DI ALLAH 146

234. L'obbligo e il merito della Jihad 146

235. Alcune categorie di martiri, i cui corpi vengono lavati e pregati, a differenza di quelli che sono stati uccisi in battaglia 162

236. I meriti dell'emancipazione degli schiavi 164

237. Il merito di trattare bene gli schiavi 165

238. Il merito dello schiavo che compie i suoi doveri nei confronti di Allah e dei suoi padroni 166

239. Il merito di adorare Allah nei momenti di difficoltà 167

240. I meriti della tolleranza e dell'onestà nelle relazioni e nelle transazioni 167

LIBRO: DELLA CONOSCENZA RELIGIOSA 170

241. Il merito di acquisire la conoscenza e di insegnarla per compiacere Allah. 170

LIBRO: LODE E GRATITUDINE AD ALLAH 174

242. Obbligo di ringraziare Allah 174

LIBRO: LA LODE DELL'INVIATO DI ALLAH 176

243. Il dovere e il merito di lodare il Profeta e alcune di queste formule 176

LIBRO: INVOCAZIONE DEL NOME DI ALLAH (*DHIKR*) 179

244. Il merito di invocare il nome di Allah 179

245. invocare il nome di Allah in piedi, seduti, sdraiati, in stato di minore e maggiore impurità e durante le mestruazioni, ma è

vietato recitare il Corano in stato di maggiore impurità o durante le mestruazioni. 189

246. Quali parole dire prima di andare a dormire e al risveglio? 190

247. Il merito di sedersi con coloro che invocano il nome di Allah e il divieto di lasciarli senza una buona ragione. 191

248. L'invocazione del nome di Allah al mattino e alla sera 195

249. Parole da dire prima di andare a dormire 198

LIBRO: INVOCAZIONI (DU'Ā') 200

250. L'ordine e il merito di invocare Allah e alcune invocazioni del Profeta 200

251. Il merito delle invocazioni per conto della persona assente 208

252. Alcuni problemi relativi alle invocazioni 209

253. I miracoli (karāmāt) e le virtù dell'amato di Allah. 211

LIBRO: IL PROIBITO 219

254. Il divieto di mormorare e il comando di tenere a freno la lingua 219

255. Il divieto di ascoltare le calunnie e l'ordine di condannarle e di condannare il loro autore e, se si rifiuta di ascoltarle o se non è possibile condannarle, di lasciare i locali. 224

256. Casi in cui è ammessa la diffamazione 226

257. Il divieto di vendere le parole delle persone per seminare discordia tra loro 230

258. Il divieto di riferire alle autorità le parole delle persone, salvo in caso di necessità, come ad esempio per prevenire un danno, è una violazione del diritto alla privacy..................231

259. La condanna dell'uomo bifronte.................232

260. Il divieto di mentire.................233

261. Casi in cui è lecito mentire.................238

262. Assicurarsi di ciò che viene detto e riferito.................239

263. Il divieto formale di falsa testimonianza.................240

264. Divieto di maledire una persona o un particolare animale 241

265. L'autorità di maledire i peccatori in generale, senza nominare nessuno in particolare.................243

266. Il divieto di insultare ingiustamente un musulmano 244

267. Il divieto di insultare i morti senza una buona ragione 245

268. Il divieto di nuocere agli altri.................245

269. Il divieto di odiare, evitare e voltare le spalle.................246

270. Il divieto di invidiare gli altri.................247

271. Divieto di origliare o di origliare una persona che non desidera essere ascoltata.................248

272. Il divieto di sospettare dei musulmani senza un valido motivo.................250

273. Il divieto di disprezzare i musulmani.................251

274. Il divieto di rallegrarsi apertamente delle disgrazie dei musulmani.................252

275. Il divieto di contestare una filiazione ben consolidata 252

276. Divieto di truffa e inganno 253

277. Il divieto di tradimento 254

278. Il divieto di ricordare agli altri i nostri favori 255

279. Il divieto di vanagloria e di ingiustizia 256

280. Vietare ai musulmani di evitarsi l'un l'altro per più di tre giorni, tranne nel caso di una persona che ha introdotto una novità nella religione o che si abbandona apertamente al peccato. 257

281. Non si applica il divieto per due persone di parlare fianco a fianco o in una lingua straniera in presenza di una terza persona, se non con il suo permesso o per necessità. 259

282. Divieto di causare sofferenze a schiavi, animali, donne e bambini senza una giusta causa. 260

283. Il divieto di torturare con il fuoco qualsiasi animale, compresa una formica o un animale delle stesse dimensioni .. 263

284. Divieto per un debitore che ha i mezzi per farlo di ritardare il rimborso di un debito a un creditore che reclama quanto gli è dovuto 264

285. Dove è detestabile ritornare ad un impegno di donazione 265

286. Divieto formale di toccare i beni degli orfani 266

287. Il divieto formale di usura 267

288. Il divieto di ostentazione 268

289. Alcune cose che vengono erroneamente prese per ostentazione 270

290. Il divieto di guardare le donne e gli uomini belli e senza barba senza una buona ragione. 271

291. Il divieto per un uomo di isolarsi con una donna che ha il permesso di sposare 273

292. Vietare agli uomini di imitare le donne e alle donne di imitare gli uomini, soprattutto nel modo di vestire e nei modi di fare. 274

293. Il divieto di imitare satana e i miscredenti 275

294. Il divieto per uomini e donne di tingersi i capelli di nero 275

295. Il divieto di radere solo una parte della testa e l'autorizzazione, solo per gli uomini, a radere tutta la testa. ... 276

296. Divieto di portare capelli finti, di tatuarsi e di limare i denti per distanziarli. 277

297. Divieto di strappare i peli bianchi della barba, in particolare i peli bianchi e la peluria di un bambino ancora in fasce. 279

298. Dove è detestabile, senza una buona ragione, lavarsi le parti intime o toccare il proprio sesso con la mano destra. 279

299. Dove è detestabile camminare con un solo sandalo e stare in piedi senza una buona ragione. 280

300. Il divieto di lasciare un fuoco acceso in casa durante il sonno, anche se si tratta di una lampada. 281

301. Il divieto di obbligarsi inutilmente a fare o dire qualcosa. 282

302. Il divieto di piangere i morti, di picchiarsi il viso, di strapparsi le vesti, di strapparsi i capelli o di rasarsi e di invocare la sfortuna. 283

303. Il divieto di consultare cartomanti, astrologi, indovini e coloro che affermano di leggere nella sabbia, nei sassolini, nei chicchi d'orzo... 285

304. Il divieto di credere e consultare i presagi................. 287

305. Il divieto di raffigurare animali su tappeti, tende, cuscini, vestiti, pietre o monete, e di ricoprire pareti o soffitti con dipinti, e l'ordine di distruggere le immagini... 288

306. Divieto di possedere un cane, tranne che per la caccia o la guardia del bestiame o dei campi. 290

307. Dove è detestabile mettere sonagli al collo degli animali e viaggiare con loro o con i cani 290

308. Dove è detestabile prendere per cavalcatura un cammello che si nutre di escrementi fino a quando non consuma cibo puro che rende la sua carne commestibile. 291

309. Il divieto di sputare nella moschea e l'ordine di rimuovere lo sputo e di mantenere la moschea libera dallo sporco. 292

310. Dove è detestabile litigare, alzare la voce, interrogare le persone per trovare una bestia o un oggetto smarrito, vendere, comprare o affittare, in moschea 293

311. Il divieto di entrare in moschea, salvo in caso di necessità, dopo aver mangiato aglio, cipolla, porro o qualsiasi cosa che emani un cattivo odore, finché l'odore non scompare. 295

312. Dove è detestabile sedersi con le gambe contro lo stomaco, con l'aiuto di un indumento o delle braccia, durante il sermone del venerdì, per evitare di assopirsi e quindi di saltare le abluzioni. 296

313. Il divieto per una persona che intende macellare un animale nel giorno di Eid di tagliarsi i capelli o le unghie durante i primi dieci giorni del mese di Dhu'l-Hijjah fino alla macellazione. 296

314. Il divieto di giurare su un elemento della creazione come il profeta, la ka'bah, gli angeli, il cielo, gli antenati o la vita, e il divieto formale di giurare su al-amānah 297

315. Il divieto formale di prestare volontariamente giuramenti falsi 298

316. Quando si raccomanda che una persona che ha giurato di fare qualcosa e poi si rende conto di avere un'opzione migliore, dovrebbe optare per quell'opzione e poi liberarsi dal giuramento con un atto di espiazione. 299

317. Il credente non è responsabile dei suoi giuramenti casuali - che non richiedono espiazione - come dire abitualmente "No, per Allah!" o "Sì, per Allah! 300

318. Dove è abominevole giurare, anche in tutta sincerità, durante una vendita 301

319. Dove è detestabile chiedere il volto di Allah all'infuori del paradiso ed è detestabile respingere chi chiede o intercede in nome di Allah. 301

320. Il divieto di dare al sovrano o a qualsiasi altra persona il titolo di "re dei re", che è appropriato solo per Allah. 302

321. Il divieto di dire "signore", "maestro" o "capo" a chiunque si abbandoni al peccato o introduca una novità nella religione 302

322. Dove è detestabile insultare la febbre 303

323. Il divieto di insultare il vento e ciò che si dice quando soffia 303

324. Dove è detestabile insultare il gallo 304

325. Il divieto di attribuire la pioggia alle stelle 304

326. Il divieto di chiamare un musulmano miscredente ... 305

327. Il divieto di indecenza e maleducazione 305

328. Laddove è detestabile parlare con l'angolo della bocca, con enfasi e magniloquenza, e utilizzare un linguaggio prezioso nel rivolgersi all'uomo comune 306

329. Dove è detestabile dire: "La mia anima è cattiva". ... 307

330. Dove è disgustoso chiamare la vite "karm". 307

331. Divieto di descrivere il fascino di una donna a un uomo senza un motivo valido, come il matrimonio. 308

332. È detestabile dire: "O Allah, perdonami se vuoi", ma bisogna chiedere perdono con determinazione. 308

333. Dove è detestabile dire: "per volontà di Allah e così e così". 309

334. Dove è detestabile discutere dopo la preghiera notturna 310

335. Il divieto per la moglie di rifiutare il marito senza una buona ragione 311

336. Divieto per una donna di digiunare in presenza del marito senza il suo permesso 311

337. Il divieto di alzarsi davanti all'imam per inchinarsi o prostrarsi. 311

338. dove è detestabile mettere le mani sui fianchi durante la preghiera 312

339. Dove è detestabile pregare quando il pasto è servito e si è pressati dall'invidia, o se si sente il desiderio impellente di sollevarsi 312

340. Il divieto di guardare il cielo durante la preghiera 312

341. Dove è detestabile allontanarsi senza un buon motivo durante la preghiera 313

342. Il divieto di pregare le tombe 313

343. Divieto di sorpassare un fedele in preghiera 314

344. È detestabile iniziare una preghiera volontaria mentre il muezzin sta annunciando l'inizio della preghiera obbligatoria, sia che questa preghiera volontaria sia collegata alla preghiera obbligatoria o meno. 314

345. Dove è detestabile digiunare in particolare il giorno di venerdì, o rimanere svegli soprattutto nella notte tra giovedì e venerdì in preghiera. 315

346. Il divieto di digiunare giorno e notte per più giorni consecutivi 316

347. Divieto di sedersi sulle tombe 316

348. Divieto di erigere un monumento sulle tombe o di coprirle con il gesso 316

349. Divieto formale di fuga degli schiavi dai loro padroni 317

350. Il divieto di intercessione per ottenere l'annullamento di una sentenza del tribunale 318

351. Il divieto di fare i bisogni sulla pubblica via, all'ombra utile alle persone o vicino ai loro abbeveratoi. 319

352. Divieto di lavarsi in acqua stagnante 319

353. Dove è detestabile favorire alcuni bambini con doni. 320

354. Divieto per una donna di fare il lutto per più di tre giorni, tranne che per il marito, il cui lutto dura quattro mesi e dieci giorni. 322

355. Il divieto per il cittadino di vendere per il contadino, di andare incontro alle carovane prima del loro arrivo ai mercati, il divieto di rubare ai clienti del vicino o alla donna che ha chiesto in sposa, a meno che lei non lo autorizzi a farlo o la sua richiesta non venga respinta. 323

356. Il divieto di rifiuti 325

357. Il divieto di brandire un'arma contro un musulmano, anche per scherzo, e di brandire una spada sguainata 326

358. Dove è detestabile lasciare la moschea tra l'appello alla preghiera e la preghiera, tranne che per un motivo valido. 327

359. Dove è detestabile rifiutare, se non per un motivo valido, la pianta odorosa che ci viene offerta. 327

360. Dove è detestabile elogiare una persona in sua presenza se si temono le conseguenze dannose, come l'orgoglio 328

361. Dove è detestabile fuggire da un paese colpito da un'epidemia o recarsi in esso 330

362. Divieto assoluto di stregoneria 332

363. Divieto di portare il Corano in un Paese non musulmano se si teme che possa cadere nelle loro mani. 332

364. Divieto di utilizzare recipienti d'oro o d'argento per mangiare, bere o fare abluzioni. 333

365. Il divieto per gli uomini di indossare abiti color zafferano 334

366. Il divieto di rimanere in silenzio tutto il giorno 335

367. Il divieto di falsa attribuzione di paternità 336

368. L'ammonimento contro la trasgressione dei comandamenti di Allah e del Suo Messaggero 338

369. Cosa deve dire e fare un trasgressore 339

LIBRO: HADITH SELEZIONATI 340

370. Hadith sul falso Messia e sui segni della fine dei tempi 340

LIBRO: CHIEDERE PERDONO 367

371. L'ordine e il merito di chiedere perdono ad Allah 367

372. Quello che Allah ha preparato per i credenti in Paradiso 371

Indice 379

Printed by Amazon Italia Logistica S.r.l.
Torrazza Piemonte (TO), Italy